Schriftenreihe

Medienpädagogik und Mediendidaktik

Band 10

ISSN 1611-9347

Uwe Osterrieder

Kommunikation im Internet

Kommunikationsstrukturen im Internet unter Betrachtung des World Wide Web als Massenmedium

Verlag Dr. Kovač

Hamburg
2006

VERLAG DR. KOVAČ

Leverkusenstr. 13 · 22761 Hamburg · Tel. 040 - 39 88 80-0 · Fax 040 - 39 88 80-55

E-Mail info@verlagdrkovac.de · Internet www.verlagdrkovac.de

Bibliografische Information Der Deutschen Bibliothek
Die Deutsche Bibliothek verzeichnet diese Publikation
in der Deutschen Nationalbibliographie;
detaillierte bibliografische Daten sind im Internet
über http://dnb.ddb.de abrufbar.

ISSN: 1611-9347

ISBN-13: 978-3-8300-2320-3
ISBN-10: 3-8300-2320-0

Umschlagillustration: Elmar Kretzer

Layout & Satz: Netzreklame Peter Klett

Printed in Germany

Gedruckt auf holz-, chlor- und säurefreiem Papier Alster Digital. Alster Digital ist alterungsbeständig und erfüllt die Normen für Archivbeständigkeit ANSI 3948 und ISO 9706.

Kommunikation im Internet

INHALT

VORWORT

Das Internet ist die größte Kommunikations- und Publikationsplattform, die es in der weltweiten Geschichte je gab. Es macht bei der Internetkommunikation keinen Unterschied, ob mein Kommunikationspartner im nächsten Raum oder auf der anderen Seite der Erde sitzt, eine E-Mail erreicht seinen Adressaten innerhalb weniger Sekunden. Unmittelbar darauf kann sie der Empfänger beantworten, kommentieren, verändern oder weiterleiten. In Foren und Newsgroups können sich Internetnutzer öffentlich austauschen und was immer geschrieben wird, kann sofort gelesen, kommentiert, verlinkt und weiter verbreitet werden. In zahllosen Weblogs schreiben sich Privatmenschen ihren Liebeskummer vom Leib oder berichten tagesaktuell von Kriegserlebnissen hinter der Frontlinie.

Das Internet dient aber nicht nur der direkten Kommunikation zwischen Gleichgesinnten: Die meisten kommerziellen Unternehmen und Organisationen sowie viele Privatpersonen und Interessensgemeinschaften präsentieren sich der vernetzten Welt mit Webauftritten. Würde man das World Wide Web mit einer Bibliothek im klassischen Sinn vergleichen, so wäre dies auf den ersten Blick ein unfassbar großer Raum in dem unterschiedlichste Texte, Bilder, Töne und Filme relativ unsortiert zusammengefasst sind und in den verschiedensten Formen angeboten werden. Es ist zunächst weder ersichtlich, welche Tiefe eine einzelne Publikation bietet, noch wer das Werk verfasst hat. Ob sich hinter einem Link interessante Inhalte verbergen oder nur zahllose Werbebanner und blinkende Baustellenschilder zu finden sind, eröffnet sich erst beim näheren Hinsehen.

Der Hauptunterschied zu einer klassischen Bibliothek wäre aber nicht nur ein fehlender verbindlicher Katalog: Die Besucher dieser virtuellen Bibliothek müssen die Publikationen nicht nur in der Rolle des stillen Lesers wahrnehmen. Die Konsumenten können Eigenes erschaffen, sich austauschen, Querverweise zu anderen Publikationen herstellen und so das Vorhandene neu ordnen und erweitern. Gerade so als könnte jeder Besucher der Bahnhofsbuchhandlung oder der Stadtbibliothek sein selbst verfasstes Magazin oder sein Buch einfach gleichberechtigt in den Stapel der etablierten Werke einsortieren, vorhandene Publikationen kommentieren, eine eigene Katalogisierung vornehmen und neue Zusammenhänge herstellen.

Gleichgesinnte finden sich im Internet zu allen vorstellbaren Themen und erstellen eigene Webseiten oder tauschen sich über Weblogs, E-Mails, in Foren oder Chaträumen aus. Die Nutzer selbst gestalten zum großen Teil den globalen virtuellen Raum des Internet. Dieser Umstand macht das Internet und die darin möglichen Kommunikationsformen einzigartig. Durch die mögliche Anonymität und die technisch bedingte Reduktion auf bestimmte Kommunikationskanäle haben sich auch ganz eigene Kommunikationsformen entwickelt: In Chaträumen wird eine Form verschrifteter Mündlichkeit angewandt, die eine neue, abgewandelte Form der Schriftsprache geschaffen hat: Das geschriebene Wort wird in Situationen verwendet, die eher einem in Echtzeit zwischen mehreren Partnern geführten Gespräch gleichen als einem schriftlich geführten Briefwechsel. Diese neuen Mischformen aus Gesprochenem und Geschriebenem sind in traditionellen Kommunikationswegen überhaupt nicht zu finden. Das Medium selbst, die Schrift, hat sich dabei aber nicht im Wesentlichen verändert, es wurden lediglich neue Wege gefunden, innerhalb bestehender Möglichkeiten, mit Abkürzungen oder bildsprachlichen Zeichen, Emotionsäußerungen zu kompensieren und wiederkehrende Sachverhalte schneller zu transportieren. Generell lässt sich sagen, dass die Internetkommunikation zwar eigene Formen entwickelt hat und neue Möglichkeiten bietet, sich im Vergleich zu traditionellen Kommunikationsformen aber prinzipiell mehr Gemeinsamkeiten als Unterschiede zeigen: Im Laufe der Zeit haben sich auch hier Regeln und Kodizes entwickelt, die zu großen Teilen verbindlich geworden sind. Ein geschäftliches E-Mail und ein entsprechend maschinengeschriebener Papierbrief weisen kaum sprachliche Unterschiede auf. Gute Bekannte werden sich auch über computergestützte Kommunikationskanäle mit „Hallo" ansprechen, E-Mails an Vorgesetzte oder unbekannte Geschäftspartner werden auch in der elektronischen Kommunikation eher mit „Sehr geehrter Herr ... „ oder „Sehr geehrte Frau ..." eröffnet. Die konkrete Sprachäußerung in der Internetkommunikation hängt, analog zu jeder anderen Kommunikationsumgebung, neben den technischen Rahmenbedingungen von der situativen und sozialen Komponente sowie der Beziehungsebene zwischen den Kommunizierenden ab. Eine rein schriftlich geführte computergestützte Kommunikation, egal ob über E-Mail, Foren oder Echtzeit-Chats, kann auch hier eben so wenig Ersatz für ein persönliches Gespräch sein wie eine Kommunikation per Telefax. Es können nur bestimmte visuelle Zeichen versandt und transportiert werden, wichtige para- und außersprachliche Komponenten wie Betonung, Kopfnicken, Lächeln, Schreien, Flüstern oder einfach nur Aussehen und Kleidung des Gesprächspartners, können rein schriftlich kaum kompensiert werden.

Wenn ein Webauftritt ein möglichst breites Publikum ansprechen soll, ist es für den Publizierenden im Web eine große Herausforderung, sein Werk im Internet im Kontext der vielen anderen Werke beachtenswert zu gestalten: Es lesenswert, sehenswert und hörenswert zu machen. Auch die Internet-Publikation stellt aus journalistischer Sicht kein völlig neues Medium dar, sie bietet nur die Möglichkeit und gleichzeitig die Herausforderung, mehrere Kommunikationskanäle traditioneller Massenmedien parallel zu offerieren und wesentlich komplexer untereinander zu verknüpfen: Texte, Bilder, Videofilme und Audiodateien können schnell und problemlos publiziert, kommentiert und verlinkt werden. Die einzelnen Seiten eines Internetauftritts stehen nicht starr neben- oder hintereinander, wie es in einem Buch oder Magazin der Fall ist, sie sind in sich verwoben und verlinkt und integrieren auch thematisch verwandte externe Inhalte. Erzählstruktur und Informationstiefe sind in professionellen Auftritten nicht starr vorgegeben, der Leser kann aktiv selbst bestimmen, welche Informationen er in welcher Reihenfolge aufnimmt und über welche Teilaspekte er sich weiter informieren will. Die Inhalte einer Website werden auch nicht wie in einem Print-Magazin monatlich durch neue ersetzt, sie werden permanent erweitert und können jederzeit auch im Nachhinein noch in neue Artikel eingebunden und abgerufen werden. Für den Publizierenden besteht die Herausforderung daher nicht darin, mit einem völlig neuen Medium zu arbeiten, sondern die Arbeit mit mehreren Kommunikationskanälen unter Ausnutzung der strukturellen Freiheit und Nonlinearität des Mediums verwendbar zu kombinieren, die Möglichkeiten des Mediums sinnvoll zu nutzen und neue Kommunikationsräume zu schaffen.

DAS INTERNET

AUFBAU

Das Internet ist ein weltweites Netzwerk ohne zentrale Kontrollaufsicht. Es ist ein Netz von Host-Computern[1], wobei jeder dieser Hosts von jedem Punkt im Netzwerk abgerufen werden kann. Ein Internetnutzer kann von einem Hostcomputer auf der anderen Straßenseite genauso leicht Informationen abfragen, wie von einem Rechner auf der anderen Seite der Weltkugel. Es gibt keine Hierarchie, nach der Informationen fließen müssten oder überwacht werden könnten. Der Fluss der Daten von und zu jedem einzelnen Anschlusspunkt oder Host wird von so genannten Routern[2] geregelt. Jeder dieser Router hat normalerweise mehrere Möglichkeiten, um Daten weiterzuleiten. Einzig die Auslastung der einzelnen Verbindungen des Routers zum Zeitpunkt des Einlangens der Daten bestimmt, auf welchem Weg die Daten von dort aus weitergeleitet werden. Jeder Versuch, das Internet zu zensurieren ist deshalb zum Scheitern verurteilt. Wird einer der Router überwacht und dadurch langsamer oder sogar ganz blockiert, werden die Daten von den anderen Routern einfach automatisch um ihn herumgeleitet.

Das Internet ist ein offenes Netzwerk, weil es nur offene Protokolle verwendet. Das bedeutet, verschiedenste Arten von Computerplattformen und Netzwerken können in das Internet eingebunden werden. Das Internet kann jede Möglichkeit zur Datenübertragung nutzen die derzeit besteht: Seien es die Kupfer- oder Glasfaserkabel der Post, Koaxialkabel der Kabel-TV-Gesellschaften, Funkverbindungen oder eigene Leitungsnetze großer Anbieter, so genannter Internet-Provider. Dies alles wird durch das TCP/IP[3] Protokoll ermöglicht, das die Basis jedes Internetdienstes darstellt.

Das Internet ist ein paketbezogenes Netzwerk. Alle Daten, die über das Internet übertragen werden, werden in kleine Datenpakete aufgespalten. Anders als bei herkömmlichen Netzen wie dem öffentlichen Telefonnetz, wird zwischen den Internetteilnehmern keine andauernde Verbindung aufgebaut. Bei der Datenübertragung von Anwender zu Anwender ist dadurch auch kein vorausbestimmter Übertragungsweg notwendig. Die Daten werden in einzelne Datenpakete zerlegt und fließen frei im Netzwerk von Router zu Router, wobei die verschiedenen Datenpakete von einem einzigen Dokument auch unterschiedliche Wege benutzen

1| Ein Host-Computer (Host engl. für Gastgeber) ist ein vernetzter Rechner.
2| Router haben die Aufgabe zwei räumlich voneinander getrennte Netzwerke miteinander zu verbinden.
3| Transfer Control Protocol / Internet Protocol

können. Sobald alle Datenpakete beim Benutzer eingelangt sind, werden diese wieder vom eigenen PC zusammengesetzt und am Bildschirm des PCs angezeigt oder entsprechend weiterverarbeitet. Falls ein Datenpaket fehlt, wird es vom Empfänger-Computer einfach neu angefordert. Dieses System erlaubt es, Netzwerkressourcen sehr effizient auszunutzen, da mehrere Kommunikationsvorgänge gleichzeitig über die selben Leitungen übertragen werden können.

GESCHICHTE

Der tatsächliche Geburtstag des Internet kann nicht genau datiert werden. Während im weitaus größten Teil der Literatur das in den 60er Jahren entwickelte ARPAnet[4] als „Grundstein zum größten Netzwerk weltweit"[5] gesehen wird, terminieren andere Quellen die Entwicklung des Netzwerksprotokolls TCP/IP als Startpunkt.[6] Im Folgenden soll nur die Entwicklung des Internets seit dem Aufbau des ARPAnets kurz dargestellt werden.

Tabelle 1 *Geschichte des Internet*[7]

60er Jahre	Lokale Netzwerke (Local Area Networks) entstehen. In diesen Netzwerken können mehrere Computer auf kurzer Distanz miteinander vernetzt werden.
1969	Erstmals werden vier Computer der Streitkräfte der USA auch über eine längere Distanz (über ein sogenanntes „Wide Area Network") vernetzt.Das sogenannte ARPAnet ist entstanden. An das ARPAnet schließen sich in den folgenden Jahren zahlreiche Universitäten und weitere Forschungseinrichtungen an.
1972	E-Mail wird eingeführt. Vier Jahre später entstehen die ersten Mailing-Listen, in denen via E-Mail Nachrichten zu speziellen Themen ausgetauscht werden.
1979	Die Geburt des Usenets. In unzähligen Newsgroups wird über die verschiedensten Themen debattiert.
01.01 1983	Das bereits 1977 entwickelte TCP/IP (Transmission Control Protocol/Internet Protocol) wird als verbindliches Protokoll für alle Plattformen festgelegt. Dadurch kann jeder Computer im Internet einen beliebigen anderen anwählen (Peer-to-Peer-Technologie).

4| Advanced Research Projects Agency Net
5| Wurster, Anette: Das Internet. In: Wilke, Jürgen; Imhof, Christiane (Hrsg.): Multimedia. Voraussetzungen, Anwendungen, Probleme S. 59
6| Vgl. Schwan, Ben: Internet-Basistechnologie feiert Jubiläum. In: Netzeitung.de, 3. Januar 2003, http://www.netzeitung.de/servlets/page?section=926&item=221158 (zuletzt abgerufen am 15. März 2003)
7| Die Daten der Tabelle wurden aus folgenden Werken und Texten entnommen: Wilke, Jürgen; Imhof, Christiane (Hrsg.): Multimedia. Voraussetzungen, Anwendungen, Probleme, sowie Kaiser, Ulrich: Handbuch Internet 2000, Wurster, Anette: Das Internet, S. 59-73 und Schwan, Ben: Internet-Basistechnologie feiert Jubiläum.

1990	Die Physiker Tim Bernes-Lee und Robert Cailliau entwickeln das World Wide Web am Europäischen Forschungszentrum für Teilchenphysik in Genf.
1993	MOSAIC, die erste grafische Webbrowser-Oberfläche, entsteht.
1998	Nach einer rasanten Entwicklung der Internetzugänge übersteigt die Zahl der Internetnutzer erstmals die 100-Millionen-Grenze.
2003	Nach der Studie @-facts haben im Januar 2003 32,41 Mio. Menschen in Deutschland Zugang zum Internet.

VERBREITUNG

Nach einer Schätzung der NUA Internet Surveys waren im September 2002 rund 605,6 Millionen Menschen online[8]. Die Studie ist leider nicht weiter aktualisiert worden. Damit sind im Vergleich zu den derzeit über 6,5 Milliarden Menschen auf der Erde[9] zwar noch unter 10 Prozent der Menschen im Netz, der Anteil steigt jedoch kontinuierlich an. In Deutschland waren laut ARD/ZDF-Online-Studie 2002 bereits 44,1 Prozent aller Personen ab 14 Jahren vernetzt[10].

Abbildung 1 *Entwicklung der Onlinenutzung in Deutschland 2005* [11]

Entwicklung der Onlinenutzung in Deutschland 1997 bis 2005
Personen ab 14 Jahre

	1997	1998	1999	2000	2001	2002	2003	2004	2005
gelegentliche Onlinenutzung									
in %	6,5	10,4	17,7	28,6	38,8	44,1	53,5	55,3	57,9
in Mio.	4,1	6,6	11,2	16,3	24,8	28,3	34,4	35,7	37,5
Zuwachs gegenüber d. Vorjahr in %	-	61	68	64	36	14	22	4	5
Onlinenutzung innerhalb der letzten vier Wochen									
in %	n.e.1)	n.e.	n.e.	n.e.	n.e.	n.e.	51,5	52,6	56,7
in Mio.	n.e.1)	n.e.	n.e.	n.e.	n.e.	n.e.	33,1	33,9	36,7
Zuwachs gegenüber d. Vorjahr in %	-	-	-	-	-	-	-	2	8

1) n.e. = nicht erhoben
Basis: Onlinenutzer ab 14 Jahren in Deutschland (2005: n=1075, 2004: n=1002, 2003: n=1046, 2002: n=1011, 2001: n=1001, 2000 n=1005, 1999: n=1002, 1998: n=1006, 1997: n=1003

8| NUA Internet Surveys: How many online? http://www.nua.com/surveys/how_many_online/index.html (zuletzt abgerufen am 16. Juni 2003)
9| Vgl. dazu die Weltbevölkerungsuhr der Deutschen Stiftung Weltbevölkerung: http://www.dsw-online.de/wbuhr.html (zuletzt abgerufen am 12. 12. 2005)
10| Van Eimeren, Birgit / Gerhard, Heinz, Frees, Beate: ARD/ZDF-Online-Studie 2002: Entwicklung der Onlinenutzung in Deutschland: Mehr Routine, weniger Entdeckerfreude. Aus: media perspektiven 8/2002
11| Quellen: ARD-Online Studie 1997, ARD/ZDF Online Studien 1998 - 2005

Die Steigerungsraten der Internetverbreitung in Deutschland haben sich in den letzten Jahren erwartungsgemäß deutlich abgeschwächt. Waren bis zum Jahr 2000 jährliche Zuwachsraten zwischen 61 Prozent und 68 Prozent zu verzeichnen, verläuft seit 2000 die Wachstumskurve degressiv. Zwischen 2000 und 2001 betrug das Internetwachstum 36 Prozent, 2002 lag der Zuwachs lediglich bei 14 Prozent, von 24,8 Millionen auf 28,3 Millionen Erwachsene. 2003 war noch eine deutliche Steigerung um 22 Prozent zu sehen, seitdem bewegen sich die Steigerungraten um 4 im Jahr 2004 beziehungsweise 5 Prozent 2005. In diesem Jahr wirde die Zahl der Internetanwender in Deutschland mit insgesamt 37,5 Prozent angegeben.

Abbildung 2 *Umgang mit dem Internet 2002 bis 2005*[12]

Umgang mit dem Internet 2002 bis 2005
stimme voll und ganz/weitgehend zu, in %

	2002	2003	2004	2005
Instrument, das ich nur ab un zu für Informationen brauche	59	64	64	64
Angebot meines Providers genügt mir vollkommen, weitere Angebote interessieren nicht	59	62	62	64
täglicher Begleiter für alle Themen	57	55	58	60
ich habe die Seiten, die mich interessieren, gefunden und suche kaum noch neue	41	45	47	47
lasse mich immer wieder gerne von neuen Seiten un Angeboten anregen	50	44	44	44
der Austausch mit anderen ist mir wichtig geworden	40	38	37	38
Internetangebote sind mir nicht wichtig. Ich interessiere mich nur für die E-Mail-Möglichkeiten	22	27	29	28

Basis: Onlinenutzer ab 14 Jahre in Deutschland (2005: n=1075, 2004: n= 1002, 2003: n=1046, 2002: n=1011

Die Nutzung des Internet normalisiert sich also zunehmend. Wie die ARD-Studie zeigt, entscheidet vor allem der Gebrauchswert über die Internetnutzung. Die Motivation das Medium um des Mediums willen zu nutzen dürfte ähnlich der anfänglichen TV-Begeisterung einer sehr viel pragmatischeren Sichtweise Platz machen. Das Internet wird nur dann genutzt, wenn es das adäquate Medium für den vorgesehenen Zweck ist. Grundlage für die Entwicklung der Informa-

12| Quellen: ARD-Online Studie 1997, ARD/ZDF Online Studien 1998 - 2002

tions- und Kommunikationsgesellschaft, so Bitkom[13], ist die Verbreitung von PCs. Für Deutschland ist ein ständiger Anstieg an Geräten zu verzeichnen. Die Wachstumsrate wird in diesem Bereich für die nächsten Jahre in etwa gleich bleiben, so dass wir Ende des Jahres 2007 etwa mit einem pro Kopf Anteil von 45 Prozent rechnen dürfen[14].

Abbildung 3 *Prognose für die Verbreitung von PCs in Deutschland*[15]

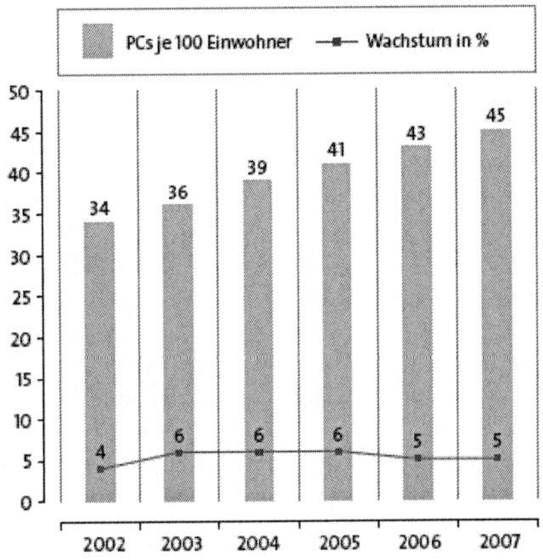

Um erfolgreich ins Internet zu gelangen, muss neben einem PC noch eine Telefonleitung, besser noch ISDN oder idealerweise DSL-Anschluss vorhanden sein. Laut einer Studie des Marktforschungsinstituts forsa hat die Internet-Nutzung bereits Zeitungen und Zeitschriften überholt. Die Deutschen verbringen immer mehr Zeit mit Medien, ergab die aktuelle Untersuchung ‚TimeBudget 8', für die das Marktforschungsinstitut forsa im Auftrag des Werbezeitenvermarkters SevenOne Media 6054 Menschen im Alter zwischen 14 und 49 Jahren befragte[16]. Vor allem die Nutzung des Internets hat sich seit 1999 auf inzwischen 49 Minuten täglich mehr als verfünffacht. Insgesamt investieren die Deutschen rund 8 Stunden in ihre Mediennutzung, 1999 waren es noch 6,5 Stunden. Der Löwenanteil entfällt mit 156 beziehungsweise 160 Minuten noch immer auf TV- und Radio. Die Nutzung von Tageszeitungen (22 Minuten) und Zeitschriften (15 Minuten) hat das Internet hingegen deutlich überholt. Auch bei der Frage, welche Medien den Deutschen ‚sehr wichtig' oder ‚wichtig' sind, konnte das Internet aufholen. Während Tageszeitungen und Zeitschriften mit einem deutlichen Verlust der Leserbindung kämpfen, gab ein Großteil der Deutschen an, dass ihnen das Internet wichtiger sei als Bücher oder Zeitschriften. Auf dem ersten Platz rangiert aber weiterhin das Fernsehen mit 72 Prozent. Die Analyse, welche Themen die Deut-

13| Die Schlüsselzahlen für den Gedeih und Verderb der PC-Branche analysiert jährlich der Bundesverband Informationswirtschaft, Telekommunikation und neue Medien (Bitkom). Der Bitkom ist ein Dachverband für die Anbieter von Hardware, Software und Dienstleistungen der Informations- und Kommunikationsindustrie in Deutschland.

14| Quelle: Bitkom Daten zur Informationsgesellschaft Status quo und Perspektiven Deutschlands im internationalen Vergleich. Edition 2005

15| http://www.pcwelt.de/ratgeber/hardware/15930/2.html

16| http://www.golem.de/0111/17097.html

schen in welchen Medien rezipieren, ergab, dass das Fernsehen für Dokumentationen, Nachrichten, Unterhaltung und Sport die erste Wahl ist. Das Radio führt bei Verkehrsinformationen und Musik.

Die Kernkompetenzen der Tageszeitungen liegen in den Bereichen Wirtschaftsinformationen sowie lokale und regionale Nachrichten. Zu Zeitschriften greifen die Leser verstärkt für Gesundheitstipps, Erotik und Reiseinformationen. Das Internet beginnt hier, ihnen in verschiedenen Bereichen den Rang abzulaufen: So macht der MP3-Boom im Web dem Radio die Musikkompetenz streitig und auch Reiseinformationen sucht jeder Dritte, der sich für Reisen interessiert, mittlerweile zuerst online.[17]

17| Quelle: E-Market, Webmagazin für Online-Marketing und E-Commerce. http://www.emar.de/emar/NL/news/mdt/index.html gesehen am: 24.4.2003

DIE KOMMUNIKATIONSKANÄLE

Wir nehmen unsere Kommunikationspartner in der zwischenmenschlichen Kommunikation mit mehreren Sinnen und Sinnesmodalitäten gleichzeitig wahr. Es kann zwischen dem auditiven, dem visuellen, dem taktilen, dem olfaktorischen, dem thermalen und dem gustatorischen Kanal unterschieden werden.

Über den auditiven Kanal nehmen wir gesprochene Sprache bzw. Information auf, wobei paraverbale Komponenten wie Stimmvariation, Sprechgeschwindigkeit und Sprechrhythmus sowie extralinguistische Elemente wie Lachen, Weinen, Husten, Rülpsen, Gähnen und so weiter zugleich mit wahrgenommen werden.

Der visuelle Kanal vermittelt uns die meisten nonverbalen Informationen. Dazu gehören: Mimik sprich Gesichtsausdruck, Gestik, Körperhaltung, raumbezogenes Verhalten wie Annäherungs- und Vermeidungstendenzen sowie äußere Attribute wie Körpergröße, Kleidung oder Frisur. Eine wichtige Rolle spielt in der visuellen Kommunikation außerdem der Blickkontakt: „Das Auge ‚sieht' nicht nur, es ‚schaut' auch ‚an' und wird umgekehrt selbst angeschaut, es ist Sender und Empfänger zur gleichen Zeit".[18] Insofern hat das Auge eine wichtige Intimfunktion für zwischenmenschliche Kommunikation.[19] Der visuelle Kommunikationskanal ist im Hinblick auf die Verarbeitungsgeschwindigkeit den anderen Kanälen weit überlegen.

Über den taktilen Kanal nehmen wir Körperberührungen wahr. Dazu zählt etwa der Händedruck bei Begrüßungen, Verabschiedungen, Beglückwünschungen oder Vertragsvereinbarungen ebenso wie vor allem Körperberührungen in der Intimkommunikation beispielsweise zwischen Eltern und Kind oder zwischen zwei Liebenden.Mit dem taktilen ist der thermale Kanal eng verbunden, über den wir beispielsweise beim Händedruck bei einer Begrüßung oder beim Streicheln in der Intimkommunikation zugleich auch die Körperwärme unseres Kommunikationspartners wahrnehmen. Der olfaktorische Kanal vermittelt uns Gerüche, die von Kommunikationspartnern ausgehen können und die für das Gelingen oder Misslingen von Kommunikation von Bedeutung sein können. Dazu gehört etwa der angenehme oder unangenehme Duft von Parfüm, ebenso Transpirations-, Mund- oder anderer Körpergeruch. Man spricht nicht umsonst davon, dass man eine Person „nicht riechen kann".

18| Koenig, Otto: Kultur und Verhaltensforschung. 1970 München: Deutscher Taschenbuch-Verlag S. 183.
19| vgl. Bergler, Reinhold; Six, Ulrike: Psychologie des Fernsehens. Bern: Huber. 1979 S. 28ff.

Schließlich ist auf den gustatorischen Kanal zu verweisen, der Geschmacksempfindungen vermittelt. Solche Geschmacksempfindungen können von einem Kuss, aber auch von einem guten Essen ausgehen, das einer Kommunikation zuträglich, oder, wenn das Gegenteil der Fall ist, abträglich sein kann. Die Menschen benutzen ihre Kommunikationskanäle nicht isoliert. Zwischenmenschliche Kommunikation von Angesicht zu Angesicht bedient sich zumeist nicht nur eines, sondern gleichzeitig mehrerer dieser Kanäle und „je mehr Kanäle in der Kommunikation jeweils zusammenwirken, desto höher ist der Grad der Präzision und der Reflexivität der Kommunikation"[20]

Im Unterschied zu Kommunikation von Angesicht zu Angesicht ist technisch vermittelte Kommunikation, also Telekommunikation, Massenkommunikation und computervermittelte Kommunikation eingeschränkte Kommunikation wenn man die Zahl der benutzten Kanäle beziehungsweise Sinne betrachtet. So wird beim Lesen der visuelle Kanal beansprucht; beim Radio Hören der auditive; beim Fernsehen, beim Kinofilm sowie teilweise auch in der computervermittelten Kommunikation visueller und auditiver zugleich. In Telekommunikation, Massenkommunikation und computervermittelter Kommunikation gibt es aber keine Berührungen, keine Wärme- oder Geschmacksempfindungen sowie keine Gerüche. Auszunehmen sind allenfalls die Druckmedien: Sie verschaffen ihren Nutzern oftmals auch ein haptisches Erlebnis und möglicherweise regt neben dem Inhalt auch der vertraute Geruch der Druckfarbe einer Zeitung, einer Zeitschrift oder eines Buches zum Weiterlesen an. Auch erlauben Parfüm-Proben

in Lifestyle-Zeitschriften ein olfaktorisches Erleben des Druckerzeugnisses. Die Internet-Kommunikation und –Publikation bietet die Möglichkeit, mit Text, Audiosignalen und teils starren teils bewegten Bildern zu arbeiten. Es werden also, abgesehen vom haptischen Erlebnis bei der interaktiven Kommunikation der Computermaus und -Tastatur, vorwiegend die auditiven und visuellen Kanäle genutzt.

20| Schreiber, Erhard: Repetitorium Kommunikationswissenschaft. 3., überarb. Aufl. 1990, Konstanz: UVK Medien. S. 132.

SCHRIFTSPRACHE IM WEB

Die Kommunikation im Internet basiert stark auf geschriebenem Text. Die interaktiven Kommunikationsformen wie E-Mail oder Chat bestehen fast nur aus geschriebenen Zeichen, innerhalb der publizistischen Formen sind meist Kombinationen aus geschriebenem Text und Bild zu finden. Zwar können über das Internet auch direkt Audio- und Videosignale übertragen werden, aber die daraus resultierenden Kommunikationsschemata sind nicht spezifisch dem Internet zuzuordnen. Das geschriebene Wort im Internet schlicht als „schriftlicher Text" zu sehen, wird dem Medium allerdings nicht gerecht. Die Intention und die mediale Umsetzung bedingen sich gegenseitig und sind kaum voneinander zu trennen. So werden wir im Bereich der der interaktiven Chat-Kommunikation eindeutig schriftlich kommunizierter Sprechsprache begegnen, die zwar konzeptionell sehr viel eher an eine dialogisch interaktive mündliche Unterhaltung erinnert, aber die Möglichkeiten ebenso wie die Einschränkungen des geschriebenen Worts medial umsetzt. In einem intentional monologischen informativen Artikel wird „Schriftlichkeit" zwar offensichtlicher zutage treten, trotzdem wird der Journalist auch mündliche Schemata und Codes verwenden, um eine gewisse Vertrautheit und Nähe zu seinem Kommunikationspartner aufzubauen.

MÜNDLICHKEIT UND SCHRIFTLICHKEIT

Auch wenn Mischformen die Regel sind, typischerweise können viele Kommunikationsbedingungen und Versprachlichungsstrategien eher dem mündlichen oder schriftlichen Bereich zugeordnet werden, unabhängig von der medialen Umsetzung. Auf der Ebene der Kommunikationsbedingungen stehen zum Beispiel eher dialogische Strukturen beim Gebrauch gesprochener Sprache einem Vorherrschen von Monologizität im schriftlichen Bereich gegenüber. Gesprochene Äußerungen sind direkt auf die Situation bezogen und oft nur in der Situation verständlich, während die gelungene schriftliche Äußerung so explizit sein muss, dass sie kontextfrei verständlich ist. In mündlicher Rede wird eher spontan reagiert, beim Schreiben wird dagegen zuvor reflektiert. Auf der Ebene der Versprachlichungsstrategien sind im Bereich der Mündlichkeit eher parataktische, im Bereich der Schriftlichkeit eher hypotaktische Organisation der Äußerungen zu finden. In schriftlichen Texten ist größere Kompaktheit und

Elaboriertheit der Einheiten zu finden, gegenüber kurzen, einfachen Strukturen beim Sprechen. Die Organisation der Rede ist am Fortgang des Gesprächs orientiert, nicht an der formalen Struktur beim sprachlichen Produkts. Zur Herstellung von Kohärenz und Kohäsion werden in der mündlichen Erzählung andere und häufig nichtsprachliche Mittel verwendet als beispielsweise bei der schriftlichen Textproduktion.

Die saubere Charakterisierung der Unterschiede ist wie gesagt allerdings kritisch, da bestenfalls Tendenzen vorliegen und vor allem bei der Internetkommunikation kaum eine Textform einer Kategorie klar zuordenbar erscheinen wird. Damit muss gar nicht nur die textbasierte Echtzeit-Kommunikation in Chaträumen gemeint sein, auch in der gesprochenen Sprache werden Hypotaxe, also untergeordnete Nebensätze verwendet und auch in der Schriftlichkeit ist Spontaneität eine Grundvoraussetzung dafür, einen lesbaren und interessanten Unterhaltungsartikel zu verfassen. Steger[21] zeigt in seiner Untersuchung, dass es im heutigen Deutsch keine Sprachmittel gibt, die ausschließlich schriftlich oder mündlich verwendet werden können. Die beiden Begriffe „mündlich" und „schriftlich" beziehen sich also entweder auf das Medium der Realisierung sprachlicher Äußerungen oder auf die zugrunde liegende Konzeption.[22] Im Falle der medialen Interpretation kann man die beiden Begriffe „mündlich" und „schriftlich" klar voneinander abgrenzen, indem man die äquivalenten Begriffe „phonisch" und „graphisch" verwendet. Im Hinblick auf die Möglichkeit der multimedialen Kommunikation könnte man sich rein technisch gesehen die Termini auditive oder visuell-textliche Übertragung zunutze machen. In der konzeptionellen Interpretation ist diese Trennung nicht eindeutig festlegbar: Ein privater Brief entsteht zwar reflektiv und innerhalb eine raumzeitlichen Trennung zwischen Verfasser und Rezipienten und wird medial klar schriftlich kommuniziert, kann jedoch konzeptionell der Mündlichkeit durch die Vertrautheit der Kommunikationspartner und die Verwendung privater digitaler Codes näher stehen.

Als Merkmale die einen Text eher als schriftlich oder mündlich charakterisieren können, wären beispielsweise hypotaktisch vs. parataktisch zu nennen, monologisch vs. dialogisch, reflektiert vs. spontan oder vertraut vs. fremd. Siehe dazu Abbildung 4 Präferenzen in konzeptioneller Mündlichkeit/Schriftlichkeit.

21| Steger, H.: Bilden „gesprochene Sprache" und „geschriebene Sprache" eigene Sprachvarietäten? In: Aust, H. (Hrsg.): Wörter – Schätze, Fugen und Wächter des Wissens. Festgabe für Theodor Lewandowski zum 60. Geburtstag. Narr: Tübingen.

22| Koch, Peter & Oesterreicher, Wulf (1994): Schriftlichkeit und Sprache. In: Hartmut Günther & Otto Ludwig (Hg.), Handbuch Schrift und Schriftlichkeit, Band 1 von Handbuch Schrift und Schriftlichkeit, S. 587-604, Berlin; New York: de Gruyter.

Abbildung 4 *Präferenzen in konzeptioneller Mündlichkeit / Schriftlichkeit*[23]

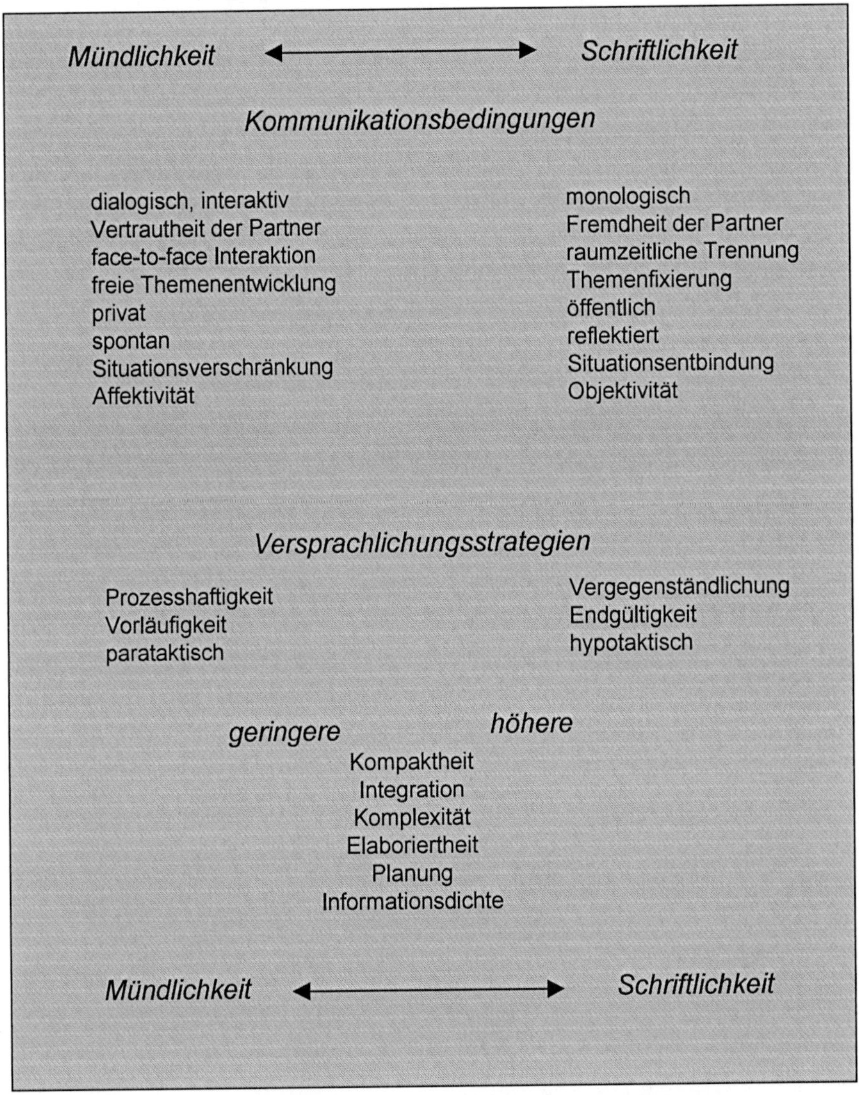

23| Nach Koch/Oesterreicher 1986 aus: Günther, Hartmut: „Mündlichkeit und Schriftlichkeit" in: Balhorn, Heike und Niemann, Heide (Hrsg.) Sprachen werden Schrift, Libelle CH-Lengwiel 1997 S. 66

Koch und Oesterreicher gehen in ihrer Forschung aber noch einen Schritt weiter, indem sie aufzeigen, dass eine eindimensionale Abbildung der medialen Dichotomie schriftlich vs. mündlich dem Gegenstand nicht gerecht wird[24]. Lediglich die mediale Ausprägung kann einer auditiven oder visuell-textlichen Erscheinungsform zugeordnet werden, beziehungsweise phonisch oder graphisch. So bescheinigen sie einer höheren Elaboriertheit oder einer höheren Komplexität lediglich eine höhere Schriftlichkeit ohne den Text klar der einen oder anderen Kategorie zuzuordnen. Die Autoren lokalisieren den Unterschied auf zwei Dimensionen, einer medialen und einer konzeptionellen Ebene. Im medialen Sinn werden die Begriffe phonisch und graphisch verwendet um eine auditive beziehungsweise visuelle Erscheinungsform zu kennzeichnen. Lediglich im konzeptionellen Sinn wird von mündlich und schriftlich gesprochen.

Abbildung 5 *Die zwei Dimensionen von Mündlichkeit und Schriftlichkeit*[25]

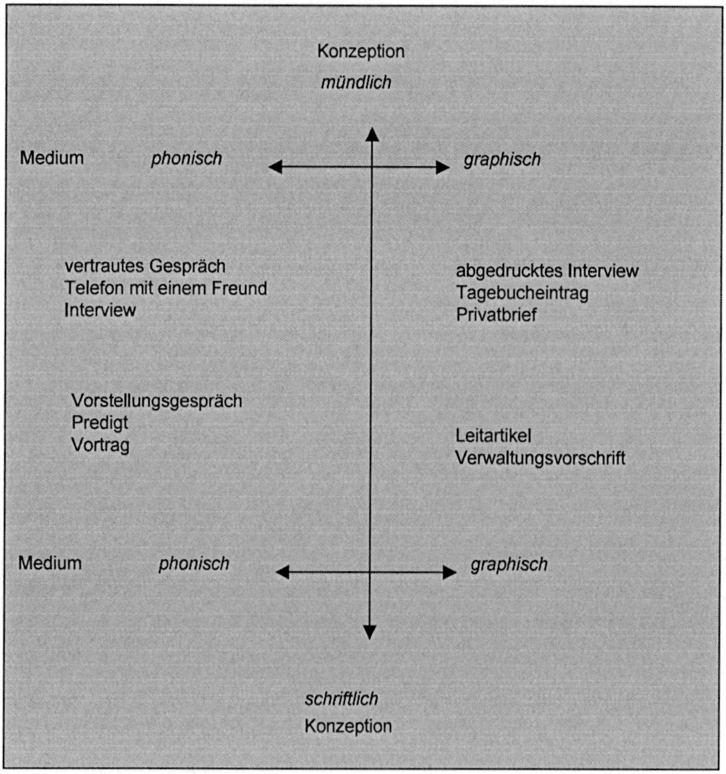

24| Koch P. / Oesterreicher W.: Sprache der Nähe – Sprache der Distanz. Mündlichkeit und Schriftlichkeit im Spannungsfeld von Sprachtheorie und Sprachgeschichte. In: Romanisches Jahrbuch 1986 15-43 (1986)

25| Nach Koch/Oesterreicher 1986 aus: Günther, Hartmut: „Mündlichkeit und Schriftlichkeit" in: Balhorn, Heike und Niemann, Heide (Hrsg.) „Sprachen werden Schrift", Libelle CH-Lengwiel 1997 S. 67

Die horizontale Achse kennzeichnet die mediale Dimension: Sie ist dichotomisch, sprich klar zweigeteilt. Eine Äußerung oder ein Text kann immer nur entweder phonisch oder grafisch sein. Die zweite Dimension der konzeptionellen Schriftlichkeit oder Mündlichkeit ist auf einer zweiten Achse vertikal dargestellt. Diese Achse ist graduell, die Übergänge sind fließend. Ein vertrautes Gespräch ist konzeptionell mündlicher als eine Predigt, ein schriftlicher Tagebucheintrag konzeptionell weniger schriftlich als ein Leitartikel. Unabhängig von der medialen Form. Die beiden Dimensionen stehen orthogonal aufeinander, sind also beliebig kombinierbar. Es gibt mündliche Texte mit hoher konzeptioneller Schriftlichkeit; wie die angesprochene Predigt oder ein wissenschaftlicher Vortrag. Sie sind medial phonisch: Es wird Schall produziert, die Rezeption erfolgt über die auditiven Sinneskanäle. Und doch sprechen die Vortragenden wie gedruckt, entweder frei nach einem Manuskript oder sogar direkt abgelesen. Predigt und wissenschaftlicher Vortrag gehören also in die Domäne der konzeptionellen Schriftlichkeit: Es wird zwar gesprochen, aber es handelt sich nicht um Mündlichkeit.

Das Paradox ist dem Erwachsenen nicht unbedingt bewusst, weil er täglich mit Schriftlichem umgeht. Die potentielle Übersetzung in das jeweils andere Medium wird meist automatisch mitgedacht. Dem hochliteralen Menschen steht in der Regel der Eckpunkt reiner konzeptioneller Mündlichkeit nur noch in Ausnahmesituationen zur Verfügung: Beim Fluchen oder beim lautstarken Reagieren im Fußballstadion. Umgekehrt funktioniert die konzeptionelle Schriftlichkeit in Reinform zum Beispiel in juristischen Texten kaum ohne helfende, erklärende Mündlichkeit. Die in der Abbildung „Präferenzen in konzeptioneller Mündlichkeit/Schriftlichkeit" gezeigten Merkmale müssen also nicht notwendigerweise alle zugleich verwirklicht sein, damit schriftliche Texte Merkmale konzeptioneller Mündlichkeit aufweisen können oder mündliche Äußerungen Merkmale konzeptioneller Schriftlichkeit. So erklärt sich die oben erwähnte unbefriedigende Situation: Hypotaxe und monologische Struktur etwa sind durchaus Kennzeichen konzeptioneller Schriftlichkeit, diese wird auch eher im graphischen Medium realisiert als im phonischen, das ist aber nicht notwendig so.

SCHRIFTLICHKEIT

Schriftlichkeit ohne korrespondierende Mündlichkeit kann, wie oben gezeigt, nicht alleine existieren. Der relativ junge Begriff „Schriftlichkeit" zur Bezeichnung einer spezifischen Verfasstheit von Gesellschaften und Individuen geht wohl auf den englischen Begriff „literacy" zurück, dessen Bedeutung am klarsten in der Koordination mit seinem Gegensatz „Orality" erscheint. „Orality und Literacy" ist der Titel des Buchs in dem Walter S. Ong diesen Gegensatz thematisiert hat.[26] Ong diskutiert, wie die Einführung der Schrift in orale Gesellschaften die Kommunikations- und Lebensverhältnisse der modernen Gesellschaft und der darin lebenden Individuen verändert hat. Vor allem seit die massenweise Reproduktion von Texten durch den Buchdruck möglich geworden war. „Das Schreiben konstruiert das Denken neu" ist der Titel des vierten Kapitels: Als zentrale Errungenschaft der Schriftlichkeit wird das Konzept des Textes herausgestellt. Entscheidend an diesem Konzept ist die Idee der Wörtlichkeit, das heißt ein Text im Unterschied zu Gesprächsäußerungen ist eine sprachliche Äußerung, deren Form festgehalten ist und der immer wieder als gleiche Form wiederholt wird, wie dies der Buchdruck dann in technischer Hinsicht auch realisiert. Durch die Reproduktion von getreuen Kopien entsteht überhaupt erst die sprachliche Identität von Äußerungen, denn der genaue Wortlaut einer Äußerung spielt in mündlichen Kulturen keine wesentliche Rolle. Er gewinnt seine Bedeutung erst in einer Schriftkultur. Dort entwickelt sich durch die Gegenständlichkeit und Nicht-Flüchtigkeit schriftlicher Äußerungen ein anderes Verhältnis zur Sprache. Erst dann, wenn die Identität der Äußerung auch im Alltag eine Rolle spielt, können externe Normen wie zum Beispiel Orthographien überhaupt erst entstehen. Im alltäglichen Sprachgebrauch wird der Begriff „Text" ganz automatisch mit Schriftlichkeit assoziiert.

In verschiedenen Arbeiten hat Konrad Ehrlich ihn aus Notwendigkeiten der Überlieferung abgeleitet[27]. Texte sind durch ihre sprechsituationsüberdauernde Stabilität gekennzeichnet. Texte liegen dann vor, wenn eine Sprechhandlung aus ihrer primären Sprechsituation herausgelöst, für eine andere Sprechsituation gespeichert und dort erneut realisiert wird. Ehlich bezeichnet das als eine „zerdehnte Sprechsituation". Für diesen Zweck wird Wörtlichkeit zentral: Es soll genau der Sprechakt X zum Zeitpunkt T_1 in der Situation Y transportiert werden in die Situation Z zum Zeitpunkt T_2. In diesem Sinne lässt sich auch

26| Ong, W.J.: Oralität und Literalität – Die Technologisierung des Wortes (org. Titel: Orality and Literacy) Westdeutscher Verlag Opladen 1982
27| Beispielsweise in: Ehlich, K.: Zur Genese von Textformen. Prologomena zu einer pragmatischen Texttypologie. In: Antos/Krings 1989 und Ehlich, K.: Funktion und Struktur schriftlicher Kommunikation. In: Günther/Ludwig et. Al. Bd. I 1994

von mündlichen Texten reden: Am plastischsten demonstriert durch einen Boten, der eine verbale Nachricht überbringt. Die raum-zeitliche Zerdehnung der Sprechsituation ist der systematisch auslösende Faktor für die Entstehung von Texten. Die Notwendigkeit dazu tritt auf bei der Notwendigkeit der Weitergabe von nicht jeweils aus der Handlungssituation rekonstruierbarem Wissen. Es handelt sich um Wissensbestände, die nur sprachlich tradierbar sind, eben weil der Gegenstand nicht praktisch demonstriert werden kann. Eine Auflistung von Waren, Umsätzen und ähnlichem kann nicht am praktischen Beispiel erklärbar gemacht werden, eine solche Informationsform muss zusammenhanglos, nachvollziehbar und exakt gespeichert werden.

REPRODUZIERBARKEIT

Die schriftliche Überlieferung ist natürlich nicht die einzig mögliche Form sprachlicher wörtlicher Überlieferung: Rhythmische Gliederung oder andere Aspekte der formalen Organisation von zu tradierenden Texten dürften ursprünglich nicht nur der Herstellung von Kunst gedient haben, sondern auch dem Zweck der Memorierbarkeit. Eine weitere Möglichkeit, sprachlich wörtliche Inhalte ursprungsgetreu zu überliefern, ist heutzutage durch Aufnahmetechnik nicht nur in Tonstudios gegeben. Diktiergeräte, Kassettenrecorder und tragbare MP3-Player bieten auch dem Nicht-Fachmann die Möglichkeit, mündliche Äußerungen in einer raum-zeitlichen Zerdehnung der Sprechsituation nachvollziehbar zu machen. Genauer sogar, als es mit graphischen Zeichen möglich wäre. Durch die auditive Aufnahme werden sogar parasprachliche Komponenten wie Sprachmelodie, Rhythmik, Betonung, Dynamik und Agogik mit übertragen, die dem Text eine in Schriftform nicht reproduzierbare Anhaftung verleihen und den Informationsgehalt der Sprachhandlung entscheidend prägen können.

In früheren Zeiten war die Schrift aber die einzig vorhandene Form, Sprachäußerungen reproduzierbar zu machen und als externes Gedächtnis notwendig geworden. Die Anfänge der Schrift im Zweistromland sind Listen für Buchhaltungszwecke[28]. Die sprachliche, kontextfreie Wissensweitergabe wird erreicht durch die Verdauerung sprachlicher Äußerungen in Listen und Texten.[29]

28| Nissen, H.J./Damerow, P./Englund, R.K.: Frühe Schrift und Techniken der Wirtschaftsverwaltung im alten vorderen Orient. Franzbecker, Berlin 1990
29| Vergl. Ehlich, K.: Funktion und Struktur schriftlicher Kommunikation. In: Günther/Ludwig et. al. Bd. I 1994 S. 19 f.

Koch demonstriert, dass die Anfänge der Verschriftung der romanischen Sprachen überwiegend Listen sind und diskutiert funktionale Aspekte dieses Befunds.[30] Mit dem Medium der Schriftform verändert sich aber auch die Sprache selbst: Es werden Formen geschaffen, die es vorher nicht gab. Ein Beispiel kann eine Liste zur Verwaltung von Gegenständen sein, wobei in der sprechsprachlichen Umsetzung diese Liste medial genau so umgesetzt würde, wie sie graphisch fixiert wurde. Aber auch andere Textformen, im Grunde das gesamte Spektrum moderner Literaturformen, verdanken ihre Entstehung der Schriftlichkeit. Es ist die Gegenständlichkeit der geschriebenen Sprache, die Sprache selbst zum Gegenstand und damit zum Objekt der Reflexion und bewussten Bearbeitung werden lässt. Diese ist aber festgelegt im Medium, in der Nicht-Flüchtigkeit der geschriebenen im Unterscheid zur gesprochenen Äußerung. In den neuen Medien vollzieht sich allerdings eine gegenläufige Entwicklung: Giese hat darauf hingewiesen, dass der Text im Computer seine Endgültigkeit beziehungsweise Wörtlichkeit verliert[31]. Und Ludwig verweist auf den Verlust der Greifbarkeit und Konstanz des geschriebenen Texts[32]. Die neuen Medien werden ebenfalls ihren Teil zur Veränderung der Sprache und des Sprachgebrauchs beitragen. Schriftlichkeit ist also nicht notwendigerweise Bedingung für bestimmte Textformen.

Koch und Oesterreicher leiten ihr Konzept der konzeptionellen Mündlichkeit beispielsweise aus dem allgemeinen Nähe-Distanz-Kontinuum ab. Konzeptionelle Mündlichkeit ist Sprache der Nähe, Konzeptionelle Schriftlichkeit ist Sprache der Distanz. So wie sprachliche Nähe nicht auf phonische Ausdrucksformen beschränkt ist, sind distanzsprachliche Phänomene auch nicht auf die Schriftform beschränkt. Die Rolle des Mediums ist damit allerdings nicht ausreichend beschrieben. Veränderung des Mediums hat automatisch Auswirkungen auf den Inhalt und die Form der Äußerung. Solchen Phänomenen ist in den Letzten Jahren der Freiburger Sonderforschungsbereich „Übergänge und Spannungsfelder zwischen Mündlichkeit und Schriftlichkeit" nachgegangen. Zu nennen sind zum Beispiel die Entfaltung des Spektrums der Textformen und Textsorten aufgrund der zunehmenden Literalisierung. Messbar allein an der Zahl der erscheinenden verschiedenen Texte: Im Mittelalter wurde in erste Linie abgeschrieben, es wurden keine neuen Texte verfasst.[33] Danach explodiert die Zahl der Texte, auch schon vor Erfindung des Buchdrucks.[34]

30| Koch, P.: Von Frater Semeno zum Bojaren Neascu. Listen als Domäne früh verschrifteter Volkgssprache in der Romania. IN: Raible a.a.O. 1990 121 - 165

31| Giese, H.W.: Von der sichtbaren Sprache zur unsichtbaren Schrift: Auswirkungen moderner Sprach-Schrift-Verarbeitungstechnologien auf den alltäglichen Schreibprozess. In: Baurmann et. al. 1993 S. 113-140

32| Ludwig, O.: Geschichte des Schreibens. In: Günther / Ludwig et. al. Bd. I 48 – 65 1994

33| Ludwig 1997 a.a.O. S. 57 - 60

34| Raible 1994 a.a.O. S. 8 - 10

Das Inventar und die Anwendung sprachlicher Mittel verändern sich, wie Raible am Beispiel konjunktionaler Ausdrücke zeigt. Die Herausbildung einer deutschen Standardlautung ist Produkt der vorangehenden Ausbildung einer Standardschreibung.[35] All diese Veränderungen sind medial bedingt, sie lassen sich auf die oben beschriebenen Spezifika geschriebener Texte zurückführen, das heißt ihre Nicht-Flüchtigkeit. Dieser Aspekt des Mediums impliziert weiterhin die Möglichkeit anderer kognitiver Prozesse.[36] Dies wird nirgends so deutlich wie im Schriftspracherwerb. Das Kind begreift seine Sprache neu, wenn es sie in das neue, konstante Medium der Schrift transportiert sieht. Damit verbunden ist der Sachverhalt, dass nicht nur die Sprache in dem anderen Medium gelernt werden muss, sondern vor allem auch die damit verbundenen neuen sprachlichen Formen und kognitiven Operationen.[37]

Es ist ein Irrtum, dass neue Formen und Medien die alten verdrängten. Bereits Plato beklagte den Verlust der Gedächtnisfähigkeiten nach Einführung der Schrift[38]. (Diese Klage legte er übrigens ebenfalls schriftlich nieder.) Die Erfindung der Schreibmaschine wurde mit dem Verlust handschriftlicher Fähigkeiten in Verbindung gebracht: Dem sei der Niedergang der Lesefähigkeit zuzuschreiben. Das Fernsehen schränke ebenfalls die Fähigkeit des Lesens ein. Die Mediengeschichte zeigt, dass solche Vorgänge nicht stattfinden; und das nicht erst seit Harry Potter.[39] Jeweils neue Medien erobern bestimmte Gebrauchsbereiche und die jeweils alten Medien behaupten Kernbereiche.

Trotz Buchdruck wird noch von Hand geschrieben und bei der Kommunikation über das Internet ist das Lesen für eine effektive Beherrschung des Mediums unabdingbar, bei den interaktiven Kommunikationsformen werden sogar sehr hohe Ansprüche an rezeptive und haptische Fähigkeiten der Nutzer gestellt, wenn sie mittels Tastatur und Bildschirm lesend und schreibend kommunizieren wollen. Hinzu kommt, dass vom kompetenten Anwender verlangt wird, die Überführung vom einen in das andere Medium jederzeit durchführen zu können: Eine spontane Äußerung niederzuschreiben, einen Text vorzulesen, aus einem Manuskript vorzutragen oder das Protokoll einer Sitzung anzufertigen.

35| Augst, G. / Müller K.: Die schriftliche Sprache im Deutschen. In: Günther / Ludwig et. al. Bd II S. 1500 - 1506

36| Vergl. Scheerer, E.: Mündlichkeit und Schriftlichkeit – Implikationen für die Modellierung kognitiver Prozesse. In. Baurmann et. al. 1993 S. 141 - 176

37| Vergl. Für das Lesen: Günther, H.: Die Schrift als Modell der Lautsprache. In: Osnabrücker Beiträge zur Sprachtheorie 51 1995 S. 15 – 32 sowie Aust, H. (Hrsg.): Wörter – Schätze, Fugen und Fächer des Wissens. Festgabe für Theodor Lewandowski zum 60. Geburtstag. Narr, Tübingen. 1987. Für das Schreiben: Feilke, H.: De Entwicklung der Schreibfähigkeiten. In: Günther / Ludwig et. al. Bd. II, S. 1178 - 1191

38| Vergl. Geier, M.: Schriftlichkeit und Philiosophie. In: Günther / Ludwig et. al. Bd I, S 646 – 654 1994

39| Rowling, J. K.: Harry Potter, Carlsen 2001 - 2003

Charakteristisch dabei ist die unmerkliche oder auch deutlich negativ oder positive gespürte Veränderung, die die sprachliche Form jeweils durchmacht. Beim Vorlesen eines fiktiven Texts ist der Vortragende immer geneigt, den Wortlaut bewusst oder unbewusst zu verändern.

Die neuen Medien erobern sich nicht einfach neue Bereiche und die alten Medien bleiben in ihren Nischen verhaftet. Vielmehr wirken die Medien aufeinander ein: Es ist geradezu die Basis der Idee der konzeptionellen Mündlichkeit oder Schriftlichkeit als graduelle Erscheinung, dass sprachliche Vorgänge als mehr oder weniger schriftlich oder mündlich gekennzeichnet werden. Bestimmte Formen konzeptioneller Schriftlichkeit beherrschen manche Kinder lange bevor sie Lesen und Schreiben lernen. Denn während das Fehlen eines Mediums, der Schrift, tatsächlich bestimmte kognitive und kommunikative Handlungen, wenn nicht ausschließt, so doch extrem schwierig macht, ist seine Verfügbarkeit gleichzeitig Ausgangspunkt von rückwirkenden Veränderungen . Es entstehen in einem Medium bestimmte Formen, die dann in das andere zurücktransportiert werden. Koch und Oesterreicher[40] betonen die wichtige Rolle der Schriftlichkeit beim sprachlichen Ausbau von bislang nicht verschrifteten Sprachen. Der Unterschied zwischen geschriebener und gesprochener Sprache kann deshalb nicht an altverschrifteten Sprachen wie dem heutigen Deutsch oder Englisch untersucht werden – zu sehr sind Schriftlichkeit und Mündlichkeit ineinander verschränkt. Man kann das auch anders ausdrücken: Mündlichkeit und Schriftlichkeit sind in unserer Gesellschaft keine dichotomischen Gegensätze mehr und deshalb ist die Frage nach der Priorität der Lautsprache kein interessanter Gegenstand mehr.

40| Koch / Oesterreicher a.a.O. 1994

BILDSPRACHE IM WEB

Der Begriff „Text“ umfasst im engeren Sinn nur das gesprochene Wort und die (phonetische) Schrift. Als Bilder im weiteren Sinne sind all die Zeichen zu sehen, die sich nicht in Text erschöpfen. Unter einem Bild soll also jedes non-verbale, mit dem Auge wahrnehmbare Zeichen verstanden werden. Der entscheidende Gegensatz zwischen Bild und Text liegt darin, dass Text aus arbiträren Zeichen gebildet wird, wohingegen Bilder eine wie auch immer beschaffene Ähnlichkeit oder Isomorphie zu ihrem Referenten aufweisen. Das schließt allerdings nicht aus, dass auch Bilder auch Zeichensysteme bilden und semiotisch interpretiert werden können.

Dieser weite Bildbegriff muss allerdings sogleich dreifach differenziert werden in

- ikonische Zeichen (analoge Bilder)
- logische Bilder und
- sonstige Bilder.

Quer zu dieser Differenzierung liegt die Unterscheidung von

- materiellen Bildern (englisch picture)
- mentalen Bildern (englisch image)
- sprachlichen Bildern und
- natürlichen Bildern.

Im Bildbegriff sollen hier nur sichtbare Bilder betrachtet werden, sprich mentale Bilder, innerlich bleibende bildliche Vorstellungen wie Fantasien oder Träume (Bilder im Kopf), fallen aus dem Bildbegriff heraus. Ihnen fehlt die Zeichenqualität, als solche können sie nicht kommuniziert werden. Mentale Bilder sind daher im Umfeld einer kommunikativen Betrachtung nur mittelbar als psychische Phänomene relevant. Werden mentale Bilder in materielle umgesetzt, verlieren sie ihre Besonderheit. Zwischen den materiellen Bildern und den unsichtbar bleibenden bildhaften Vorstellungen stehen sprachliche Bilder. Beispiele geben insbesondere Metaphern. Sprachliche Bilder haben zwar Zeichenqualität, dienen aber nicht unmittelbar der visuellen Kommunikation. Sie sind dennoch von großer Relevanz, weil sie den Text mehr oder weniger „anschaulich“ machen[41]. In der Regel werden auch natürliche Bilder, also etwa Spiegelbilder, Schatten, Wolkenformationen oder Abdrücke aus dem Bildbegriff ausgeschlossen; es wird also Künstlichkeit (Artifizialität) gefordert.

41| "Anschaulichkeit" muss nicht dingend mit sichtbaren Bildern verknüpft sein. Sie kann natürlich auch sprachlich

IKONIZITÄT

Bilder im engeren Sinne sind ikonisch, das heißt, sie haben als Zeichen eine Ähnlichkeit mit dem Bezeichneten. Man spricht deshalb auch gleichbedeutend von analogen oder seltener von mimetischen Bildern oder von Abbildern. Worin die Ähnlichkeit zwischen dem Bild und seinem Gegenstand besteht, ist ein Problem für sich. Morris nennt ein Zeichen ikonisch, wenn es mehr oder weniger selbst Eigenschaften seiner Denotate hat.[42] Dagegen meint Eco, die Definition von Morris könne allenfalls den Alltagsverstand zufrieden stellen, nicht aber die Semiotik, denn sie verfahre zirkulär, wenn sie zum Beispiel die Ähnlichkeit eines Porträts mit der abgebildeten Person daraus zu erklären versuche, dass auf dem Bild der Kopf mit Haut und Haaren, Augen und Ohren und so weiter zu sehen sei. Das ikonische Zeichen hat nicht selbst die Eigenschaften des abgebildeten Gegenstandes. Aus dieser Schwierigkeit befreit sich Eco mit der Feststellung, die Gemeinsamkeit des ikonischen Zeichens mit seinem Gegenstand bestehe darin, dass beide bei dem Betrachter das gleiche Wahrnehmungs-Modell auslösten.[43] Es bleibt damit bei dem psychischen Faktum des Analog-Sinnlichen, das bis zu einem gewissen Grade ein ökologisches Bildverstehen gestattet.

GRADE DER IKONIZITÄT

Die Ähnlichkeit zwischen der Darstellung und dem abgebildeten Gegenstand kann unterschiedliche Grade annehmen. Auf einer Ikonizitätsskala lassen sich naturalistische, realistische und stilisierte Bilder unterscheiden. Naturalistische Bilder liefern vor allem Fotos und Filme. Realistisch sind aber auch Gemälde, Zeichnungen und Plastiken, die nach einem Modell gearbeitet sind. Ein Bild kann den Gegenstand skizzenhaft mit Halbtontrennung darstellen, sich auf eine Konturzeichnung beschränken, nur einen Schattenriss (Silhouette) wiedergeben oder zum Piktogramm stilisiert sein. Auch durch die Wahl der Perspektive kann die Ikonizität variiert werden. Das Bild kann den Gegenstand so wiedergeben, wie man ihn gewöhnlich sieht oder es kann die Gestalt verzerren. Es kann den Gegenstand sozusagen mit Röntgenblick durchdringen oder ihn nach Art einer Explosionszeichnung auseinander ziehen. Die Möglichkeiten der Mimesis sind so vielgestaltig, dass ikonische Zeichen, anders als Sprache, unendlich variiert werden können, ohne ihre Ähnlichkeit mit dem Denotat zu ver-

42| Charles W. Morris, Zeichen, Sprache und Verhalten, Pädagogischer Verlag, Düsseldorf 1973 [Signs, Language, and Behavior, 1946], S. 99. Kritisch zur Ähnlichkeitstheorie des Bildes Umberto Eco, Zeichen. Einführung in einen Begriff und seine Geschichte, Suhrkamp, Frankfurt a. M. 1977, S. 197 ff., und vor allem Oliver Scholz, Bild, Darstellung, Zeichen, Alber Verlag, Freiburg i. Br. 1991, S. 18 ff.

43| Eco a.a.O. S. 212.

lieren. Bildgebende Verfahren, wie Röntgen, Ultraschall, Computertomographie oder Infrarotbilder, Satellitenfotos der Erde und der Blick durch das Elektronenmikroskop zeigen die reale Welt jenseits der Reichweite des Auges. Ihre Erzeugnisse kann man als hyperrealistische Bilder kennzeichnen. Zu den ikonischen Bildern können aber auch fiktionale oder Fantasiebilder gerechnet werden, die eine imaginäre Realität zum Sujet nehmen. Beispiele wären Bilder von Engeln und Teufeln oder von Marsmenschen. Auch Bilder von künftigen Sachverhalten sind fiktional.[44]

ABSTRAHIERENDE BILDER

Bilder gelten im Vergleich zur Sprache als konkret. Doch Bilder können auch abstrahieren. Wenn in einem Lexikonartikel über Giraffen ein Foto gezeigt wird, so ist damit nicht die ganz konkrete Giraffe auf dem Foto gemeint, sondern die Giraffe als Spezies. Aus dem Kontext wird der exemplarische Charakter des konkreten Bildes deutlich. In der Regel werden jedoch für die visuelle Kennzeichnung von Gattungen stilisierte oder verfremdete Bilder (Zeichnungen, Umrisse) verwendet. Sie zeigen des Gemeinte lediglich in Andeutungen. Solche Bilder verhalten sich zu den konkret-realistischen ähnlich wie Begriffe zu Namen. Sie lassen zwar noch eine Realitätsanalogie erkennen, abstrahieren aber soweit, dass sie nicht mehr auf Individuen, sondern nur noch auf Gattungen verweisen.

KONVENTIONALISIERTE BILDZEICHEN: IDEOGRAMME, PIKTOGRAMME, ICONS

Die Stilisierung kann extreme Grade erreichen. Oft steht nur noch ein Teil für das Ganze wie das Kreuz für die Kirche. Mit solcher Abstraktion geht in der Regel eine Konventionalisierung einher, die es gestattet, Bilder als Ideogramme zu verwenden. Ein Ideogramm ist ein Schriftzeichen, dass nicht phonetisch für eine Lautfolge, sondern für einen Begriff steht. Bei gewohnheitsmäßiger Konventionalisierung spricht man oft von Symbolen, bei explizit eingeführten Zeichen dieser Art von Piktogrammen. Für die Bildzeichen auf dem Computerbildschirm wird der Ausdruck Icon bevorzugt.

44| Dazu Oliver R. Scholz, „Mein teurer Freund, ich rat' Euch drum/ Zuerst Collegium Syntacticum" – Das Meisterargument in der Bildtheorie, in: Klaus Sachs-Hombach/Klaus Rehkämper (Hrsg.), Bildgrammatik, Scriptum Verlag, Magdeburg, 1999, S. 33-45, 39 f.; Gernot Wersig/Petra Schuck-Wersig, Das Potential des Bildes: Zur Funktionsveränderung visueller Kommunikation, Rundfunk und Fernsehen 34, 1986, S. 44-63, 56. Zum Ähnlichkeitsproblem bei fiktionalen Bildern Scholz, Bild, Darstellung, Zeichen (1991), S. 25 ff.

ZUR ABGRENZUNG: SYMBOLE, METAPHERN, ALLEGORIEN

Im weitesten Sinne versteht man unter einem Symbol[45] jedes Zeichen, das zur Kommunikation verwendet wird, ganz gleich, ob Buchstaben oder Wort, Geste oder Bild, und zwar ohne Rücksicht darauf, ob das Zeichen arbiträr gewählt ist, sich konventionell verfestigt hat oder in seiner Gestalt durch Analogie oder durch einen Sachzusammenhang motiviert ist. Umgangsprachlich dient „Symbol" vor allem als Oberbegriff für alle mehr oder weniger konventionalisierten Bildzeichen. Das „Symbol" ist aber auch ein ebenso beliebter wie unbestimmter Fachbegriff in allen Kulturwissenschaften.

Ein engerer Symbolbegriff verlangt Anschaulichkeit und repräsentative Bedeutung. Die Anschaulichkeit ergibt sich aus einer Analogiebeziehung zwischen dem Zeichen und dem Bedeuteten. In diesem Sinne waren alle frühen Bilderschriften symbolisch. Zeitgenössische Beispiele liefern Piktogramme und manche Verkehrszeichen. Repräsentation ist Stellvertretung, bei der ein Teil für ein größeres Ganzes steht (Synekdoche).[46] Repräsentative Symbole reduzieren als „pars pro toto" ein komplexeres Ganzes auf ein einfaches, sinntragendes Zeichen. Der Galgen symbolisierte einst die Gerichtsbarkeit, die Waage in der Hand der Justitia auch heute noch die Gerechtigkeit. In der klassischen Verwendung des Begriffs ist das Symbol ein konnotatives Zeichen.[47] Zwischen dem Symbol und seinem Referenzbereich vermitteln keine simplen Verwendungsregeln. Das Symbol wird nicht schlicht gelesen, sondern es will erst interpretiert sein. Die Beziehung zwischen Zeichen und Bedeutung ist nur lose. Das Symbol bietet Orientierung, aber kein Ziel. Es verbindet Bedeutungsdefizit mit Sinnüberschuss. Das Symbol im klassischen Sinne ist gewissermaßen Zeichen eines tieferen abstrakten Sinns, der bis zu einem gewissen Grade irrational, unbewusst oder jedenfalls schwer ergründbar ist.

Metaphern sind kommunikative Figuren, die zwei Objekte gleichsetzen, welche gewöhnlich nicht zusammengedacht werden.[48] Beabsichtigt ist damit ein Sinntransfer. Die Allegorie ist in erster Linie eine rhetorische und literarische Kommunikationsfigur. Eine Allegorie ist komplexer als die Metapher, es geht

45| Zum Symbolbegriff allgemein Oliver R. Scholz, Artikel „Symbol II. 19. und 29. Jh.", in: Historisches Wörterbuch der Philosophie, Schwabe & Co., Basel 1998, S. 723-738, zur kulturphilosophischen Verwendung Heinz Paetzold, Die Realität der symbolischen Formen. Die Kulturphilosophie Ernst Cassirers im Kontext, Wiss. Buchges., Darmstadt 1994. In der Soziologie beginnt die Karriere des Begriffs bei George Herbert Mead (Mind, Self, Society, 1934; deutsch: Geist, Identität und Gesellschaft, Suhrkamp, Frankfurt 1968); zum aktuellen Stand Dirk Hülst, Sym-bol und soziologische Symboltheorie, Leske und Budrich, Opladen 1999; für die Kunstgeschichte Roelof van Straten, Einführung in die Ikonographie, 2. Aufl., Dietrich Reimer Verlag, Berlin 1997, S. 57 ff.

46| Ausführliche zur visuellen Synekdoche Colette Brunschwig, Visualisierung von Rechtsnormen, Schulthess, Zürich, 2001, S. 91

47| Winfried Nöth, Handbuch der Semiotik, J. B. Metzlersche Verlagsbuchhandlung, 2. Aufl., Stuttgart/Weimar 2000, 181 f.

48| Zur Metapher allgemein die Anthologie von Anselm Haverkamp (Hrsg.),
Theorie der Metapher, 2. Aufl., Wiss. Buchgesellschaft, Darmstadt 1996; zur literarischen Tradition Gerhard Kurz, Metapher, Allegorie, Symbol, 2. Aufl., Vandenhoeck u. Ruprecht, Göttingen 1988.

es um eine Geschichte mit doppeltem Boden. Eine sprachliche oder auch eine bildliche Darstellung ist allegorisch gemeint, wenn sie zunächst vordergründig Sinn macht, eigentlich aber in einem übertragenen Sinn verstanden werden soll. Gute Beispiele geben die bekannten Fabeln. Allegorische Bilder waren und sind nicht selten. Die Emblemkunst, wie sie die vom 15. bis in das 18. Jahrhundert in Blüte stand, bot ein „Arsenal allegorischer Denkbilder".[49] Sie verbanden ein synthetisches Bild mit einer Überschrift (Inscriptio, Motto, Lemma) und einer unter dem Bild angebrachten Auslegung (Subscriptio, Epigramm).

LOGISCHE BILDER

Im Gegensatz zu den ikonischen stehen die logischen Bilder. Logische Bilder im engeren Sinne werden so genannt, weil sie formale Beziehungen andeuten. Zur Visualisierung dienen Verbindungs- oder Trennlinien, Pfeile und Kreise, Mengenbilder, Begriffs- oder Entscheidungsbäume, Flussdiagramme oder ein Zeitstrahl. Die Zeichen verweisen auf konsekutive, konditionale oder kausale Verknüpfungen oder auf Mengenrelationen.

Anders als ikonische haben logische Bilder keine Ähnlichkeit zu einem realen Gegenstand. Von Wort und Schrift unterscheiden sie sich dadurch, dass sie im Verhältnis zum Designat nicht schlechthin arbiträr sind, sondern eine Struktur ihres Gegenstands aufzeigen. Man kann die logischen Bilder daher auch Strukturdiagramme nennen (Englisch: graphs).

DATENBILDER (SCHAUBILDER, DIAGRAMME)

Zu den logischen Bildern im weiteren Sinne gehört die visuelle Aufbereitung von numerischen Daten in Tabellen, Kurven, Balken- und Tortendiagrammen. Insoweit ist in der Regel von Grafiken, von Diagrammen oder von Schaubildern die Rede (englisch charts). Solche Bilder eignen sich besonders dazu, große Datenmengen, die im wahren Sinne des Wortes unübersichtlich sind, in einer Weise darzustellen, dass sie unmittelbar anschaulich werden.

KARTEN UND PLÄNE

Eine besondere Gruppe visueller Zeichen bilden topografische Darstellungen realer Objekte und technische Pläne. Technische Pläne liegen auf der Grenze zwischen logischen und analogen Bildern. Der Plan einer elektrischen Schaltung ist eher „logisch". Architekturpläne oder technische Zeichnungen haben dagegen analogen Charakter. Das gilt erst recht für Landkarten.

49| Kurz a.a.O.. S. 52.

UNSCHARFE GRENZEN

Wie immer im Bereich des Sozialen bleiben die Grenzen unscharf. Das gilt für die traditionelle Trias von Wort, Schrift und Bild und erst recht für die feineren Unterscheidungen im Bereich der Bildzeichen. Die Entgrenzung geht noch tiefer. Sandbothe hat darauf aufmerksam gemacht, wie die als selbstverständlich geltenden Demarkationslinien zwischen Bild, Sprache und Schrift durch die semiotischen Praktiken, die sich im Internet entwickeln, unterlaufen werden.[50] Die Entgrenzung beginnt aber schon in den konventionellen Medien.

Durch Typografie und Layout, mit dem Wechsel von Schriftgröße und Schriftart, Fettdruck und Unterstreichungen, Blöcken und Rahmungen wird aus dem Fließtext ein Schriftbild. Auch Farbe verleiht der Schrift etwas Bildliches. Schriftzeichen werden in grafisch gestalteten Buchstabenkombinationen zum Logo. Man kann insoweit nach dem Vorschlag von Sandbothe[51] von einer Verbildlichung des Textes sprechen. Sie findet ihren Ausdruck im bildhaften Umgang mit der phonetischen Schrift sowie in einer Wiederkehr der Ideogramme. Umgekehrt lässt sich aber auch eine Verschriftlichung des Bildes beobachten.[52] Bilder verweisen nicht direkt auf nichtzeichenhafte Gegenstände, sondern rufen, ähnlich wie die Schrift, zunächst andere Zeichen auf. Konventionelle Beispiele sind Abbildungen von Urkunden oder Büchern oder die in einem Bild versenkten Links zu anderen Internetseiten.

Auch die Grenze zwischen logischen und ikonischen Bildern verschwimmt. Logische Bilder werden gerne mit Analogbildern unterlegt. Ein traditionelles Beispiel ist der Stammbaum. Moderne Beispiele liefert die sog. Infografik.[53] Sie nimmt zwar oft logische Bilder oder Diagramme zur Grundlage, schmückt diese aber mit ikonischen Zeichen aus.

Ähnlich verschwimmen die Grenzen zwischen realistischen, abstrakten und stilisierten Bildern. Aber auf Feinheiten der Grenzziehung kommt es hier nicht an. Es genügt, die Bilder relativ grob einer Gruppe zuzuordnen. Besonderheiten lassen sich dann im Bedarfsfall hervorheben.

50| Mike Sandbothe, Zur Semiotik der Hypertextualität. Bild, Sprache und Schrift im World Wide Web, in: Günter Bentele/Michael Maller (Hrsg.), Aktuelle Entstehung von Öffentlichkeit. Akteure – Strukturen – Veränderungen, UVK Medien, Konstanz 1997, S. 587-594.

51| Sandbothe a.a.O.. S. 590 f.; ders., Transversale Medienwelten. Philosophische Überlegungen zum Internet, in: Medien-Welten-Wirklichkeiten, hrsg. von Gianni Vattimo und Wolfgang Welsch, W. Fink Verlag, München 1998, S. 59-73, 71.

52| Sandbothe 1997 a.a.O. S. 593.

53| Dazu Angela Jansen/Wolfgang Scharfe, Handbuch der Infografik, Springer, Berlin, 1999; Thomas Knieper, Infographiken: Das visuelle Informationspotential der Tageszeitungen, Verlag Reinhard Fischer, München, 1995; Martin Liebig, Die Infografik, UVK, 1999; Hanno Sprissler, Infografiken gestalten – Techniken, Tips und Tricks, Springer, Berlin, 1999.

STEHENDE UND BEWEGTE BILDER

Eine neue Dimension tritt hinzu, wenn man zwischen stehenden und bewegten Bildern unterscheidet. Im Gegensatz zu den Bildern, die auf Papier und ähnlichen Trägern fixiert werden, bieten Film, Fernsehen und Computer bewegte Bilder. Auch hierbei gibt es Übergangsformen, etwa die Bildergeschichten der Comics oder Bilderserien, wie sie mit Powerpoint und Beamer produziert werden. Eine Zwischenform ist auch die Computer-Animation, mit der Standbilder künstlich in Bewegung versetzt werden.

OBJEKT- UND METABILDER

Für Sprachtheorie und Logik ist die Unterscheidung von Objektsprache und Metasprache unentbehrlich geworden. Eine analoge Differenzierung ist auch für den Umgang mit Bildern möglich. Metabilder wären dann solche, die ihrerseits Bilder abbilden. Museumskataloge zeigen beispielsweise Bilder von Bildern. Manche Wahlplakate werden zur Verwendung in den Bildmedien geschaffen. Wichtiger als die Ähnlichkeit ist aber der Unterschied zwischen Metasprache und Metabildern. Metasprache gewährt die Möglichkeit, sprachliche Ausdrücke und ihren Gebrauch mit sprachlichen Mitteln zu klären. Bilder dagegen lassen sich kaum durch Bilder erläutern. Vielmehr muss ihr Verständnis im Zweifelsfall auf sprachlichem Wege gesichert werden.

MULTIMEDIALITÄT UND INTERMEDIALITÄT

TEXT-BILD-KOMBINATIONEN UND MULTIMEDIA

Die Grenzziehung bleibt auch insofern immer provisorisch, als Bild und Text selten oder nie isoliert auftreten. Wenn man heute von Multimedia spricht, so ist der Verbund von Schrift, Bild und Ton in elektronischen Kommunikationssystemen gemeint. Kommunikation ist jedoch in viel umfassenderer Weise „multimedial". Bilder sind mehr oder weniger dicht von Texten umgeben, und alle Texte paaren sich mit visuellen Signalen. Eine juristische Vorlesung, in der sich der Dozent auf den Vortrag eines Textes beschränkt, versorgt die Hörer dennoch mit einer Fülle optischer Eindrücke vom Hörsaal, von der Person und von den nonverbalen Gesten des Vortragenden bis hin zu den Reaktionen des Publikums. Neben dieser quasi natürlichen Multimedialität stehen die künstlichen Bild-Text-Kombinationen. Beispiel sind Überschriften, Bildunterschriften oder Legenden zu Bildern oder umgekehrt erläuternde Bilder zu einem Text. Typische Verbindungen dieser Art finden sich im modernen Comic ebenso wie im klassischen Emblem. Eine relativ junge, aber inzwischen besonders wichtige Hybride von Text und Bildern ist die bereits erwähnte Infografik, wie sie in Zeitungen und im Fernsehen Karriere gemacht hat.

Besondere Aufmerksamkeit hat die Kombination von Bild und Text im Fernsehen gefunden.[54] Eine spezifische Kombination aus Bild und Text ist der Tonfilm. Darin verbinden sich mit dem Bild nicht nur Sprache, sondern Töne, insbesondere Musik, und Geräusche aller Art. Längst gestattet die Technik auch interaktive Multimediaangebote.

INTERMEDIALITÄT ALS TRANSFORMATION

Auch der Begriff der Intermedialität wird nicht einheitlich verwendet. Gelegentlich steht er nur für Multimedialität, also für die synchrone Kommunikation auf mehreren Kanälen. Aber in der Regel ist von Intermedialität in einem spezifischeren Sinne die Rede.

Gemeint ist oft die Transformation eines Inhalts von einem Medium in das andere oder aber die Bezugnahme auf eine Äußerung, die in einem anderen Medium vorliegt. Bei der Intermedialität als Transformation geht es nur um

54| Günter Bentele/Ernest W. B. Hess-Lüttich (Hrsg.), Zeichengebrauch in Massenmedien. Zum Verhältnis von sprachlicher und nichtsprachlicher Information in Hörfunk, Film und Fernsehen, Max Niemeyer Verlag, Tübingen 1985; Manfred Muckenhaupt, Text und Bild, Grundfragen der Beschreibung von Text-Bild-Kommunikation aus sprachwissenschaftlicher Sicht, Gunter Narr Verlag, Tübingen 1986; ders., Fernsehnachrichten gestern und heute, Gunter Narr Verlag, Tübingen 2000.

die Übersetzung eines Inhalts von einem in ein anderes Medium. In unserem Zusammenhang interessieren besonders die Visualisierung von Radiothemen, Bildbeschreibungen und umgekehrt die Visualisierung von Texten. In Literaturwissenschaft und Kunst ist die Frage erörtert worden, ob sich Bilder in Texte und umgekehrt Texte in Bilder übersetzen lassen. In der Regel wird dabei die Autonomie der jeweiligen Ausdrucksmittel betont. Das schließt nicht aus, dass immer wieder Versuche der Transformation in der einen oder anderen Richtung unternommen werden. Giesecke meint, der Buchdruck habe die Verbalisierung der Bilder und Modelle geradezu herausgefordert, und er vermutet, dass sich syntaktische und lexikalische Besonderheiten, welche die neuhochdeutsche Standardsprache vor ihren mittelalterlichen Vorgängern auszeichnen, auf die Anforderungen zurückzuführen sein könnten, die sich aus der Verbalisierung von Bildern ergäben.[55] Wenn im Zusammenhang mit Literatur und Kunst von Intermedialität die Rede ist, dann meint man allerdings in der Regel nicht die bloße Übersetzung, sondern eine irgendwie weiterführende Reaktion, die von der impliziten Anspielung über die ausdrückliche Erwähnung, einen Kommentar oder eine Interpretation bis hin zu künstlerischen Neuschöpfung reichen kann.

Von Intermedialität spricht man auch, um ein neues Entwicklungsstadium digitaler Netze zu kennzeichnen, in denen Bild, Schrift und Ton in einer Weise verknüpft sind, dass sich kein Leitmedium mehr ausmachen lässt. Schließlich ist mit dem Begriff eine Entwicklungshypothese verbunden: mit zunehmender der Komplexität des Mediengesamtsystems wächst die Intermedialität nach Art und Intensität. Die Medien beobachten sich gegenseitig, beziehen sich aufeinander, kommentieren und kontrollieren sich. Aus solcher Intermedialität beziehen die Nutzer ihre „Weltkenntnis“.[56]

55| Michael Giesecke, Der Buchdruck in der frühen Neuzeit: Eine historische Fallstudie über die Durchsetzung neuer Informations- und Kommunikationstechnologien, Suhrkamp, Frankfurt a. M. 1991, S. 624 f.
56| Siegfried J. Schmidt, Theorien zur Entwicklung der Mediengesellschaft, Internationales Archiv für Sozialgeschichte der Deutschen Literatur, Sonderheft 10, 1999, S. 118-145, 139 f.

PUBLIKATION MIT HYPERTEXT

HTML

In diesem Buch kann natürlich keine Anleitung dazu gegeben werden, wie der HTML-Code einer Webseite idealerweise aussieht. Es soll nur eine grundlegenede Ahnung davon vermittelt werden, wie Webseiten technisch aufgebaut sind. Der große Unterschied zwischen gedrucktem Text und einem Text im Internet ist der so genannte Hypertext. Die Sprache des Hypertext heißt HTML: Hypertext Markup Language. Auf dem Webserver liegen die Dateien im HTML-Quellcode vor. Dieser Quellcode wird vom Browser des Nutzers entsprechend interpretiert und die Seite dargestellt. Wie der Text, welche Bilder oder welche multimedialen Inhalte erscheinen sollen und welche Eigenschaften sie haben, wird im Quellcode festgelegt. Dabei können nicht nur Inhalte dargestellt werden die auf dem gleichen Server liegen wie die Seite selbst, sondern auch externe Inhalte können ebenso einfach eingebunden werden.

Alle HTML-Dateien beginnen mit dem so genannten Doc-Type über den dem Browser mitgeteilt wird, welche Elemente das Dokument enthalten darf. Die eigentliche HTML-Seite beginnt mit <html> und endet mit </html>. Die Seite selbst ist unterteilt in einen unsichtbaren Kopf, der mit <head> und </head> eingegrenzt wird. Der sichtbare Teil liegt im so genannten „body" und wird mit <body> und </body> markiert. Der head enthält die wichtigen Bestandteile für Suchmaschinen und innerhalb der Markierungen <title> und </title> den Titel der Seite. Dieser Titel wird nicht in der Seite selbst, sondern im Browserfenster selbst in der obersten Leiste angezeigt. Das Grundgerüst für eine HTML-Seite sieht also folgendermaßen aus:

```
<html>
<head>
<title>Kommunikation im Internet</title>
</head>
<body>
Hallo liebe Leser, hier kommt der Lauftext.
</body>
</html>
```

Der Satz „Hallo liebe Leser, hier kommt der Lauftext" wäre auf dem Bildschirm sichtbar, der Titel „Kommunikation im Internet" würde im Browserfenster in der oberen Leiste angezeigt werden. Die Formatierung des Texts wird in so genannten „Tags" festgesetzt. Analog den eben beschriebenen Tags wird mit dem Befehl <b> der Text fett gesetzt und der Befehl mit </b> wieder aufgehoben. Ähnlich der Arbeit mit einem Textverarbeitungsprogramm kann man auch verschiedene Textgrößen anhand von Formatvorlagen einstellen. Mit den Tags <h1> und </h1> wird eine Headline der Kategorie 1 erzeugt, sprich die größtmögliche Schriftart. Die vorgegebene Unterteilung geht dabei bis zu <h6> und entsprechend </h6>.[57] Eine weitere Möglichkeit den Text zu bearbeiten, ist wiederum ähnlich einer Textverarbeitung, der Einsatz von Stilesheets, sprich Formatvorlagen. Diese werden verbindlich für die komplette Website eingestellt und auch mit entsprechenden Tags angegeben.

Eine optische Struktur der Seite wird im einfachsten Fall mit Tabellen erzeugt. Mit <tr> wird eine Tabellenspale erzeugt und mit </tr> geschlossen. Entsprechend werden mit <td> und </td> die Zeilen geöffnet und geschlossen. Tabellenkonstruktionen in Webseiten können viele ineinander verschachtelte Tabellen enthalten um bei der Erstellung des Erscheinungsbilds nach außen möglichst flexibel zu sein. Für den User sieht die Seite aufgeräumter auf, im Quelltext selbst kann das leicht ein wenig verwirrend werden. Eine weitere Möglichkeit ist es, die Bestandteile der Seite in Ebenen zu unterteilen und ähnlich wie in der Bildbearbeitung die Ebenen zu verschieben.

Bilder werden ebenfalls über Hypertext eingebunden. Im Quellcode ist zu sehen, auf welchem Server das Bild physikalisch liegt, in welcher Größe es angezeigt werden soll und welche Eigenschaften das Bild haben soll, sprich ob eine Verlinkung von dem Bild aus auf eine andere Webseite, ein anderes Bild oder eine Datei als Eigenschaft des Bildes definiert ist. Ebenfalls ist es möglich, dem Bild einen so genannten Alt-Tag zuzuweisen, das hat Vorteile für Suchmaschinen, die Inhalte von Bildern nicht erkennen können oder blinde User, die anhand des Alt-Tags so zumindest textlich den Inhalt des Bildes erfassen können. Der im Alt-Tag hinterlegt Text wird sichtbar, wenn der Mauszeiger über das Bild bewegt und dort stehen gelassen wird. Der somit erscheinende Text kann Hintergrundinformationen zu dem angezeigten Bild erhalten oder die Bildinhalte beschreiben.

57| Eine Liste der gängigsten HTML-Befehle ist im Anhang zu finden.

In folgendem Beispiel ist eine Text-Verlinkung auf den Webauftritt einer Webagentur integriert. Der sichtbare Text lautet „Hier geht es zur Agentur Webextend“. Laut Befehl soll der Link in einem neuen Fenster öffnen.

```
<a href="http://www.webextend.de" target="_blank">Hier geht es zur Agentur
Webextend</a>
```

Ein verlinktes Bild kann beispielsweise folgenden Quellcode aufweisen[58]:

```
<a href="http://www.glaubenistgesund.de" target="_blank"><img src="http://
www.glaubenistgesund.de/wp-content/themes/pool/images/bg_header.gif"
alt="Glauben ist gesund" border="0"></a>
```

Der erste Teil gibt an wohin der link führt und dass ein neues Fenster dabei aufgehen soll. Danach folgt die Image Source (img src) und der Alternate-Text. Die Image Source beinhaltet den kompletten Pfad zu dem Bild, das heißt mit diesem Quellcode würde das Bild immer angezeigt werden, egal auf welcher Webseite er sich befindet. Hypertext besteht zu einem nicht unerheblichen Teil aus Verweisen. Der anzuzeigende Text ist dabei direkt in den Quellcode integriert, auf Bilder wird generell nur verwiesen. Sobald ein User die Webseite aufruft, wird an der programmierten Stelle das Bild oder ein Multimedia-Objekt geladen und angezeigt. Tatsächlich ist es so, dass Bilder in einer gut organisierten Seite in einer Ordnerstruktur mit sinnvoller Nomenklatur gespeichert werden und somit auch für weitere Vorhaben leicht zu finden und zu integrieren sind.

Die Bilder und Objekte müssen nicht auf demselben Server liegen wie die Seite selbst. Es macht gestalterisch kaum einen Unterschied, ob auf das Bild eines externen Webauftritts verwiesen wird oder ob das Bild im selben Webauftritt publiziert wurde. Tatsächlich können alle Objekte, Bilder, Texte und Multimediaobjekte in eine Webseite integriert werden, indem auf die exakte Datei verwiesen wird.

Durch die Integration des kompletten Pfades beginnend mit http:// wird das Bild quasi aus dem Internet geladen und in der HTML-Seite dargestellt. Eine Datei von einer externen Seite einzubinden kann dann sinnvoll sein, wenn große Multimediadateien aus externen Seiten angezeigt werden sollen, die die verfügbare Bandbreite des Webauftritts sprengen würde. Auch kann es notwen-

58| Der link führt auf ein privates Weblog zum Thema Glauben. http://www.glaubenistgesund.de

dig sein auf eine Datei zu verweisen, die extern aktualisiert wird. Um immer die aktuelle Datei darstellen zu können ist es also nicht notwendig, die Seite selbst zu ändern, solange sich der originale Speicherort und der originale Dateiname der Datei nicht ändern.

PHP

„PHP: Hypertext Preprocessor" - ist eine einfache Web-Skriptsprache, die es ermöglicht, dynamische Seiten ohne großen Aufwand zu erstellen. Auf dem Webserver selbst werden durch PHP Programme gestartet, was die Erzeugung dynamischer Inhalte erlaubt. Für Journalisten ist nur notwendig, dass sie php prinzipiell kennen. Trotzdem soll es hier kurz angesprochen werden, weil auf vielen Webauftritten Seiten mit der Endung .php, . php3, php4 oder .phtml auftauchen. Die Grenzen sind nicht besonders eng gesetzt, denn man kann PHP mit anderen Sprachen (wie JavaScript, HTML u.a.) kombinieren. Die Sprache ist Plattformenunabhängig und läuft somit genau so gut unter Windows NT als auch unter UNIX oder LINUX. PHP eignet sich gut zum Erstellen von Online-Shops, Kontaktformularen, Auswertungen, Verwaltungstools und vielem mehr. Die Arbeit mit Datenbanken ist durch PHP noch einfacher geworden und gibt in Zusammenarbeit mit HTML die Möglichkeit, verschiedene Layouts zu erstellen. PHP kann außerdem direkt in HTML-Seiten eingebettet werden, der Autor schreibt dabei php - Befehle einfach zusammen mit HTML-Befehlen in eine Datei. Wird diese Datei von einem Betrachter angefordert, so werden die php - Befehle von einer Software des Webservers Schritt für Schritt ausgeführt und die Ergebnisse an den Betrachter weitergeleitet. Der Webserver muss dabei allerdings php - Programme ausführen können. Der eigentliche Programmcode ist im Gegensatz zum HTML-Code von außen nicht sichtbar. Mit dem Befehl „Quellcode anzeigen" wird beispielsweise nur der HTML-Code angezeigt, der von dem PHP-Befehl erzeugt wurde, nicht die PHP-Befehle selbst. Standardmäßig funktionieren PHP- Befehle nicht immer auf öffentlichen Servern.

PHP wird seit etwa 1994 entwickelt und erfreut sich stetig wachsender Beliebtheit. Ein besonderer Schwerpunkt liegt auf der Einbindung verschiedener Datenbanken wie zum Beispiel mySQL PHP ist an C, Java und Perl angelehnt. PHP-Seiten sind etwas langsamer als statische HTML Seiten, weil Sie zuerst vom Server interpretiert und erst dann an den User gesendet werden. Deshalb ist es sinnvoll nur dann HTML Dokumente in PHP zu schreiben, wenn diese wirklich dynamisch erstellt oder aktualisiert werden müssen. [59]

59| PHP4-Forum: http://www.php4-forum.de

HYPERLINKS

Das Besondere bei der Erstellung von Webseiten ist weniger die Möglichkeit, Text in verschiedenen Größen, Farben oder Schriftarten anzuzeigen. Das kann jedes gute Textverarbeitungsprogramm und wird auch in jedem Printmedium zur besseren Orientierung verwendet. Das wirklich Besondere ist: Innerhalb von Webseiten kann jedes Element, ob Text oder Bild, mit anderen Dateien verknüpft werden. Der auffälligste Unterschied innerhalb eines einzelnen Artikels ist dabei der „Hyperlink", der im Quellcode hinter ein Text-Teil gesetzt werden kann. Diese Hyperlinks innerhalb eines Lauftexts erscheinen im Webbrowser meistens unterstrichen und meist auch in einer anderen Farbe. Hyperlinks hinter Grafiken erkennt man an der Veränderung des Mauszeigers: Falls ein Hyperlink angelegt ist, verändert sich der Mauszeiger im Allgemeinen von einem Pfeil in eine Hand sobald der Zeigt über dem Link steht.

Der Hyperlink ist ein sehr flexibles Navigationselement. Mit seiner Hilfe kann der User innerhalb derselben Seite navigieren, andere Seiten desselben Webauftritts anspringen oder neue, zusätzliche Browserfenster öffnen. Prinzipiell kann von einem Hyperlink aus jede Datei angesprochen werden, die sich im Internet befindet. Egal ob es sich dabei um eine HTML-Seite, eine Grafik oder eine ausführbare Datei handelt.

Die simpelste Möglichkeit mit Hyperlinks zu agieren, sind die so genannten Anker. Ein Anker ermöglicht es, innerhalb eines längeren Texts direkt an verschiedene Stellen zu springen. Diese Methode ist vor allem noch bei älteren Webseiten zu sehen, bei denen der Lauftext mehrere Bildschirminhalte lang ist. Falls ein längerer Lauftext 1:1 in das Internet übertragen werden soll, ist das zumindest eine kleine Erleichterung bei der Navigation. Durch die Anker kann auch ein Inhaltsverzeichnis an den Anfang des Dokuments gestellt werden und die Kapitel sind somit direkt im Zugriff.

Abbildung 6 *Navigation über Anker oder Sprungmarken*

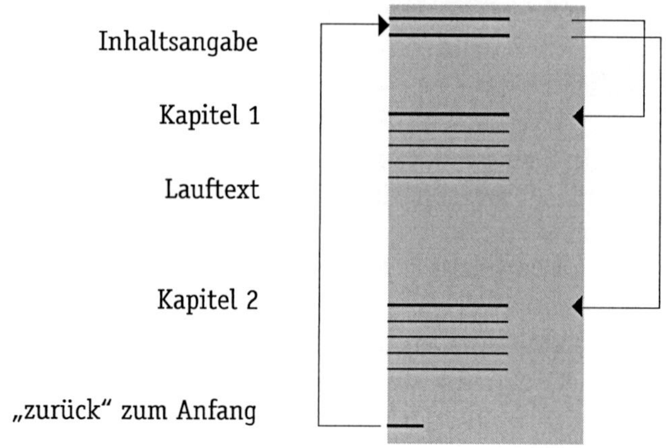

Bei langen Texten, die aus einer Textverarbeitung direkt in HTML übernommen wurden, kann so zumindest eine Interaktive Inhaltsangabe erstellt werden. Die Option eine Inhaltsangabe zu erstellen und direkt zu den einzelnen Unterkapiteln zu springen, bieten Textverarbeitungsprogramme wie „Microsoft Word" bereits im Originaldokument an.

Theoretisch kann ein Text im Web unbegrenzte Länge erreichen. Ähnlich einer Toilettenpapierrolle wäre die Seite zwar in der Breite begrenzt, nicht aber in der Länge. Durch Anker könnte man so auch sehr lange Artikel auf eine einzelne Webseite publizieren und bei Bedarf innerhalb des Texts navigieren. Allerdings werden Bücher auch nicht als Schriftrollen gedruckt, sondern der Inhalt seitenweise publiziert. Das hat neben den drucktechnischen Gründen auch praktische: Die Stelle an der man sich befindet ist viel leichter zu finden, wenn der Leser ein Lesezeichen an der richtigen Stelle setzen kann.

Der Text kann also zur besseren Lesbarkeit in Einzelseiten unterteilt werden. Jeweils am Ende der Seite könnte ein Link zur nächsten Seite stehen und somit wären auch die Ladezeiten optimiert.

Abbildung 7 Starre Verlinkung

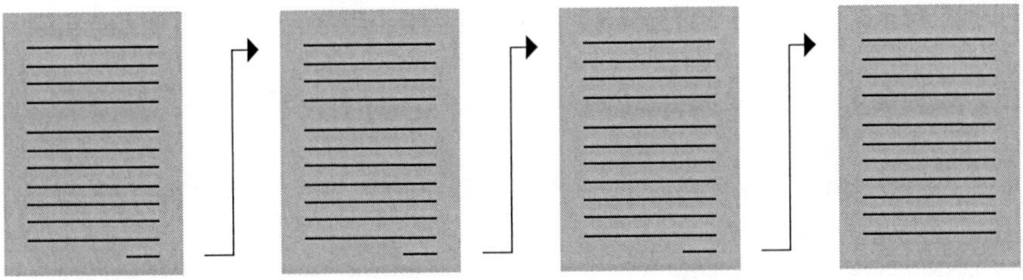

Eine weit häufigere und auch weit sinnvollere Verwendung von Hyperlinks ist es allerdings, durch den Link auf eine zusätzliche Seite zu verweisen. Diese Seite kann im selben Frameset öffnen, oder ein externes Fenster öffnen, ein so genanntes PopUp.

Eine Publikation im Web wird dem Medium nur dann gerecht, wenn die Verlinkungsmöglichkeiten intelligent genutzt werden. Ein komplexes Thema kann sehr viel besser auf mehrere Seiten aufgeteilt werden, wenn Text und Verlinkung keinem linearen Schema folgen, sondern die Inhalte in kleine, sinnvolle Einheiten unterteilt werden. Die Rezeptionsform ist so dem Leser überlassen und nicht vom Publizierenden vorgegeben.

Abbildung 8 Interne und externe Verlinkung

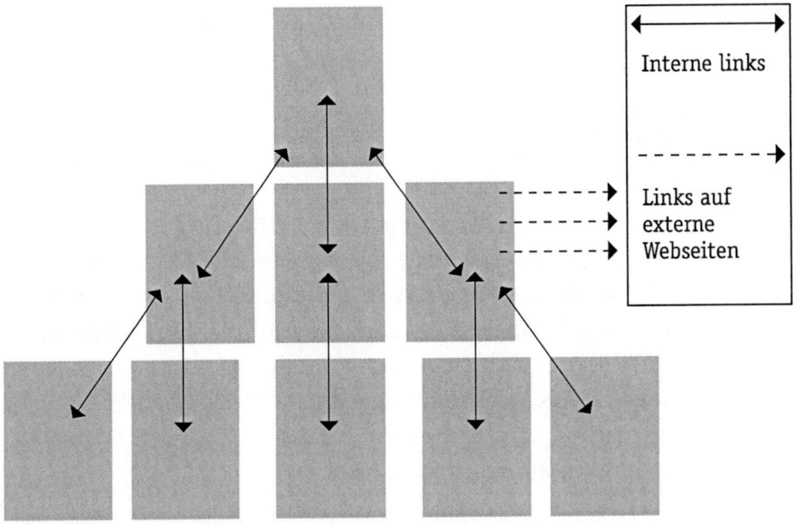

Diese Darstellung einer internen und externen Verlinkung ist natürlich stark vereinfacht und schematisiert, denn sinnvollerweise hat der Leser von jeder Seite aus Zugriff auf alle anderen Seiten und nicht nur auf die quasi angrenzenden. Ebenso können sich externe Links auf jeder Seite befinden und nicht nur wie hier angedeutet auf einer einzelnen Seite des Auftritts.

Links lassen sich servertechnisch, designtechnisch und inhaltlich unterscheiden[60]. Am einfachsten ist die Unterscheidung danach, wohin der Link führt. Servertechnisch kann zwischen drei Arten von Hyperlinks unterschieden werden:

- **Seiteninterne Links**, die zu einem Sprungziel, beziehungsweise Anker, innerhalb des vorliegenden Dokuments führen.
- **Site-interne Links**, die innerhalb des Online-Angebots bleiben, aber auf ein neues Dokument verweisen.
- **Externe Links**, die zu einem anderen Server führen.

Eine designtechnische Entscheidung, in was für einem Fenster das Zieldokument geöffnet wird, hat ebenfalls Folgen für den Lesefluss. Ursprünglich war von der Hypertext Markup Language (HTML) vorgesehen, neue Dokumente einfach in das aktuelle Browserfenster zu laden. Die Browser erlauben dem User aber, darauf Einfluss zu nehmen: Er kann selbst einstellen, ob er ein neues Fenster bevorzugt oder nicht. HTML-seitig kann man dem User neue Fenster aber auch einfach aufzwingen. Die folgende Einteilung bezieht sich auf die designtechnische Gestaltung des Zielfensters. Verlinkte Objekte können geöffnet werden:

- **im selben Fenster.** In diesem Fall kann der User wie gewohnt mithilfe des Zurück-Pfeils im Browser zurückblättern. Oftmals ist auch die Maustaste Nummer 4 (Links an der Seite) standardmäßig mit dieser Funktion belegt.
- **in einem neuen Vollbild-Fenster** mit dem HTML-Befehl target=_blank. Diese Methode bietet sich dann an, wenn die Ausgangsseite für den User unbedingt erhalten bleiben soll. Insbesondere ist dies sinnvoll bei externen Links.
- **in einem neuen kleineren Fenster.** (PopUp) mit definierten Abmessungen auf dem Bildschirm. Technisch wird dies mit Hilfe eines Javascript-Befehls gelöst. Für kürzere ergänzende Begriffserklärungen oder mediale Zuspielungen (Audio, Video) eignet sich diese Methode besonders, weil die Ausgangsseite für den User präsent bleibt.

Von ihrer inhaltlichen Funktion her gibt es völlig verschiedene Arten von Links. Die einen helfen beim Erfassen des gesamten Hypertext, andere liefern kurze Zusatzinfos, andere führen zu längeren Dokumenten. Zum Zurechtfinden in umfangreichen Online-Angeboten dienen meist ganze Link-Leisten oder –Spalten. Selbst das direkte Feedback ist mit einem Link zu regeln. Hier können fünf Arten unterschieden werden:

- **Strukturierende Links** gliedern die Seite. Sie haben eine vergleichbare Funktion wie Zwischenüberschriften in einem gedruckten Magazin.
- **Definierende Links** erläutern einzelne Punkte im Text. Beispiele sind Verweise auf ein Glossar oder Literaturverzeichnis.
- **Assoziierende Links** führen zu vertiefenden Beiträgen, die dem eben aufgerufenen Dokument gleichgestellt sind.
- **Navigations-Links** treten meist gebündelt als Navigationsleiste auf. Sie helfen bei der Auswahl der Ebenen im Rahmen eines Hypertext-Angebots; innerhalb derselben Ebene, eine Ebene höher oder eine Ebene tiefer.
- **Kommunikations-Links** lassen ein Fenster „Neue E-Mail-Nachricht" aufgehen oder führen zu weiteren Community-Diensten.

Links sehen prinzipiell immer gleich aus. Egal, ob sie auf ein externes Angebot verlinken, innerhalb der Site eine neue Seite aufrufen oder das Email-Programm starten. Um dem User die Navigation zu erleichtern, sollten Links daher entsprechend gekennzeichnet sein. Standardmäßig werden Links unterstrichen und farbig hervorgehoben dargestellt. Wenn beispielsweise ein Name in dieser Form hervorgehoben wurde, kann der User aber nicht wissen, ob hinter dem Link weitere Informationen zu dieser Person zu erwarten sind, Bildmaterial oder die Möglichkeit ihm oder ihr eine Email zu senden. Das kann leicht verwirrend sein, vor allem bei Email-Verlinkungen. Bei einer solchen Verlinkung springt automatisch das im User-Rechner definierte Email-Programm an und kann so zu unterwünschten Verzögerungen im Lesefluss führen. Wie wir später im Beispiel der Radiowebseite www.energy.de sehen werden, sind dort interne und externe Links durch verschiedene Icons klar gekennzeichnet. Außerdem rufen Links auf externe Webangebote generell ein neues Fenster auf, damit der User nicht zwangsläufig die eigentliche Webseite verlassen muss wenn er sich zusätzlich externe Informationen ansehen möchte.

FRAMESETS

Angezeigte Webseiten sind sehr oft in verschiedene Einzelseiten unterteilt, sprich Frames.

***Abbildung 9** Einfaches Frameset mit 3 Frames*

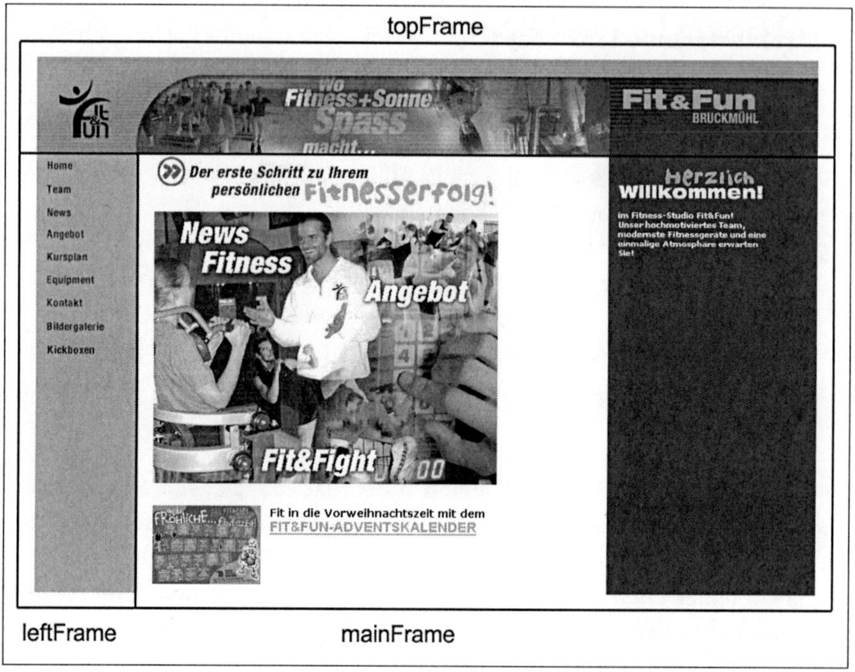

Welches Frame an welcher Stelle angezeigt wird, wird durch das Frameset bestimmt. Konkret bedeutet das, jedes Einzelteil der Seite ist eine komplette Webseite, auch wenn sie nur ein paar Punkte breit sein sollte oder einen einfarbigen Hintergrund aufweist. Wie die Seiten zueinander in Relation stehen, wie breit oder hoch sie angezeigt werden, wird im Frameset festgelegt.

Ein Beispiel für ein einfaches Frameset: Das Frameset von www.fitundfun-bruckmuehl.de.

```
<frameset rows="120,*" cols="*" frameborder="NO" border="0"  framespacing="0">
<frame src="/nav/top.html" name="topFrame" scrolling="NO" noresize >
<frameset cols="142,*" frameb order="NO" border="0" framespacing="0">
<frame src="/nav/nav.html" name="leftFrame" scrolling="NO" noresize>
<frame src="/home.html" name="mainFrame">
</frameset>
```

Wie aus dem Quelltext zu sehen ist, wird der Webauftritt in Zeile 1 bei 120 horizontalen Reihen zum ersten Mal geteilt. Eine Reihe entspricht dabei genau einem Pixel, sprich einem Bildpunkt. Damit wird die Höhe des obersten Frames angegeben. Bei der Angabe der Spalten (cols kurz für columns) fehlt die Angabe, da eine vertikale Einteilung des oberen Frames in diesem Fall nicht notwendig ist. Der Befehl „frameborder“ gibt den Abstand zum nächsten Frame an, in diesem Fall „0“ da die Bildinhalte nahtlos ineinander übergehen sollen. Ebenso sind die Optionen „border“ und „framespacing“ auf „0“ gestellt, sprich zwischen den Frames soll kein Abstand entstehen und nirgends ein Rand angezeigt werden. Welche Seite an dieser Stelle geladen werden soll, wird dann ab Zeile 3 angegeben: Die „Frame Source“ verweist auf den Pfad innerhalb des Webs, von dem aus die HTML-Seite in den oberen Frame geladen wird. (frame src="/nav/top.html) Dem Frame selbst wird der Name topFrame zugewiesen. (name="topFrame") „scrolling=NO“ und „noresize“ bestimmen, dass dieser Frame nicht in der Größe geändert werden kann und es auch nicht möglich sein soll, die Seite innerhalb des Frames zu bewegen.

Der Name des Frames und die im Frame angezeigte Seite sollten übrigens nicht miteinander verwechselt werden: In den topFrame kann beispielsweise jede Seite geladen werden, das ist reine Definitionssache. Die eigentliche HTML-Seite kann auch durchaus größer sein als der Frame um die Anschlüsse möglichst nahtlos zu halten. Würde der Befehl „scrolling=NO“ fehlen, würden in diesem Fall Scrollbalken an der Seite oder am unteren Rand des Frames entstehen.

Ab Zeile 4 wird die Eigenschaft des linken Frames bestimmt. Er nimmt 142 Spalten ein, sprich er ist genau 142 Pixel breit. Ränder und Abstände sind auch hier wieder mit dem Wert „0“ angegeben. Ebenso wird der Pfad definiert, in dem das frameset die zu ladende Seite sucht (frame src="/nav/nav.html) und dem

Frame ein Name gegeben (name="leftFrame"). Die eigentliche Inhaltsseite ist ab Zeile 6 sehr leicht zu definieren, denn sie fügt sich mit dem Namen „mainFrame" (name="mainFrame") einfach an der Stelle an, die die anderen Frames übrig gelassen haben. Sprich ab Reihe 120 und ab Spalte 142. In diesem Fall ist eine Größenänderung sehr wohl möglich, da die eigentlichen Inhaltsseiten oft größer als ein einziger Bildschirminhalt sind.

Der große Vorteil des Framesets besteht darin, beispielsweise eine starre obere Leiste und eine Navigationsleite an den linken Rand zu definieren, die nicht bei jedem Seitenwechsel neu geladen werden müssen. Das verringert die Ladezeiten. Auch wird folgendes Problem umgangen: Falls eine angeklickte Seite nicht sofort lädt, bliebe nur der innere Frame (in diesem Fall der mainFrame) kurzzeitig ohne Inhalt und nicht die komplette Seite. Bei der Verlinkung der einzelnen Inhaltsseiten vom linken Navigationsframe aus ist das Ziel (target) des Links entscheidend. Würden die Links starr gesetzt werden, würden die Inhaltsseiten im selben Frame aufbauen, da HTML immer davon ausgeht, dass die aktuelle Seite selbst gewechselt werden soll. Soll dahingegen eine Seite im mainFrame aufgerufen werden, müssen die Verlinkungen den Befehl target=_mainFrame enthalten. Die Nomenklatur der einzelnen Frames kann zwar frei gewählt werden, sobald diese aber im Frameset definiert ist, ist sie für alle Verlinkungen bindend.

Die Startseiten von Webauftritten heißen fast immer entweder index.html oder default.html (html-Seiten können auch mit der Endung „.htm" versehen werden und werden ebenso erkannt. Aus Gründen der Verständlichkeit wird in diesem Buch aber immer von HTML gesprochen). Ebenfalls ist es möglich, eine index.php als Startseite zu definieren, wobei durch PHP erst durch den Aufruf dynamisch eine HTML-Seite erzeugt wird. Das bietet sich vor allem dann an, wenn Webseiten beispielsweise in mehreren Sprachen angeboten werden. Wenn eine URL[61] nicht direkt auf eine einzelne Seite eingegeben wird, sondern einfach nur der domainname ohne .html am Ende, sucht der Browser automatisch nach den oben genannten Namen. Fehlt eine index – bzw. default html, wird lediglich eine Fehlermeldung ausgegeben. (error 404: Datei nicht gefunden!)

60| Hoofacker, Gabriele: Online-Journalismus, Hrsg: Walther von la Roche, Econ Ulstein List Verlag GmbH 2002 S. 69 ff.
61| Uniform Resource Locator; standartisiertes Darstellungsverfahren von Internet-Adressen

META-TAGS

Die Startseite eines Webauftritts enthält neben einem eventuellen Frameset im bereits angesprochenen „head"-Bereich noch mehr Informationen, so genannte Meta-Daten. Mit die wichtigsten Meta-Daten sind die so genannten Keywords, nach denen sich viele Suchmaschinen orientieren und den IVW-Tag[62] der für die Zählung der Seiten notwendig ist. (Als Beispiel siehe im Anhang „Quellcode Keywords" des Webauftritts von www.energy.de) Meta Tags bieten die Möglichkeit eine kompakte Beschreibung oder Keywords an die Suchmaschine zu übermitteln, ohne dass der geballte Inhalt am Anfang der Webseite sichtbar ist. Auch wenn Meta Tags bei Suchmaschinen heutzutage eine geringere Rolle spielen, dient die Meta Tag Description dem Nutzer als Inhaltsangabe und somit als Entscheidungshilfe für oder gegen einen Visit. Doch die Suchmaschine muss nicht alle Seiten erfassen. Der Suchmaschinenroboter kann auch durch eine Datei namens robots.txt-Datei eingeschränkt werden, welche Seiten er auflisten soll. Die einzelnen Meta-Tags:

META TAG DESCRIPTION

Meta Tag Description: Die Seiten bekommen eine Beschreibung, in der eine kurze Erläuterung des Inhalts oder der Funktion der Seite gegeben wird.

Mittlerweile stellen alle Server und Browser automatisch die Umlaute und Sonderzeichen richtig dar. Der Beschreibungstext ist mit Leerzeichen nicht länger als 200 Zeichen, die ideale Länge beträgt ca. 100 Zeichen. Oft werden bei Einsatz von Frames zwar für das Frameset, aber nicht für die Unterseiten eine Description erstellt. Auch für Unterseiten können Texte eingefügt werden, die individuell auf den jeweiligen Seiteninhalt eingehen.

Anders als der Titel soll die Beschreibung den User dazu veranlassen, die Seite zu besuchen. Daher wird der kurze Text ausformuliert und nimmt individuell auf den Seiteninhalt Bezug. Bei Suchmaschinen wird vorrangig der Inhalt des Description Tags angezeigt. Ist der Description Tag nicht vorhanden oder enthält keine Angaben im Content, so werden circa die ersten 150 bis 380 Zeichen des sichtbaren Seitentextes im Ergebnis angezeigt. Mittlerweile gehen jedoch einige Suchmaschinen wie zum Beispiel Google dazu über, anstatt dem Description Tag den Content Text mit dem entsprechenden Keyword zu zeigen.

62| IVW: Informationsgemeinschaft zur Feststellung der Verbreitung von Werbeträgern e.V. (IVW) http://www.ivw.de

***Abbildung 10** Google-Ergebnis Suche: Radio Energy*[63]

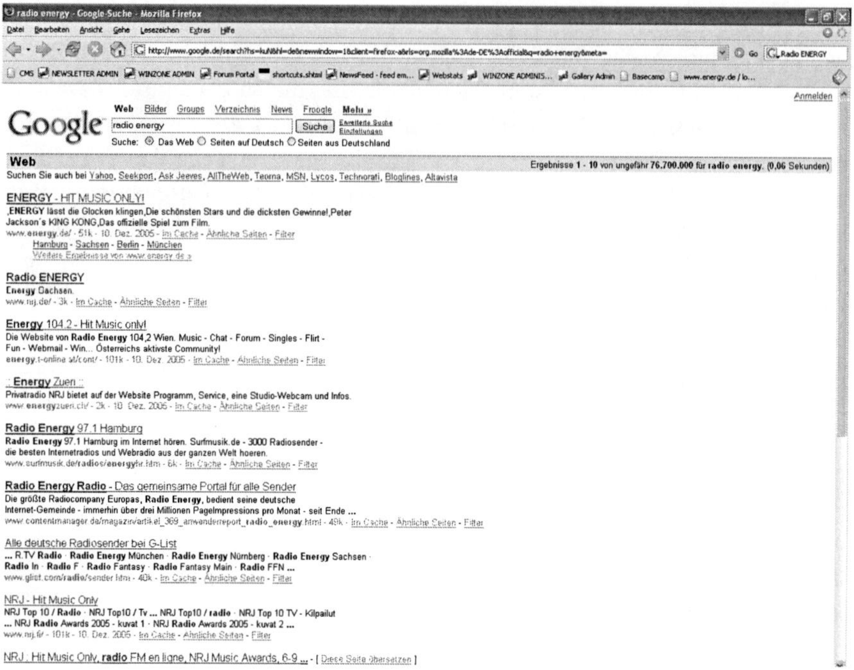

META TAG KEYWORDS

Die Meta Tag Keywords müssen im Content, sprich im Inhaltsbereich enthalten sein. Die Keywords sollten genau den Inhalt einer Seite beschreiben. Es ist daher ratsam, nur wichtige Worte in die Keywords aufzunehmen. Mittlerweile berücksichtigen viele Suchmaschinen nur noch Keywords, die in irgendeiner Form auf der Content-Seite vorkommen. In einem Urteil vom März 2002 des Düsseldorfer Landgerichtes ist die Verwendung von HTML-Meta Tags, die keinen sachlichen Bezug zu den auf der Webseite angebotenen Inhalten aufweisen, sogar rechtswidrig. Daher sollten sämtliche Seiten eine Liste der inhaltsbezogenen Schlüsselbegriffe erhalten, dabei die wichtigsten zuerst. Alle deutschen Substantive werden groß geschrieben. Im Idealfall hat jede Seite 8-12 Schlüsselbegriffe. Die einzelnen Begriffe oder Phrasen werden durch Kommata getrennt.

63| Abbildung Suche nach Radio Energy in Google am 12.12.05

PRODUKT-KEYWORDS

Produkt-Keywords bringen im Idealfall qualifizierte Visits, sprich Besucher deren Interessen leicht zugeordnet werden können. Neben den recht allgemeinen Keywords sollten daher auf jeden Fall noch sehr spezielle Produkt-Keywords eingebunden werden. Diese werden zum einen oft von potenziellen Kunden direkt eingegeben, zum anderen ist es realistischer, für Produktnamen gute Platzierungen zu erhalten. Allgemeine Keywords wie Haus oder Versicherung werden zwar sehr häufig in Suchmaschinen nachgefragt, allerdings ist natürlich auch die Menge an konkurrierenden Seiten bedeutend größer.

KEYWORD-PHRASEN

Eine weitere Möglichkeit sind Keyword-Phrasen, also aus mindestens zwei Keywörtern zusammengesetzte Begriffe. Zu diesen speziellen Themengebieten gibt es zwar weniger Treffer, aber über diese Phrasen kann man leicht auf die vorderen Plätze bei Suchmaschinen gelangen. Der Vorteil dabei: Gerade Phrasen bringen qualifizierte Besucher. Denn sie haben genau nach dieser Begriffskombination gesucht.

LINK-TEXT

Der Link-Text sollte zum Inhalt der Seite passen. Wichtigstes Kriterium bei der Linkpopularität ist die Anzahl externer Links auf eine Webseite. Entscheidend ist, wie wichtig die externe Seite ist, also ob sie zahlreiche Links von anderen Seiten besitzt. Der Inhalt der verweisenden Seite muss relevant zur gesuchten sein. Es hat also keine Bedeutung, wenn ein Internet-Auftritt zum Thema Umweltschutz Links auf einen Schuh-Online-Shop setzt. Für die Linkpopularität spielt der Link-Text eine wichtige Rolle. Ein Seitentext besitzt zum Beispiel das Keyword „Haus". Wenn in diesem Text auf eine andere Seite verlinkt wird, sollte der Text im Link ebenfalls „Haus" (oder themenverwandte Gebiete) enthalten. So erhöht sich die Wichtigkeit der einzelnen Keywords.

ROBOTS.TXT

Die oben bereits angesprochene robots.txt-Datei schränkt den Zugriff ein. Manchmal ist es sinnvoll, die Suchroboter von einigen Bereichen auszuschließen. Eine Lösung bietet die robots.txt. Diese Datei hat immer im Root Verzeichnis des Servers zu liegen, also auf der obersten Ebene. Der Grund: Ein ankommender Suchroboter überprüft zuerst, ob eine solche Datei existiert. Wird er nicht fündig, registriert er eine Fehlermeldung. Es ist daher immer günstig, dieses File anzulegen, auch wenn man keine Seiten sperren will.

Auf dem Server wird eine robots.txt-Datei erstellt, um eine korrekte Indexierung durch Suchmaschinen-Roboter zu gewährleisten. Die Datei wird im http-Server Wurzel-Verzeichnis www.meine-firma.de/ abgelegt. Beim Aufruf der Adresse www.meine-firma.de/robots.txt muss im Browser der Inhalt der Datei angezeigt werden.

HTML-EDITOREN

Das wichtigste Werkzeug zur Erstellung von Webseiten ist ein so genanntes HTML-Editor-Programm. Es gibt dabei zwei verschiedene Arten von Programmen, die WYSIWYG-Programme (What you see is what you get) und die Quelltext-Editoren."What you see is what you get" bedeutet soviel wie „Was du siehst, ist das, was du erhältst". In diesem Falle sind damit Programme gemeint, bei denen der Benutzer einfach mit der Maus Elemente anordnet und verschiebt und Texte wie in Textverarbeitungsprogrammen beispielsweise fett oder kursiv markiert, Zeilenbrüche und Bilder einfügt. Das Programm setzt die Aktionen im Hintergrund in Quelltext um. Der Nachteil dieser Editoren ist, dass man leicht in die Versuchung gerät, die Seiten nur nach dem Layout zu gestalten und dabei die Intention von HTML, nämlich die Inhalte durch Logik und Struktur auszuzeichnen, vergisst. Viele dieser Programme schreiben auch unnötige Zusatzinformationen in den Quelltext, so dass oft Nachbesserungen nötig sind. Auch wenn man solche Programme einsetzt, sind Grundkenntnisse in HTML und CSS[64] von Vorteil. Mit HTML definiert man die Textstruktur, mit CSS schlägt man dem Browser eine Darstellung des Inhaltes vor. Je nach Browser und Plattform ist die Darstellung der Seiten vollkommen verschieden. Es ist, wie bereits angesprochen, mit HTML nicht möglich, ein Layout zu erstellen, das auf allen Rechnern gleich aussieht. Dieses Ziel anzustreben ist nicht sinnvoll, da darunter die Darstellbarkeit auf anderen Ausgabemedien als dem PC-Monitor leidet, zum Beispiel beim Ausdruck einer Webseite.

64| Cascading Style Sheets erlauben es, ähnlich den Formatvorlagen in einem Textverarbeitungsprogramm, angezeigten Inhalten bestimmte Eigenschaften generell zuzuweisen.

Im Gegensatz zu WYSIWYG-Programmen bearbeitet man mit Quelltext-Editoren den Quelltext direkt per Hand, das bedeutet, dass man eine HTML-Seite komplett in einem Editor schreibt. Das hat den Nachteil, dass HTML-Befehle gelernt werden müssen, aber den Vorteil, dass eine sehr viel direktere Kontrolle über die Entstehung des Quelltextes der Seite herrscht. Einfügen von Javascripts, CSS-Definitionen und so weiter ist problemlos. Einige Editoren zeichnen sich durch so genanntes „Syntaxhighliting“ aus. Dabei erkennt der Editor die verwendete Sprache und stellt einzelne Elemente farbig unterschiedlich dar, was die Übersichtlichkeit des Quelltextes enorm erhöht. Einige Editoren bieten auch an, Elemente per Knopfdruck einzufügen oder den Quelltext zu validieren. Wenn man sich also ernsthaft mit HTML beschäftigen will, kommt man nicht darum herum, zumindest zusätzlich einen Quelltexteditor zu verwenden. Vor allem die Bearbeitung von Framesets ist in Quelltext-Editoren meist um einiges einfacher als in WYSIWYG-Editoren. Es gibt auch Mischformen, also WYSIWYG-Editoren, die zusätzlich einen Quelltexteditor bieten und so die Vorteile beider Welten vereinen.

Beispiele für WYSIWYG-Editoren sind Dreamweaver[65] von Macromedia, Microsoft Frontpage[66], das im Office-Paket enthalten ist oder Adobe GoLive[67]. HomeSite[68] hingegen ist ein typischer Quellcode-Editor inklusive Syntaxhighliting. Eine Auflistung der gängigen html-Editoren findet sich im Anhang HTML-Editoren .

65| http://www.macromedia.com/de/software/dreamweaver/
66| http://www.microsoft.com/germany/produkte/
67| http://www.adobe.de/products/golive/main.html
68| http://www.macromedia.com/go/ols_de_homesite/

KOMMUNIKATION IM INTERNET

Das Internet wird von verschiedenen Forschungsdisziplinen unterschiedlich beschrieben. Aus technischer Sicht kann das Internet folgendermaßen bezeichnet werden: „Weltweiter Verbund von Computernetzwerken, an den Tausende von Rechnern angeschlossen sind, die über das Internet-Protokoll miteinander kommunizieren."[69] Betrachtet man eher die Inhalte und Dienste, bietet sich folgende Beschreibung an: „Das Internet stellt sich insgesamt nicht als ein definiertes, klar abgegrenztes Netzwerk dar, sondern als ein System aus verschiedenen Netzen und Diensten, die miteinander verbunden sind durch eine Vielzahl an Knotenpunkten."[70] Aus semiotischer Sicht kann das Internet definiert werden als

> „(…) ein digitales Geflecht der bisher distinkt voneinander geschiedenen Zeichensorten Bild, Sprache und Schrift (...), die unter Hypertextbedingungen präzise beschreibbare Verflechtungen eingehen."[71]

Die Kommunikation im Internet kann über visuelle und auditive Kanäle erfolgen, interaktiv oder einseitig. Die interaktiven Kommunikationsformen werden größtenteils per Schriftsprache vermittelt und mittels Tastatur und Maus eingegeben. Mit einer Webcam und „Voice-over-IP" sind heutzutage aber auch Gespräche quasi per Bildtelefon via Internet technisch unkompliziert zu realisieren. Das Internet muss daher in zwei Begriffskomplexe getrennt werden: Mit „Web" und „WWW" wird im Allgemeinen das World Wide Web bezeichnet. „Internet" und „Online" sind umfassendere Begriffe und beziehen auch andere Kommunikationsformen neben dem World Wide Web mit ein. Neben dem World Wide Web existieren noch weitere Dienste, die über das Internet als technisches Medium verbreitet werden: E-Mail, Chat, Mailinglisten, Newsletter, Diskussionsforen und Newsgroups[72]. Das World Wide Web stellt „eine Dokumentensammlung

69| SevenOne Interactive (Hrsg.): Online-ABC. Die wichtigsten Internet-Begriffe. 2. Aufl. München: ohne Verlag 2001, ohne Seite

70| Kaiser, Ulrich: Handbuch Internet 2000, S. 36

71| Sandbothe, Mike: Digitale Verflechtungen. Eine medienphilosophische Analyse von Bild, Sprache und Schrift im Internet. In: Beck, Klaus; Vowe, Gerhard (Hrsg.): Computernetze, S. 146

72| Zur vollständigen Auflistung der Internet-Dienste wären noch die Dienste FTP, Telnet, Gopher, WAIS und Archie zu nennen, die allerdings an Relevanz deutlich verloren haben und mittlerweile weitgehend in das World Wide Web integriert sind. Vgl. dazu WURSTER, Anette: Das Internet. In: Wilke, Jürgen; Imhof, Christiane (Hrsg.): Multimedia. Voraussetzungen, Anwendungen, Probleme. Berlin: Vistas Verlag 1996 S. 62ff.

dar, auf die unter einer einheitlichen Oberfläche zugegriffen werden kann"[73] und die auf Hypertext basiert. Das Betrachten dieser Seiten ist mithilfe von Browsern möglich, wie beispielsweise dem Microsoft Explorer, dem Netscape Navigator oder weniger bekannten Clients wie Opera oder Mosaic[74]. Dabei müssen die Dokumente in einer einheitlichen Programmiersprache verfasst werden, der „Hyper Text Markup Language" (HTML).[75] Die Möglichkeit, in den Dokumenten Hyperlinks zu setzen, ermöglicht ein bequemes Navigieren innerhalb der Webseiten, aber auch zu externen Seiten im gesamten Word Wide Web. Die meisten Dienste, wie E-Mail, Chat, Foren und andere, sind mittlerweile in das WWW integriert worden. Auch das Streaming[76] von Bewegtbild und Ton ist im engen Sinne kein Teil des WWW, sondern basiert auf einem eigenen Protokoll. Dennoch werden Streams fast ausschließlich über WWW-Seiten zugänglich gemacht.

Tabelle 2 *Klassifikation der Online-Kommunikationsmodi*[77]

Kommunikationsmodi	World Wide Web	–	–	++
	E-Mail	++	+	–
	Usent-Newsgroups	+	–	–
	Chat (IRC)	++	++	--
		Individualität	Interaktivität	Medialität
		Beschreibungsdimensionen		

73| Wurster, Anette: Das Internet, a.a.O., S. 65

74| Eine Zusammenstellung verschiedener Browser findet sich beispielsweise unter http://directory.google.com/Top/Computers/Software/Internet/Clients/HTTP://WWW/Browsers/ (zuletzt abgerufen am 15. März 2003)

75| Innerhalb dieser HTML-Dokumente können dann aber auch andere Programmiersprachen berücksichtigt werden, wie beispielsweise Flash oder Perl.

76| Streaming ist eine Übertragungsform von Multimedia-Dateien, die während des Downloads bereits gleichzeitig abgespielt werden können. Vgl. Bayerischer Rundfunk (Hrsg.): Lexikon Hörfunk – Fernsehen – Internet. 6. Aufl. München: TR-Verlagsunion 2000, S. 256

77| Quelle: Rössler, Patrick: Wirkungsmodelle: die digitale Herausforderung. In: Rössler, Patrick (Hrsg.): Online-Kommunikation. Beiträge zu Nutzung und Wirkung. Opladen, Wiesbaden: Westdeutscher Verlag 1998, S. 36

Der Begriff „Medium“ ist in der Kommunikationswissenschaft homonym und muss daher differenziert werden:[78] In der Kommunikationswissenschaft wird zwischen Medien erster und zweiter Ordnung unterschieden[79]. Medien erster Ordnung sind dabei die technischen Empfangs-, Speicher- und Übertragungsgeräte, über die Kommunikation stattfindet, beispielsweise Fernsehgeräte oder der PC. Von Medien zweiter Ordnung wird gesprochen, „wenn institutionalisierte Kommunikatoren auftreten, die mit Hilfe technischer Hilfsmittel Inhalte produzieren und distribuieren, und wenn es Rezipienten gibt, die diese nutzen.“[80] Somit stellt das Internet an sich lediglich die technische Basis dar, über die dann verschiedene „Medien“ vermittelt werden, die sich wiederum nach ihrer Vermittlungsart unterscheiden lassen: Während E-Mail als one-to-one-Kommunikation klassifiziert werden kann, findet in Chats oder Foren eine many-to-many-Kommunikation statt. Das World Wide Web wird vielfach als one-to-many-Kommunikation beschrieben[81] und kann in dieser Form als Massenmedium angesehen werden. Um die unterschiedlichen „Medien“ vom Internet als Übertragungsmedium zu unterscheiden, werden E-Mail, Chat, World Wide Web und die weiteren Dienste in der Kommunikationswissenschaft auch als Modi bezeichnet.[82] Allerdings kommt es häufig vor, dass insbesondere im WWW verschiedene Modi integriert sind. So finden sich beispielsweise auf der Webseite von Radio Energy ein Chat und ein Forum sowie die Möglichkeit, per E-Mail Kontakt zur Redaktion aufzunehmen. Diese Verschmelzung macht deutlich, dass sehr genau zwischen den jeweiligen Verwendungszusammenhängen unterschieden werden muss.[83]

Internetnutzung allgemein und vor allem die Nutzung von E-Mail und World Wide Web sind zum Alltag vieler Menschen geworden. Ist das Internet damit gleichzusetzen mit einem Massenmedium?[84] Nach der häufig zitierten Definition von Maletzke wird unter Massenkommunikation jene Form der Kommunikati-

78| Die weiteren Ausführungen beziehen sich dabei auf den tertiären Medienbegriff, der Kommunikationsmittel meint, „bei denen sowohl aufseiten des Sender [...] wie auch aufseiten des Empfängers [...] ein technisches Mittel erforderlich ist.“ Nicht behandelt werden an dieser Stelle primäre Medien („Medien des ‚menschlichen Elementarkontaktes‘“) und sekundäre Medien (die nur „auf der Produktionsseite technische Geräte erfordern“). Vgl. Pürer, Heinz: Grundbegriffe der Kommunikationswissenschaft, S. 7

79| Vgl. Kubicek, Herbert; Schmid, Ulrich; Wagner, Heiderose: Bürgerinformation durch „neue“ Medien? Analysen und Fallstudien zur Etablierung elektronischer Informationssysteme im Alltag. Opladen: Westdeutscher Verlag 1997, S. 32ff.

80| Wirth, Werner; Schweiger, Wolfgang: Selektion neu betrachtet: Auswahlentscheidungen im Internet. In: Wirth, Werner; Schweiger, Wolfgang (Hrsg.): Selektion im Internet. Empirische Analysen zu einem Schlüsselkonzept. Opladen, Wiesbaden: Westdeutscher Verlag 1999, S. 46

81| Vgl. a.a.O., S. 46

82| Vgl. Wirth, Werner; Schweiger, Wolfgang: Selektion neu betrachtet, S. 48

83| Vgl. Rössler, Patrick: Wirkungsmodelle: die digitale Herausforderung. In: Rössler, Patrick (Hrsg.): Online-Kommunikation. Beiträge zu Nutzung und Wirkung. Opladen, Wiesbaden: Westdeutscher Verlag 1998, S. 35

84| Die Frage, ob das Internet und insbesondere das HTTP://WWW ein Massenmedium ist, wurde bereits in zahlreichen Arbeiten erschöpfend behandelt. Daher seien an dieser Stelle nur die grundlegenden Annahmen wiedergegeben. Überblicksdarstellungen zu diesem Thema finden sich beispielsweise bei Höflich, Joachim R.: Der Computer als „interaktives Massenmedium“. Zum Beitrag des Uses and Gratifications Approach bei der Untersuchung computer-vermittelter Kommunikation. In: Publizistik 39/1994, S. 389-408 und Höflich, Joachim R.: Zwischen massenmedialer und technisch vermittelter interpersonalen Kommunikation – der Computer als Hybridmedium und was die Menschen damit machen. In: Beck, Klaus; Vowe, Gerhard (Hrsg.): Computernetze, S. 85-104

on verstanden, bei der Aussagen öffentlich durch technische Verbreitungsmittel indirekt und einseitig an ein disperses Publikum vermittelt werden.[85] Diese Voraussetzungen werden von manchen Modi im Internet nur zum Teil oder gar nicht erfüllt. Um alle Formen der Kommunikation dennoch zu subsumieren, wird daher von Online-Kommunikation gesprochen als „technisch vermittelte, indirekte, teils einseitige (zum Beispiel E-Mail), teils gegenseitige (zum Beispiel Internet Relay Chat), teils private, teils öffentliche Kommunikation (zum Beispiel Mailinglists, Dienstleistungen via Internet)."[86] Dennoch bietet es sich zumindest für das World Wide Web an, auch dort von Massenkommunikation und einem Massenmedium zu sprechen, wie die folgende Tabelle veranschaulicht:

***Tabelle 3** Kommunikation über das Internet*[87]

öffentlich z.B. elektronische Zeitungen und Zeitschriften, Homepages, WWW-Begleitmaterial von Fernsehsendungen, WWW-Seiten von Massenmedien u.ä.	**Nicht öffentlich** z.B. E-Mail, elektronisches Banking, elektronisches Shopping, Intranet
indirekt Beispiele wie oben bei „öffentlich"	**direkt** z.B. Chats, Diskussionsforen und Newsgroups
einseitig Beispiele wie oben bei „öffentlich"	**zweiseitig** z.B. E-Mail, Chats, Newsgroups
massenhaft vervielfältigbar Beispiele wie oben bei „öffentlich"	**vereinzelt** z.B. E-Mail, Newsgroups
an massenhaftes, disperses Publikum Beispiele wie oben bei „öffentlich"	**innerhalb begrenzter Gruppen** z.B. E-Mail, Mailinglisten, Charts, Internet-Konferenzen

Die Übersicht zeigt auch, dass sich durch die Integrierung unterschiedlicher Modi in die Benutzeroberfläche des WWW die Grenzen zwischen Massenkommunikation und technisch-vermittelter Individualkommunikation zunehmend auflösen.[88] Höflich spricht daher von der Konstituierung „elektronisch miteinander verbundener Individuen als 'virtuelle' bzw. 'elektronische Gemeinschaften'"[89] und betont, dass Einseitigkeit nicht länger ein alleinig konstituierendes Merkmal von Massenkommunikation sein kann.

85| Vgl. Maletzke, Gerhard: Psychologie der Massenkommunikation. Hamburg: Verlag Hans Bredow-Institut 1963, S. 32
86| Pürer, Heinz: Grundbegriffe der Kommunikationswissenschaft, S. 14
87| Berghaus, Margot: „Alte" Theorien über „neue" Medien. In: Berghaus, Margot (Hrsg.): Interaktive Medien – Interdisziplinär vernetzt. Opladen, Wiesbaden: Westdeutscher Verlag 1999, S. 35
88| Vgl. Höflich, Joachim R.: Der Computer als „interaktives Massenmedium", S. 391
89| a.a.O., S. 392

INTERAKTIVE KOMMUNIKATION

Interaktion beschreibt soziologisch betrachtet die Beziehungen und Wechselwirkungen zwischen Handlungspartnern. Der Kommunikationsbegriff dagegen ist weiter gefasst und gliedert sich wie folgt:

- **INFORMATIONSTECHNISCHER KOMMUNIKATIONSBEGRIFF**
Vorgang des Informationsaustausches zwischen einem Sender und einem Empfänger mittels bestimmter Zeichen und Codes.

- **HANDLUNGSTHEORETISCHER KOMMUNIKATIONSBEGRIFF**
Prozesse, in denen sich Individuen als denkende, sprechende, empfindende und handelnde Personen zueinander in Beziehung setzen.

- **SYSTEMTHEORETISCHER KOMMUNIKATIONSBEGRIFF**
durch generalisierte Kommunikationsmedien (zum Beispiel Macht und Geld) vermittelte Verknüpfungen von Ereignissen innerhalb sozialer Systeme, sowie zwischen Systemen und ihrer Umwelt.[90]

Der Begriff der interaktiven Medien ist im Hinblick auf die im Internet stattfindende Kommunikation semiotisch nicht einwandfrei, denn nicht die Medien interagieren im Internet. Das Internet ermöglicht letztlich nur eine reale Kommunikation zwischen realen Menschen. Es handelt sich also um technisch vermittelte Kommunikation. Der grundlegende Unterschied von Kommunikation im Internet zur Kommunikation in einer realen Situation ist der fehlende materielle Bezug der Interaktionspartner. Kritiker wie Clifford Stoll und Neil Postman betonen zu Recht, dass die Kommunikation mittels Computer reale und persönliche Begegnungen nicht ersetzen kann:

> „Die oberflächlichen Beziehungen im Netz bringen zwar weniger Risiken mit sich als Gespräche von Angesicht zu Angesicht, aber es fehlt ihnen die Tiefe, die Verbindlichkeit und die üblichen Umgangsformen (...) es fehlen Zugehörigkeit, Wärme und örtliche Geschichte. (...) Elektronische Kommunikation ist ein momenthafter und illusionärer Kontakt, der ein Gefühl von Intimität schafft, ohne die emotionalen Investitionen zu verlangen, die zu enger Freundschaft führen.[91]

90| Differenzierung nach: Schäfers, Bernhard, Grundbegriffe der Soziologie, 4. verb. u. erw. Aufl., Opladen 1995, S. 154 f.
91| Stoll, Clifford, (1996): Die Wüste Internet, Frankfurt/Main S.Fischer

Es ist zwar gut, dass wir Telefon haben, aber mit einem Anruf reicht man eben nicht die Hand und berührt einen anderen. So sehe ich auch das Internet nicht als Gemeinschafts- und nicht als Konversationsmedium."[92]

Die Einschränkung auf bestimmte Kommunikationskanäle ist also eher ein generelles Problem als ein dem Internet signifikantes. Diese Einschränkung teilt sich die Internetkommunikation mit allen Medien, die bestimmte Kommunikationskanäle exklusiv nutzen. Das Argument, Computer und Internetnutzung könnten reale Sozialkontakte nicht ersetzen, ist durchaus berechtigt. Allerdings existiert die Internetkommunikation nicht ausschließlich und kann als begleitendes Medium, vor allem über längere geographische Distanzen hinweg, durchaus eine starke Bindung auf der Beziehungsebene aufrechterhalten, ähnlich einem Brief oder einem Telefonat.

„Begreift man [..] Netz-Kommunikation als Ergänzung zu Face-to-Face-Kommunikation und anderweitiger medialer Kommunikation [...], ergibt sich daraus keine Situation eingeschränkter, sondern vielmehr erweiterter sozialer Lernmöglichkeiten."[93]

Ein Brief an den Freund in der Ferne transportiert doch viel mehr als den reinen geschriebenen Text. Bei einem geschriebenen Papierbrief kommt noch die haptische Komponente hinzu, aber auch wenn dieser Bestandteil entfällt, ist doch die interaktive und kontaktive Komponente eines solchen geschriebenen Texts ein wesentlicher Bestandteil der schriftlichen Kommunikation. Die reine Informationsübermittlung ist meist nur im Geschäftsbrief oder der geschäftlichen E-Mail Anlass, dieses schriftbasierte Medium zu nutzen. Tatsächlich geht die Kommunikation im Internet oft den entgegengesetzten Weg und aus virtuellen Netzkontakten werden Begegnungen im wirklichen Leben. Auf Chatter- oder Usertreffen begegnen sich viele Menschen in „real life" die vorher bereits die Chance hatten, sich auf einer virtuellen Ebene kennen zu lernen. Dass solche Begegnungen frustrierend und desillusionierend sein können, liegt natürlich an der systemimmanenten Anonymität im Netz und der Möglichkeit, sich attraktiver zu machen als man tatsächlich sein mag. Durch Ausschluss der visuellen Kanäle kann

92| Postman, Neil, Interview der ZEIT in: ZEIT Punkte 5/96
93| Döring, Nicola, Isolation und Einsamkeit bei Netznutzern? Öffentliche Diskussion und empirische Daten.

dem Gesprächspartner im wahrsten Sinne des Wortes ein völlig falsches Bild vermittelt werden. Kaum ein durchschnittlich intelligenter Mensch wird sich allerdings durch Vorspiegelung falscher Tatsachen in der virtuellen Welt einen Vorteil für einen folgenden Kontakt in der realen Welt erhoffen. Das elektronische Mimikry kann nur dann für einen Kommunikationspartner reizvoll sein, wenn die rein virtuelle Kommunikation bereits alle Ansprüche des Kommunikationspartners erfüllt und kein realer Kontakt angestrebt wird. Trotzdem sind bei solchen Treffen auch schon bestehende virtuelle Freundschaften zu echten Freundschaften geworden. Ein weiterer Aspekt der Menschen einen Stimme verleiht, die sich im realen Leben eher im Hintergrund halten möchten: Im Internet kann sich auch derjenige mit derselben Stimme wie alle anderen User zu Wort melden, der sich im echten Leben eher schwer tut, seine Meinung laut zu äußern. Jeder Beitrag in öffentlichen Foren oder in einer E-Mail ist zuallererst gleichwertig für den Leser. Nur durch Form und Inhalt des Beitrags kann der Leser erkennen, ob er mit einem adäquaten Gegenüber spricht. Die fehlenden außersprachlichen Komponenten tragen so also auch zur Demokratisierung der Kommunikation bei. Derjenige, der aus einer persönlichen Befangenheit heraus im realen Kontakt nur mittels schweigender Anwesenheit kommuniziert, hat im wirklichen Leben nicht mehr Kommunikationsebenen als derjenige, der über das Medium Internet kommuniziert, sondern weniger. Eine Beschränkung auf die Internetkommunikation mit gleichzeitigem Ausschluss der realen Kommunikation birgt natürlich Gefahren. Ähnliche Gefahren wie eine Beschränkung auf reinen Briefwechsel oder Telefonate. Dass auch jedes Vergnügen, wie es sich in Chaträumen, Foren und lustigen E-Mails durchaus ergeben kann, ein Suchtpotential birgt, ist ebenfalls unbestreitbar. Dass aber diese Gefahren spezifisch bei der Internetkommunikation zu finden sein sollen, ist unwahrscheinlich. Auch Döring und Petzold finden keine Belege für die These, dass die Nutzung des Internet mit einem Verlust an Emotionalität, Vereinsamung oder einem besonderen Suchtpotential einhergehen soll.

> „Auf die Dauer scheint Netznutzung nicht zur Degeneration der sozialen Beziehungen außerhalb des Netzes und zu Einsamkeit zu führen. Auch die Anzahl reiner Netzkontakte scheint von der Dauer der Netznutzung unabhängig zu sein."[94]

94| Döring, Nicola, Isolation und Einsamkeit bei Netznutzern?, a.a.O.

„[...] Dennoch ist es hochinteressant festzustellen, dass auf dieser Basis die These der sozialen Isolierung widerlegt werden konnte. Vielmehr konnte bei den Computerfreaks eine eher geringe Erregbarkeit und keine abnorme Persönlichkeitsstruktur diagnostiziert werden."[95]

Kommunikation im nutzungsoffenen Datennetz Internet ist vielfältig. Die Bandbreite erstreckt sich von synchroner Kommunikation, in denen Menschen zeitgleich miteinander in Kontakt treten (zum Beispiel IRC, MOOs, MUDs[96]), bis hin zu asynchronen Anwendungen, in denen Menschen zeitversetzt miteinander kommunizieren (E-Mail, News, WWW). Sozialer Austausch und Begegnung im Internet unterscheidet sich jedoch von einem persönlichen Gespräch im Realraum. Kubicek äußert sich zu den Besonderheiten der CMC[97]:

„Ein medienvermittelter Verständigungsprozess basiert auf der konsensuellen Nutzung einer bestimmten Technik einerseits und auf der konsensuellen Zuweisung eines ‚Sinns' oder einer ‚Bedeutung' zu einer Kommunikation oder Mitteilung andererseits - die Voraussetzungen hierfür sind gemeinsam geteilte Kodes, Regeln, Wissens- und Sinnbezüge, in die das medienbezogene Handeln eingebettet ist."[98]

Er unterscheidet also in eine technische und eine inhaltliche Ebene.

95| Petzold, Matthias u.a., Forschungsbericht: Persönlichkeitseinstellungen und Computernutzung bei Studentinnen und Studenten, Institut für Entwicklungs- und Sozialpsychologie der Universität Düsseldorf
96| Multi User Dungeon
97| engl.: computer mediated communication; Kommunikation mittels Computer
98| Kubicek, Herbert und Schmid, Ulrich, Alltagsorientierte Informationssysteme als Medieninnovation

Abbildung 11 *Sozialwissenschaftliches Kommunikationsmodell*[99]

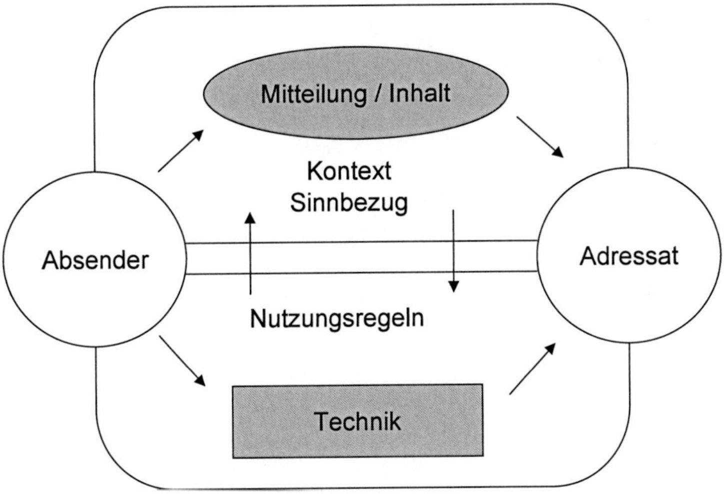

Überträgt man dieses Modell auf die Kommunikation im Internet, so werden die einerseits unabhängigen, gleichzeitig aber auch in Wechselwirkung zueinander stehenden Ebenen deutlich: Die technische Fertigkeit einen Forumsbeitrag oder ein Stellengesuch in einer Newsgroup[100] zu veröffentlichen, wird erst durch die Interpretation des Lesers und seine anschließende Antwort zur technisch vermittelten sozialen Kommunikation. Damit diese gelingen kann, bedarf es laut Kubicek

> „[...] sozialer Regelsysteme und Instanzen, durch die die Verwendungsweisen eines technischen Artefakts in einem bestimmten kommunikativen Kontext definiert werden."[101]

Die synchronen virtuellen Kommunikationsformen in Echtzeit finden sich in Chaträumen innerhalb von großen Webportalen oder offenen Chaträumen. Asynchrone Kommunikation im Internet wird vor allem von zwei Diensten dominiert: E-Mail, Mailinglisten und Newsgroups. Per E-Mail kann ein Nutzer an

99| aus: Kubicek, Herbert und Schmid, Ulrich, Alltagsorientierte Informationssysteme als Medieninnovation, a.a.O., nach John Fiske: Introduction to Communication Studies, London 1990
100| Beispielsweise in der Newsgroup de.markt.arbeit.gesuche
101| Kubicek, Herbert und Schmid, Ulrich, Alltagsorientierte Informationssysteme als Medieninnovation, a.a.O.

prinzipiell beliebig viele Adressen und damit Personen oder Verteilersysteme über Mailinglisten Nachrichten versenden, Newsgroups dagegen sind in der Regel öffentlich zugänglich, werden zentral auf einem News-Server gespeichert und stellen Diskussionsforen dar.

MEDIENHISTORISCHE ENTWICKLUNGEN:

- Technische Reproduzierbarkeit der Face-to-Face-Verhältnisse in der personalen Kommunikation

- Entkopplung von Kommunikation und Rezeption durch die Massenmedien. Rusch spricht daraus folgend von drei Entwicklungsstadien:

- Einheit von Kommunikation und Rezeption

- Auflösung bzw. Entkopplung von Kommunikation und Rezeption

- Ermöglichung einer neuen kommunikativen Einheit von Produktion und Rezeption im Cyberspace.

Am Anfang bilden also Produzent und Konsument eine Einheit, das heißt eine Person ist sowohl Produzent als auch Konsument einer Nachricht. Später kommt es zu einer Auflösung dieser Einheit. Auf der einen Seite gibt es die Produzenten, denen die Konsumenten gegenüberstehen. Der Cyberspace ermöglicht es dann wiederum, dass Produzent und Konsument zu einer Einheit werden können.Das dritte Stadium ist nicht nur medientechnisch von Bedeutung, sondern spielt auch bei der Reproduktion von Face-to-Face-Kommunikation eine wichtige Rolle.

Etwa 50 % der Kommunikationsmedien sind erst in den letzten 200 Jahren entstanden. Für Rusch ist die Face-to-Face-Kommunikation die Grundlage jeder Mediennutzung und die Kommunikation im Cyberspace das Ende in der medienhistorischen Entwicklung.

FACE-TO-FACE

ist die Grundform zwischenmenschlicher Kommunikation. Bei dieser Art der Kommunikation können sich die Kommunikationspartner gegenseitig wahrnehmen, das heißt neben dem Hören sind Haltung, Mimik, Gestik, Äußeres, Reaktionen und das gesamte Verhalten des Kommunikationspartners beobachtbar. Wichtig ist auch die Möglichkeit, einen Dialog führen zu können. Dies wird durch Rückfrage, Antwort und sprachliche Reaktion des Kommunikationspartners ermöglicht.

FACE-TO-LETTER

Die Schrift ist für die kognitive, soziale und kulturelle Entwicklung des Menschen und der Gesellschaft sehr wichtig. Schrift, Schriftlichkeit und Verschriftlichung wirken sich auf die gesellschaftliche Organisation – Machtverteilung, Verwaltung, Bürokratisierung – und auf die Entstehung neuzeitlicher Wissenschaft durch zunehmende Abstraktion aus. Die Schrift hat die Kommunikation zwischen zeitlich und räumlich voneinander getrennten Kommunikationspartnern ermöglicht. Gleichzeitig hat sie auch zu einer Distanzierung zwischen den Kommunikationspartnern und zu einer Verlangsamung der Kommunikation geführt. Wenn genaues Lesen oder Schreiben angebracht sind, kommt es zu Bedeutungsproblemen, die meist nur durch klärende Gespräche zu lösen sind.

FACE-TO-PRINT

Durch den Buchdruck werden Zeitungen und Bücher zu Massenmedien, es entwickelt sich eine Massenkultur. Öffentlichkeit und soziale Wirklichkeit werden über das gedruckte Wort bestimmt. Es entstehen neue Berufsfelder, Wissen wird immer schneller verbreitet und das Lesepublikum wird immer größer. Die Distanzierung zwischen Autor und Leser nimmt zu. „Para-soziale Beziehungen und Identifikationen beginnen das Verhältnis von Text und Leser immer stärker zu bestimmen. Der Text tritt nicht als Brücke zwischen Autor und Leser, sondern als eine eigene Wirklichkeit."

FACE-TO-TELEGRAPH

„Im Vergleich mit der Face-to-Face-Kommunikation ist die Reduktion kommunikativer Komplexität auf das Telegramm (...) exorbitant." Wichtig ist vor allem der Zeitgewinn durch die telegraphische Übermittlung. Die Telegraphie ist schriftgebunden und wird beziehungsweise wurde wahrscheinlich nicht zur Unterhaltung eingesetzt, was den Unterschied zu anderen Medien ausmacht.

FACE-TO-PHOTO/FACE-TO-FILM

Fotografie und Film ermöglichten die Reproduktion visueller Wahrnehmungen und ließen somit die Illusion des Augenzeugenseins entstehen. Obwohl immer wieder von Fälschungen, Fotomontagen und Manipulationen die Rede ist, besitzen Fotografie und Film einen hohen Grad an Glaubwürdigkeit, sie gelten prinzipiell als authentisch. Foto und Film „verstärken die bereits durch die Schrift eingebrachte visuelle Orientierung, die Trennung von Handeln und Beobachten, wodurch sie sich als Rezeptionsmedien prädestinieren, vermittels derer Erinnerungsarbeit und Kommunikation in Gang gesetzt und gehalten werden können".

FACE-TO-PHONE

Mit der Erfindung des Telefons im Jahre 1878 wurde es möglich, trotz räumlicher Trennung zur gleichen Zeit miteinander zu kommunizieren. „Dabei ist besonders bedeutsam, dass diese Technologie die Stimmlage, Intonation und artikulatorischen Eigenarten des Sprechers am Empfangsgerät reproduziert. Das gestattet die personale auditive Identifikation beziehungsweise Wiedererkennung der Gesprächspartner, die – auf Basis der alltäglichen Face-to-Face-Erfahrungen – eine sogar körperlich empfundene Nähe zu suggerieren vermag. Vor allem für die Aufrechterhaltung intimer sozialer Beziehungen bei längerer räumlicher Trennung nimmt das Telefon eine wichtige Rolle ein. Das Telefon ermöglicht die intime und private Kommunikation, was bis dahin nur in der Face-to-Face-Kommunikation möglich war. Der Nachteil des Telefons liegt darin, dass sich die Gesprächspartner nicht sehen können.

FACE-TO-RADIO

Das Radio – der Hörfunk – als Rezeptionsmedium erreicht mit seinen Ausstrahlungen ein Massenpublikum. Das Radio „fixiert ein Massenpublikum in simultaner Rezeption". Es dient zur Verbreitung von Information und vermittelt dem Zuhörer das Gefühl, Ohrenzeuge zu sein. Wenn das Radio ausgeschaltet ist, kann das Gefühl entstehen, den Kontakt zur Wirklichkeit zu verlieren. Darin liegt die Erklärung, „dass das Radio zu einem Hintergrundmedium geworden ist". Aufgrund der geringen Anforderungen für den Zugang, konnte das Radio zu einem Medium für alle Altersgruppen und Bildungsschichten werden.

FACE-TO-TELEVISION

Das Fernsehen verknüpft die für die Kommunikation wichtigen Merkmale von Hörfunk und Film und besitzt eine hohe Attraktivität. „Für die Etablierung vollwertiger Sozialbeziehungen fehlt dem Medium allein die Interaktivität."

FACE-TO-TELE-FACE

Das Bildtelefon ermöglicht Kommunikationspartnern eine gegenseitige audiovisuelle Reproduktion. Diese neue Technik kommt der Face-to-Face-Kommunikation sehr nahe. „Der Bildtelefonie fehlen aber, selbst in ihrer Integration im Internet, zur weiteren Annäherung an die Face-to-Face-Verhältnisse noch mehrere sensorische und motorische Dimensionen." Sprich Tastsinn, Körperkontakt, Körperdistanz fehlen.

FACE-TO-CYBERFACE

Das Internet „koppelt schriftliche und audiovisuelle Kommunikationsformen (E-Mail, Bildtelefon) mit Informations- und Unterhaltungsangeboten aus dem Bereich der Rezeptionsmedien (Datenbanken, Literatur, Audio- und Filmsequenzen) ebenso wie mit der Interaktiven Form (Chat, Online-Spiele, etc.)"
Auf den meisten Homepages ist ein mail-to-Button zu finden, über den man mit fremden Personen in direkten Kontakt treten kann. Verwendet wird dafür das vertraute Medium Brief. Die Schnelligkeit, die das Internet ermöglicht – E-Mails, die in einigen Sekunden um die ganze Welt geschickt werden können –, lässt „ein Gefühl von Gemeinschaft und anonymer Vertrautheit" aufkommen.

Um auch Stimmungen, Emotionen, Mimik und Gestik ausdrücken zu können, wurden die Emoticons, die so genannten Smilies erfunden. Im Cyberspace gibt es außerdem erste Ansätze sich in virtuellen Räumen zu bewegen, in dem der menschliche Körper in einem Datenanzug steckt. Dem Menschen erscheint es, als würde er sich wirklich dort befinden. Aber: „Körpererfahrung im Cyberspace kann nur heißen, aus dem Cyberspace induzierte Körpererfahrung."

Rusch geht davon aus, dass solange die Netzkommunikation eine Kommunikation zwischen Menschen ist, die Face-to-Face-Kommunikation ihr Maßstab bleiben wird. Bei computervermittelter Kommunikation[102] vermischt sich Vertrautes mit Unvertrautem. Bisher hat man dafür aber noch nicht den geeigneten sprachlichen Ausdruck gefunden, denn indem man von Virtualität im Gegensatz zum wirklichen Leben spricht, versucht man klarzumachen, dass sich Erfahrungen im Netz von Erfahrungen im RL (real life, wirkliches Leben) unterscheiden, obwohl auch die Netzkommunikation eine soziale Kommunikation ist. Man konstruiert ebenso Wirklichkeiten, Identitäten, Beziehungen und Gemeinschaften[103].

Als Grundform der zwischenmenschlichen Kommunikation gilt die Face-to-Face-Kommunikation, die dadurch gekennzeichnet ist, dass sich die Kommunikationspartner zur gleichen Zeit am gleichen Ort befinden und verbale und nonverbale Botschaften austauschen. Fähigkeiten wie Sehen, Hören, Riechen, Schmecken und Fühlen sind dabei mit eingebunden.

Bestimmte Kommunikationsmedien wie Telefon, E-Mail, Telefax ermöglichen es, dass räumlich voneinander entfernte Personen miteinander kommunizieren können. Man unterscheidet zwei Formen der Telekommunikation:

- **asynchrone Telekommunikation**

Nachrichten werden aufgezeichnet oder aufgeschrieben und zeitlich verzögert zum Empfänger transportiert, der die Nachricht dann liest oder hört.

- **synchrone Telekommunikation**

Es wird eine wechselseitige Kommunikationsverbindung hergestellt. Die Kommunikationspartner sind zur gleichen Zeit aktiv und eine Rückkopplung ist möglich, wie zum Beispiel beim Telefonieren, Chatten oder bei Videokonferenzen.

102| CMC – Computer Mediated Communication

103| Döring, Nicola: Kommunikation im Internet. Neun theoretische Ansätze. In: Batinic, Bernard (Hg.) Internet für Psychologen. Göttingen, Bern, Toronto, Seattle. Hofgrefe, 1997, S. 267.

„In diesem Zusammenhang ist CMC bzw. Netzkommunikation als eine nach technischen Kriterien abgrenzbare Form der medial vermittelten Telekommunikation zu verstehen, bei der vernetzte Computer (bzw. spezifischer: zum Internet gehörende vernetzte Computer) als Kommunikationsmedien fungieren."[104]

E-Mail, Mailinglists und Newsgroups wären demnach asynchrone, Talk, IRC und MUD synchrone Verbindungen.

Computervermittelte Kommunikation unterscheidet sich nicht nur technisch sondern auch psychologisch von anderen Formen medialer Telekommunikation. Man kommuniziert textbasiert per Internet, das heißt man tippt auf der Tastatur und liest vom Monitor. Die nicht-textbasierten Kommunikationsformen wie Internet-Telefonie (iphone) und Internetvideokonferenzen (CU-SeeMe) werden bisher noch kaum genutzt und werden von Döring daher nicht berücksichtigt.[105]

Bei Face-to-Face-Kommunikation gibt es einen gemeinsamen materiellen bzw. physikalischen Handlungs- und Wahrnehmungsraum; aufeinander bezogenes Handeln, sprich soziale Interaktion ist möglich. Darin liegt auch der Unterschied zur computervermittelten Kommunikation.

In neuen Formen der Telekommunikation wird neben der synchronen Verbindung zwischen Personen auch ein gemeinsames Bezugssystem für Handlungen angeboten, wodurch Telepräsenz ermöglicht wird. Es werden virtuelle Umwelten angeboten, in denen Personen trotz räumlicher Entfernung synchron kommunizieren und interagieren können. Die Telepräsenz-Teilnehmer können sich durch die virtuelle Umwelt bewegen und diese durch ihre Handlungen auch verändern und mitgestalten.[106]

Die Teilnehmer an virtuellen Wirklichkeiten sind auf unterschiedliche Weise mit der materiellen Außenwelt verbunden. Sie machen wirkliche Erfahrungen, sie freuen sich, sie treffen einander. Auch in virtuellen Realitäten gibt es soziale Regeln, an die man sich halten muss.

„Virtuelles Handeln (z. B. Handhabung virtueller Objekte) und virtuelle soziale Interaktion (z. B. Berührung einer virtuell repräsentierten Person) finden zwischen Rekonstruktion und Neukonstruktion sozialer Erfahrungen aus der mate-

104| a. a.O. S. 268
105| a.a.O. S. 269
106| a.a.O. S. 269f

riellen Umwelt statt. Dabei ergibt sich (...) ein komplexes Mischungsverhältnis aus bekannten sozialen Regeln und neuen Freiheitsgraden (...)."[107]

Computervermittelte Kommunikation kann auch zum Entstehen neuer Formen der Sozialität führen: Rezipienten sind auch Produzenten; es werden gemeinsame (Text-)Welten erschaffen. Computernetze ermöglichen das Knüpfen neuer Kontakte. Eine Umfrage in Deutschland hat ergeben, dass sich bei 66 % der Befragten der Bekanntenkreis aufgrund der Netznutzung erweitert hat. 49 % gaben eine Steigerung der Kommunikationsfrequenz an, d. h. durch das Internet fanden sie neue, feste Kommunikationspartner, die in 54 % der Fälle auf Deutschland beschränkt waren. Demnach würden Datennetze offenbar genutzt, um internationale Kontakte zu pflegen.[108]

Interessant ist, dass der Wunsch besteht, Kommunikationspartner aus dem Netz auch persönlich zu treffen. 62 % der Befragten gaben an, ihre Bekannten aus dem Netz auch persönlich zu treffen. Chattertreffen, MUD-Treffen oder Treffen von Mailbox-Vereinen zeigen, „dass Telekommunikation geselliges Zusammensein unterstützen kann und nicht automatisch verdrängt".[109]

Computervermittelter Kommunikation fehlen zwar die angesprochenen parasprachlichen Mittel wie Mimik und Gestik der Face-to-Face-Kommunikation, doch ist dies nicht nur von Nachteil: „Zu den Besonderheiten der computervermittelten Kommunikation zählen: verringerte soziale Barrieren (Aussehen, Alter, Rasse, Behinderung, Status werden – unter bestimmten Bedingungen – ‚herausgefiltert'), weitgehende Kontrolle der Selbstpräsentation (inklusive Anonymisierung, Pseudonymisierung), verstärkte Emotionen (in negativer wie positiver – z. B. auch erotischer – Richtung), mehr Selbstbezug und Selbstoffenbarung."[110]

Computervermittelte Kommunikation muss sich daher nicht negativ auf soziale Kompetenz auswirken. Computervermittelte Kommunikation kann soziale Kompetenz sogar fördern: es werden erweiterte Erfahrungs- und Lernmöglichkeiten geboten, so können Jugendliche gleichberechtigt mit Erwachsenen diskutieren, man kann das Geschlecht wählen, Unterschriftenaktionen organisieren und ähnliches.

107| a.a.O. S. 272
108| vgl. Döring 1996
109| a.a.O.
110| a.a.O.

Natürlich kann computervermittelte Kommunikation auch negative Auswirkungen wie Sucht oder Isolation haben, aber laut einer Umfrage sind nur 4 % der Nutzer von negativen Folgen betroffen. „Allerdings ist problematische Mediennutzung nicht dem Medium selbst, sondern eher situationalen und differentialpsychologischen Hintergrundfaktoren anzulasten."[111] Viele Nutzer beschäftigen sich eine zeitlang sehr intensiv mit dem Medium, ohne dass daraus aber ein dauerhafter Zustand wird.

Döring stellt weiters neun theoretische Ansätze computervermittelter Kommunikation vor. Folgende Tabelle zeigt die wichtigsten Kernaussagen der verschiedenen Theorien.

Tabelle 4 *Kernaussagen der neun wichtigsten CMC-Theorien*[112]

THEORETISCHES MODELL	KERNAUSSAGE
1. KANALREDUKTION	CMC ist wegen fehlender Sinneskanäle im Vergleich zur Face-to-Face-Kommunikation defizitär und unpersönlich.
2. HERAUSFILTERN SOZIALER HINWEISREIZE	CMC führt wegen ihrer Anonymität zu Enthemmung und steigert sowohl prosoziales als auch antisoziales Verhalten.
3. RATIONALE MEDIENWAHL	CMC ist für bestimmte Kommunikationsanlässe geeignet, für andere nicht. Richtig eingesetzt ist CMC eine Bereicherung.
4. NORMATIVE MEDIENWAHL	CMC-Nutzung wird durch die sozialen Normen im Umfeld beeinflusst und ist deshalb oft irrational und dysfunktional.
5. INTERAKTIVE MEDIENWAHL	CMC-Nutzung hängt von der CMC-Nutzung der jeweiligen Kommunikationspartnerinnen ab.
6. SOZIALE INFORMATIONSVERARBEITUNG	CMC ist genauso lebendig wie Face-to-Face-Kommunikation, denn nonverbale Botschaften lassen sich verbalisieren.
7. SIMULATION	CMC liefert Freiheitsgrade in der Selbstdarstellung und begünstigt damit Täuschung, Authentizität und Selbstreflexion.
8. EVOKATION	CMC regt durch fehlende Sinneskanäle Projektionsprozesse an und evoziert sinnliche Phantasiebilder.
9. DIGITALISIERUNG UND ORALITERALITÄT	CMC stellt eine Mischung aus Mündlichkeit und Schriftlichkeit dar und verändert Kommunikationsstile, -rhythmen und -netze.

111| a.a.O.
112| Kernaussagen der neun wichtigsten CMC-Theorien.
Quelle: Döring, Nicola: Kommunikation im Internet. Neun theoretische Ansätze. In: Batinic, Bernard (Hg.) Internet für Psychologen. Göttingen, Bern, Toronto, Seattle. Hofgrefe, 1997, S. 291.

Abschließend bemerkt Döring, dass Face-to-Face-Kommunikation durch computervermittelte Kommunikation nicht zu ersetzen ist, und dass es auch Unterschiede im Erleben gibt, die einerseits vom genutzten Dienst (z. B. E-Mail oder Chat) und andererseits auch von den sozialen Erfahrungen der Kommunikationsteilnehmer mit dem benutzten Medium abhängen.[113]

E-MAIL

Electronic Mail (E-Mail[114]) ist der elektronische Bruder zur im Computerjargon als Schneckenpost (Snail-Mail) bezeichneten gelben Post und der am häufigsten genutzte Dienst im Internet.[115] E-Mail ermöglicht es, Nachrichten an andere Personen mit Internet-Anschluss zu verschicken. Dabei handelt es sich nicht mehr ausschließlich um reine Textnachrichten. Auch Dateien, Ton, Video und ganze Webseiten können versendet werden. E-Mail kann zunächst als zeitversetzte Kommunikation zwischen zwei Personen angesehen werden. Jedoch kann auch nahezu direkte Kommunikation entstehen,

> „wenn beide Personen gleichzeitig […] an verschiedenen Rechnern sitzen und sich kurze Nachrichten zuschicken bzw. abrufen."[116]

E-Mails werden üblicherweise mit Hilfe eines Mail-Programms oder E-Mail-Clients wie zum Beispiel Outlook oder Outlook Express empfangen und verschickt, wobei letzteres Bestandteil des Microsoft-Office-Pakets ist und somit nahezu jedem PC-Nutzer automatisch zur Verfügung steht. Mail-Provider richten ihren Nutzern auf einem Mail-Server, ähnlich einem Postfach, so genannte Mailboxen ein. Auf diese Mailboxen greift der User mit Hilfe eines Usernamens und einem Passwort zu. Bei den Mail-Programmen werden diese Einstellungen einmalig vorgenommen und, je nach Einstellung, erfolgt das Empfangen und Senden der E-Mails entweder auf Knopfdruck oder automatisch in definierten Zeitabständen. Den Zugang zu einem Post-

113| vgl. Döring 1997, S. 290

114| Es liegt keine eindeutige Schreibung von E-Mail vor. Man findet E-Mail, Email, email, eMail, und e-Mail. E-Mail ist die vom Duden kodifizierte Schreibweise und wird zum Beispiel in der Zeitschrift Internet Magazin durchgängig gebraucht. In der Zeitschrift Internet World wird hingegen eMail verwendet mit den entsprechenden Analogiebildungen: eCahs, eCommerce und so weiter.

115| So versenden laut ARD/ZDF-Online-Studie 2002 81 Prozent aller Internetnutzer mindestens einmal wöchentlich E-Mails. Damit ist E-Mail die meistgenutzte Anwendung. Vgl. Van Eimeren, Birgit; Gerhard, Heinz; Frees, Beate: Entwicklung der Onlinenutzung in Deutschland, a.a.O., S. 354

116| Wurster, Anette: Das Internet, a.a.O., S. 62

fach um Mails zu lesen, bezeichnet man als POP3-Postfach. Das Versenden von E-Mails basiert auf einem eigenen Protokoll, das Simple Mail Transfer Protocol (SMTP). Aus diesem Grund muss bei der Einrichtung eines Mail-Clients stets ein Server für eingehende (POP3) und ein Server für ausgehende (SMTP) E-Mails definiert werden. Die E-Mail-Adresse selbst besteht aus einer individuellen Nutzerkennung, dem Zeichen @ (als „at" oder „Klammeraffe" bezeichnet) sowie Host-Name und toplevel-domain des Mailproviders. Das @-Zeichen trennt also quasi den Menschen von der Maschine. Mailprovider kann entweder die eigene Firma oder die eigene Domain sein oder einer der vielen freien Anbieter wie zum Beispiel gmx.de, gmx.net, freenet.de oder aol.com. Die E-Mail-Adresse: uwe.osterrieder@freenet.de bezeichnet also den Account „uwe.osterrieder" auf dem Host „freenet" mit der Toplevel-Domain-Kennzeichnung „.de" als deutscher Provider.

Die E-Mail selbst besteht üblicherweise aus einem größtenteils unsichtbaren Header sowie einem sichtbaren Body und einer Signatur. Die Signatur ist das Signum des Absenders, das je nach Mail-Programm in einer gesonderten Datei abgespeichert ist und eingefügt wird oder automatisch beim Erstellen einer neuen E-Mail integriert ist. Meist ist die Signatur typographisch durch Spiegelstriche vom Nachrichtentext abgesetzt (--). In der Signatur finden sich üblicherweise zusätzliche Angaben zum Absender wie Telefonnummer, Faxnummer, Geschäftsadresse, genaue Berufsbezeichnung und ähnliches. Im privaten Bereich können Signaturen auch Zitate, Sprüche oder ähnliches enthalten.

Im Header sind Informationen über den genauen Weg, die die E-Mail genommen hat, angegeben. Der Großteil des Headers wird vom E-Mail-Client generiert und muss nicht gesondert eingegeben werden. Individuelle Bestandteile des Headers sind der angezeigte Absendername, die Empfänger-Adresse und das Subject. Vor allem dem Subject kommt dabei eine große Bedeutung zu, denn das Subject ist der Titel des E-Mails. Viele E-Mail-Programme listen zunächst nur die Subjects und die Absender der eingegangenen E-Mails auf, damit der Empfänger schnell entscheiden kann, in welcher Reihenfolge er seine eingegangenen Nachrichten öffnen und gegebenenfalls bearbeiten möchte.

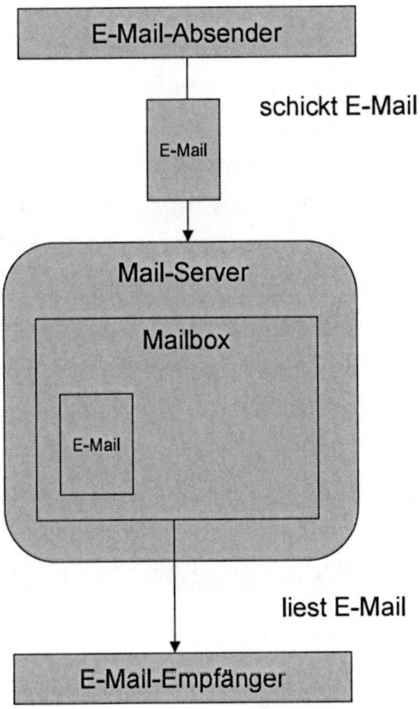

Abbildung 12 *Prinzip der E-Mail*

Wie mit der klassischen Post, kann man auch per E-Mail Nachrichten weltweit verschicken. Darüber hinaus sprechen weitere Eigenschaften dafür, E-Mail anstelle oder zusätzlich zu Briefen zu verwenden[117]:

- E-Mail ist schneller als die normale Post, die Nachricht erreicht den Empfänger (weltweit) nach wenigen Minuten.
- E-Mail ist ab einem bestimmten Umsatz kostengünstiger, da nur der Internet-Zugang und die entsprechenden Telefongebühren zu bezahlen sind.
- Informationen können einfach und schnell an verschiedene Teilnehmer gleichzeitig verschickt werden (Prinzip des Serienbriefs).
- Empfangene Nachrichten lassen sich schnell weiterleiten und -bearbeiten.
- Informationen oder Fragen können über sog. Mailinglisten (E-Mail-Abos) an unbekannte Personen geschickt werden.
- Neben Texte können Bilder, Ton- und Videodateien verschickt werden, So kann man seine eigene Stimme oder Videos aufzeichnen und als Anhang (Attachment) verschicken. (Multimedia-E-Mail)
- Es können Links auf eine WWW-Seite gesetzt werden.
- E-Mails können vom Empfänger an jedem Ort der Welt (und unabhängig vom Provider) telefonisch abgerufen und mittels eine elektronischen Stimme vorgelesen werden, entsprechende Software vorausgesetzt.
- E-Mails können an Mobiltelefone geschickt werden.

117| Runkehl, Jens: Sprache und Kommunikation im Internet - Überblick und Analysen. Jens Runkehl, Peter Schlobinski, Torsten Siever. Opladen, Wiesbaden. Westdeutscher Verlag 1998 S. 28

Trotz dieser Vorteile ist der Versand einer E-Mail nicht generell dem Versand von Papierpost vorzuziehen: Mit der regulären Post können Gegenstände verschickt werden, mit der elektronischen Post nur Daten. Außerdem beschäftigt die Post Spezialisten, die unvollständige Adressangaben vervollständigen und so trotzdem für den Erhalt der Sendung sorgen. Taucht bei einer E-Mail-Adresse ein Schreibfehler auf, geht sie zwangsläufig zurück an den Absender oder landet beim falschen Empfänger. Trotzdem hat sich die elektronische Post im Business-Bereich inzwischen als Standardkommunikationsmedium für den Informationsaustausch etabliert. Eine E-Mail ist vor allem wegen der sehr viel höheren Übertragungsgeschwindigkeit für die Informationsübermittlung geeigneter als die Briefpost.

Wie auch in der Briefpost spielt die Beziehungsebene der Kommunizierenden in der Gestaltung eine tragende Rolle. Geschäftliche E-Mails orientieren sich stark an der Form herkömmlicher Briefe und sind daher auch strengen Regeln unterworfen:

Bei E-Mails beruflichen Inhalts sind zwei Arten grundsätzlich zu unterscheiden: Externe Geschäftskorrespondenz (mit Kunden, Lieferanten, Partnern) und interne Kommunikation (Notizen, Rundbriefe usw.). Verständlicherweise sind die Formerfordernisse beim externen Kontakt strenger. Dort stellen sich beispielsweise juristische Fragen wie: Sind E-Mails verbindlich? Antwort: Wer sicher gehen will, muss handschriftliche Bestätigungen verlangen.

Oder: Sind E-Mails überhaupt Geschäftspost? Jawohl, sie sind es, und das hat wichtige Konsequenzen: Ein formal korrektes externes Firmen-E-Mail muss wie ein normaler Brief Angaben zur Gesellschaftsform (GmbH, KG ...) und in Abhängigkeit davon auch Namen des Geschäftsführers, Handelsregister-Nr. oder zum Sitz der Firma enthalten. Fehlen diese Angaben, verhängt das Registergericht evtl. Zwangsgelder und Konkurrenten können Ansprüche aus dem „Gesetz gegen unlauteren Wettbewerb" (unlauter = unfair) ableiten.[118]

Eine E-Mail in der externen Geschäftskorrespondenz besteht ähnlich einem Brief aus einer vollständigen Anrede, dem eigentlichen Text, einer Verabschiedung und der optionalen Signatur. Je näher sich die Kommunikationspartner auf der Beziehungsebene stehen, desto unkonventioneller wird

118| (Quelle: Internet Professionell 10/1999)Aus: Forum Wirtschaftsdeutsch im Internet – Infobrief 1999-6. http://www.wirtschaftsdeutsch.de/infodienst/1999/kww-info6-99.php3#3

entsprechend der E-Mail-Verkehr. Aus einer Anrede „Sehr geehrter Herr Mustermann“ kann auch im geschäftlichen Bereich ein „Hallo Frank“ werden. Die Unterschiede zwischen einer schriftlichen Kommunikation auf traditionellem oder auf elektronischem Weg, sind hier also nicht besonders auffällig. Im privaten Bereich sind Unterschiede schon deutlicher zu sehen. Einerseits ist die Hemmschwelle zur Kontaktaufnahme geringer, denn die schlichte Äußerung: „Lange nichts gehört, wie geht's Dir denn?“ - geht per E-Mail leichter von der Hand als ein konventioneller Papierbrief per schriftlicher Post. Der Verlauf der weiteren Kommunikation wird vor allem durch die hohe Übertragungsgeschwindigkeit beeinflusst und hat daher auch starken Einfluss auf den medial schriftlichen Gesprächsverlauf. Innerhalb der E-Mail-Kommunikation hat sich durch diese hohe Übertragungsrate eine neue Form der schriftlichen Dialogizität entwickelt:

Es konstituiert sich in E-Mails eine neue Form der Dialogizität und sprachlicher Kreativität, sie sich an mündlichen Kommunikationsstrukturen zu orientieren scheint und sich damit nochmalig von den Texttypen und –strukturen anderer Formen technisierter Kommunikation unterscheidet.[119]

Diese Form der Dialogizität wird vor allem durch die „Reply“-Funktion ermöglicht. Auf eine E-Mail kann per Knopfdruck sofort geantwortet werden, wobei auch auf der ursprüngliche Text erhalten bleibt. Bei Antworten auf E-Mails per Reply wird entweder der komplette Originaltext am unteren Ende der neuen E-Mail zitiert (ein so genanntes volles Quoting oder Fullquote) oder gesondert gekennzeichnet, falls auf einzelne Textpassagen eingegangen werden soll. Falls die kompletten Mails in der Antwort belassen werden, findet sich nach mehrmaligem Antworten der komplette Gesprächsverlauf in der Mail, was es immens erleichtern kann einzelne Daten nachzulesen.

Falls die Form der direkten Antwort auf Textteile verwendet wurde, können die Antworten direkt den zuvor gestellten Fragen zugeordnet werden. Hier ein Beispiel:

```
lieber uwe,
>Servus! <
jjjaaaawwwooohhhlll!
>
```

119| Pansegrau, Petra: „Dialogizität und Degrammatikalisierung und E-mails“ in: Sprachwandel durch Computer. Hrsg. Von Rüdiger Weingarten. Opladen 1997 S. 102

>Ich bin vor ca. zwei Jahren aufs Land gezogen.. <
ah, schoen... land ist prima... dieses urbane stadtleben
ist eher was für die kids und youngsters...
wir haben schon lange, eigentlich wegen unserer tochter,
ein kleines haus auf dem land gemietet ... von wegen natur
und draussen-sein-koennen usw... lebt sich viel angenehmer
als in der stadt...

>

>XXXADRESSEXXX[120]

prima... wird gleich geaendert... telefon? fax? ich glaub, ich kenn
die ecke noch aus meiner muencher zeit... ist doch ganz schoen da...

>

>Was wolltest du mir denn schicken?<
die einladung zur presse-konferenz reinhold messner...mit seinem neuen buch... ist jetzt eh vorbei ... macht aber nix... ich hab ja ständig was neues... machst du noch die radio-sachen? wie funktioniert das nochmal genau? wir basteln gerade an etwas neuem und das koennte dabei durchaus interessant sein...

>

>Cheers<
yeap... & guten donnerstag,
stefan

>

>Uwe
>>-----Ursprüngliche Nachricht-----
>Von: Stefan XXXX [mailto:stefan@XXXXXXXXX.de][121]
>Gesendet: Sonntag, 15. Juni 2003 22:01
>An: Uwe Osterrieder
>Betreff: adresse?

>

>hallo lieber uwe,

>

>hast du eine neue adresse?
>ich hatte versucht dir etwas in die XXXXXstrasse
>zu schicken... das kam nun zurueck...
>bis gleich & gute tage,
>stefan

120| Die Adresse wurde vom Verfasser gelöscht.
121| E-Mail-Adresse und Nachname des Gesprächspartners wurden absichtlich vom Verfasser verfälscht.

Bei dieser Frage-Antwort-Sequenzierung handelt es sich bereits um die dritte Mail die versandt wurde. Mail Nr. 1 ist im unteren Teil noch einmal komplett abgebildet. Der User Stefan versuchte bei seinem ersten Schreiben in Mail 1 die neue Adresse des Users Uwe zu erfragen. Die Antwort von Uwe in Mail 2 erfolgte mit vollständigen Quoting von Mail 1 aber als geschlossener Lauftext. Mail 3 von Stefan nutzt die Zitatfunktion hingegen folgendermaßen, dass direkt auf die Antworten von Uwe in Mail 2 eingegangen wird. Mail 1 ist nach wie vor im Fullquote im unteren Teil zu sehen. Mail 2 ist im Originalzustand nicht mehr vorhanden, da hier nur einzelne Zeilen zitiert wurden um direkt zu antworten. Teile der E-Mail wurden also in den Vordergrund gestellt und andere Teile die für den Informationsaustausch irrelevant waren, wurden gelöscht.

Bei den ersten drei Zeilen Text werden sogar alle drei bisherigen Mails zitiert. Die ursprüngliche Begrüßung Stefans aus Mail 1 wurde einfach beibelassen. Die Begrüßung von Uwe aus Mail 3 wurde zur Antwort uminterpretiert und mit Zeile 3 kommentiert.

lieber uwe,	←- Mail 1
>Servus! <	←- Mail 2
jjjaaaawwwooohhhlll!	←- Mail 3

Auffällig ist, dass stark auf sprechsprachliche Mittel zurückgegriffen wurde. An sprechsprachlichen Mitteln finden wir hier Kleinschreibung (zur presse-konferenz), Diskurspartikel (ah, schoen...) , szenisches Erzählen (prima... wird gleich geändert...) und Iterationen (jjjaaaawwwooohhhlll!). Diese verschriftete Mündlichkeit oder schriftliche Mündlichkeit findet sich in fast allen elektronischen Kommunikationsformen, in Echtzeit-Formen noch stärker als in der E-Mail-Kommunikation. Je stärker sich die Kommunikation im privaten Bereich bewegt oder auf der Beziehungsebene stattfindet, desto stärker wird die Schriftlichkeit vermündlicht. Ebenfalls hat die mögliche hohe Frequenz beziehungsweise Geschwindigkeit der Frage-Antwort-Sequenzierung Einfluss auf die Sprechsprachlichkeit. Oben zitierter E-Mail-Verkehr fand innerhalb von zwei Tagen statt. Wären beide Gesprächspartner während dieser Kommunikation online gewesen, hätte er ebensogut innerhalb weniger Minuten stattfinden können.

Das starke Aufkommen von Sprechsprachlichkeit in der schriftlichen elektronischen Kommunikation hat ihre Ursache einerseits in den bereits angesprochenen mündlichen Intentionen; andererseits aber auch historisch-technische Gründe. Zu Zeiten der ersten Newsgroups und Mailboxen waren Übertragungsfehler bei Umlauten noch an der Tagesordnung. Daher finden sich in E-Mails noch häufig Bigraphe statt Umlauten (koennte). In den Anfangstagen der E-Mail-Kommunikation durften E-Mails nur aus internationalen ASCII-Zeichen[122] bestehen, wobei davon auch nur die ersten 128 Zeichen (7 Bit) von dem Übertragungsprotokoll SMTP interpretiert werden konnten. Dadurch erklären sich die Schreibweisen, bei denen Umlaute durch Bigraphen ersetzt und die Ligatur „ß“ generell in „ss“ ungewandelt wird. Um auch diese Sonderzeichen zu nutzen, sowie Ton- Video- und Bilddateien anhängen zu können, benötigte man das achte Bit. Dieses Manko wurde durch einen Standard namens MIME beseitigt, das heißt, jedes Mail-Programm, das MIME[123] unterstützt, kann auch besagte Zeichen und Dateien versenden und empfangen.

MAILINGLISTEN

Via E-Mail werden auch die so genannten Mailinglisten abgewickelt. In diesen Listen sind mehrere Interessenten zu einem Thema in einer Gruppe zusammengefasst. Jedes Mitglied (oder bei moderierten Mailinglisten der Moderator) kann eine Nachricht an eine bestimmte E-Mail-Adresse der Mailingliste versenden, von der aus die Nachricht dann an alle Teilnehmer verteilt wird. Es ist hiermit also möglich, mit einem geschlossenen Personenkreis zu kommunizieren.

Abbildung 13 *Grundprinzip der Kommunikationsstruktur einer Mailing-Liste*

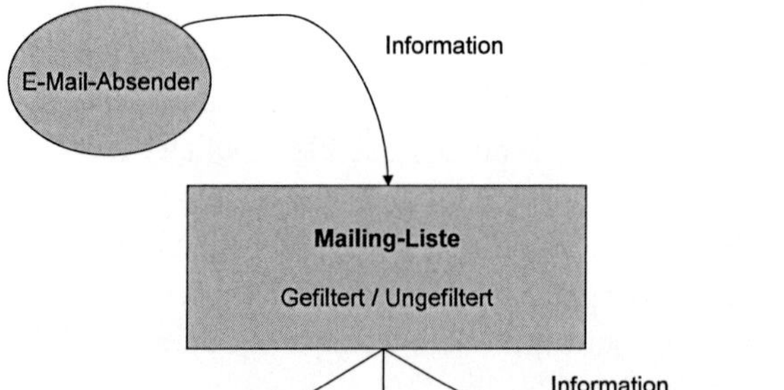

122| American Standard Code for Information Interchange
123| Multipurpose Internet Mail Extensions

Je nach Art und Weise des Informationstransfers kann grob zwischen moderierten und unmoderierten Listen unterschieden werden.[124] Bei einer moderierten Mailingliste werden die eingehenden Beiträge von einem List-Owner, also dem Administrator der Liste gesichtet und gegebenenfalls aussortiert, bearbeitet oder resümiert.[125] In unmoderierten Mailinglisten wird jede geschriebene E-Mail direkt an alle eingetragenen Empfänger weitergeleitet.

Abbildung 14 *Mailinglisten: Funktionsweise eines List-Servers*

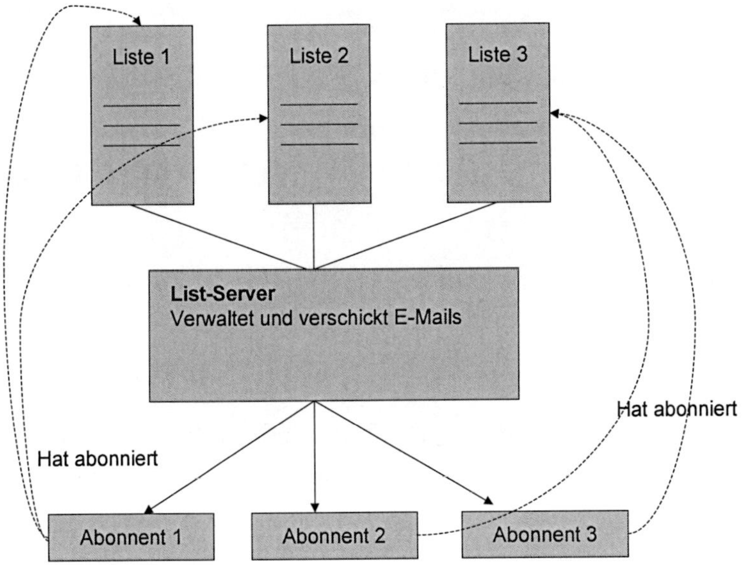

Beim Antworten auf eine empfangene E-Mail wechselt der Empfänger wie bei der herkömmlichen E-Mail in die Position des Absenders und wiederum erhalten alle Abonnenten der Mailingliste die komplette Antwort-E-Mail. Da innerhalb einer Mailingliste sehr viele Teilnehmer die selbe E-Mail erhalten können, wird beim Gebrauch von Mailinglisten sehr viel mehr Wert auf die Einhaltung der so genannten „Netiquette" gelegt, als bei einer ono-to-one Kommunikation per E-Mail. Eine stark gestraffte Version der Netiquette besagt folgendes[126]:

124| In dem Programm „Listserv" werden folgende Arten von Mailinglisten unterschieden: Edited, Moderated, Semi-moderated, Self-moderated, Auto-responders, Announce-only, Peered, Super- und Sublists sowie geklonte Listen.
125| Handler, Peter (1996): „Zwischen Flames und Netiquette. Elektronische Kommunikation als Sprachbiotop versus Textmülldeponie". In: Sprachölologie und Ökolinguisitk. Hrsg. Von Alwin Fill. Tübingen. S. 249
126| Quelle: http://www.t-online.at/service/inhalte/knesviad.htm

**VERGESSEN SIE NIEMALS,
DASS AUF DER ANDEREN SEITE EIN MENSCH SITZT!**

**ERST LESEN, DANN DENKEN, DANN NOCHMALS LESEN,
DANN NOCH MAL DENKEN, UND DANN ERST POSTEN.**

FASSEN SIE SICH KURZ!

IHRE ARTIKEL SPRECHEN FÜR SIE.

**NEHMEN SIE SICH ZEIT, UM EINEN ARTIKEL
ZU SCHREIBEN!**

**VERNACHLÄSSIGEN SIE DIE AUFMACHUNG
IHRES ARTIKELS NICHT!**

ACHTEN SIE AUF DIE „SUBJECT:"-ZEILE!

VORSICHT MIT HUMOR UND SARKASMUS!

KÜRZEN SIE DEN TEXT, AUF DEN SIE SICH BEZIEHEN, AUF DAS NOTWENDIGE MINIMUM!

BENUTZEN SIE E-MAIL, WO IMMER ES GEHT!

GEBEN SIE EINE SAMMLUNG IHRER ERKENNTNISSE ANS NETZ WEITER!

ACHTEN SIE AUF DIE GESETZLICHEN REGELUNGEN!

BENUTZEN SIE IHREN WIRKLICHEN NAMEN, KEIN PSEUDONYM!

KEINE VERBREITUNG VON WERBEINFORMATIONEN!

Die meist verwendete Form der Netiquette ist im Anhang „Die Netiquette" zu finden. Prinzipiell entspricht eine Mailingliste in der Rezeptionsform dem Lesen und Verfassen eines Newsgroup-Beitrags, da die Antworten auf ein vorgegebenes Thema von allen Abonnenten der Mailingliste gelesen und wiederum beantwortet werden können. Eine genaue Zahl, wie viele Mailing-Listen existieren, liegt nicht vor. Schätzungen gehen von 30.000 – 40.000 aus[127]. Innerhalb dieser interaktiven Mailing-Listen kann intensive Kommunikation stattfinden:

Sie fördern die Teilnahme ihrer Mitglieder beim Austausch von Informationen und Ideen. Viele interaktive Mailing-Listen sine eine Art Stammtisch, bei dem die Menschen zusammenkommen und sich unterhalten.[128]

NEWSGROUPS

Wie vieles im Internet, entstanden auch die Newsgroups in einem akademischem Umfeld. 1979 verbanden sich Studenten der Duke Universität miteinander, um Informationen auszutauschen. Gleichzeitig schrieb eine andere Gruppe von Studenten an der North Carolina Universität die erste Version der Software, die für die Verteilung der Nachrichten verwendet wurde. Dieses Netzwerk, genannt Usenet, entwickelte sich dann rasch zu den heutigen Diskussionsgruppen. Die Usenet-Newsgroups, auch nur Usenet, Newsgroups oder News genannt, sind dadurch einer der ältesten Bestandteile des Kommunikationsnetzes Internet. Sie erlauben den Newsgroup-Mitgliedern, weltweit öffentlich mit Leuten über spezielle Themengebiete zu diskutieren. In den so genannten „Nodes", den Knotenrechnern, werden die Beiträge, sobald sie erstellt wurden, an andere Knotenpunkte weitergeschickt und somit verteilt. Der User kann sich über einen beliebigen News-Server in das Usenet einloggen und einen Artikel, ein so genanntes „Posting" veröffentlichten; der Beitrag wird automatisch auf den anderen News-Servern weltweit gespiegelt.

Die exakte Zahl der existierenden Newsgroups ist nicht bekannt, da kaum ein News-Server alle existierenden Newsgroups abbildet und auch nicht abbilden kann. Es wird aber davon ausgegangen, dass es mindestens 18.000 Newsgroups weltweit gibt.[129] An anderer Stelle wird von 30.000 Newsgroups gesprochen[130].

127| Jasper, Dirk (1997) Internet Newsgroups. Suchen, Anzapfen, Nutzen, Diskutieren, Düsseldorf S. 89
128| a.a.O. S. 90
129| Quelle: http://www.newsgroup.de
130| Glaser, Peter: Sex, Schrauben und Geflügelzucht. In: Konr@d 1 1998 S. 105

Auf welche Newsgroups der einzelne User Zugriff hat, entscheidet lediglich sein Internet Service Provider (ISP). Nur wenige ISPs geben aus Kapazitätsgründen alle Gruppen frei. Zudem werden einschlägige Newsgroups, in denen illegale Inhalte wie Pornografie, gewaltverherrlichende oder radikalpolitische Themen verbreitet werden, von vielen Anbietern gesperrt. Große Anbieter von Internetzugängen wie zum Beispiel freenet[131], T-Online[132] oder 1und1[133] unterhalten ihre eigene News-Server, die sie ihren Kunden kostenfrei zur Verfügung stellen. Freie News-Server sind zusätzlich auf Universitäts-Rechnern zu finden, wobei sich die User aus Sicherheitsgründen meist namentlich bei diesen Servern registrieren müssen um Lese- und Schreibrechte zu erlangen. Das Usenet wird also nicht zentral verwaltet, sondern nur von seinen Nutzern und den Serviceprovidern, sofern diese überhaupt Wert darauf legen. Die Newsgroups unterliegen üblicherweise keiner Kontrolle, das heißt jeder veröffentlichte Beitrag ist sofort für alle Usenet-Teilnehmer erreichbar und kann weiter diskutiert werden. Ähnlich einer E-Mail, die den Postausgang bereits verlassen hat können bereits gepostete Artikel nicht mehr zurückgenommen werden. Im Gegensatz zur versehentlich versandten E-Mail geht ein versehentlich versandter Newsgroup-Beitrag aber nicht nur an einen Empfänger oder an einen überschaubaren Kreis von Adressaten, sondern kann von der kompletten Internetgemeinde gelesen werden. Manche Newsgroups sind moderiert, das heißt ein so genannter „Postmaster" kontrolliert die Beiträge für die betreffende Gruppe. In diesem Fall werden nur die Mitteilungen publiziert, die der zuständige Newsgroup-Administrator für die Diskussion geeignet findet. In einer solchen moderierten Gruppe können die eigenen Beiträge auch zurückgezogen und mit Hilfe des Postmasters gelöscht werden.

Der technische Unterschied zwischen dem aktiven Abonnement einer Mailing-Liste und Kommunikation in einer Newsgroup besteht darin, dass die Beiträge der Mailing-Liste gemeinsam mit allen anderen empfangenen E-Mails im Posteingang des E-Mail-Client beim User ankommen. Newsgroup-Beiträge werden hingegen auf verschiedensten Servern im Internet gespiegelt, liegen dort zum Download bereit und können nach Bedarf abgerufen werden. Ähnlich der Vorschaufunktion innerhalb eines E-Mail-Clients kann sich auch der Bescher eines News-Servers im Vorfeld anhand des Subjects aussuchen, welche Beiträge er lesen beziehungsweise downloaden möchte.

131| http://www.freenet.de
132| http://www.t-online.de
133| http://www.1und1.com

Um sich am Usenet aktiv beteiligen zu können, muss eine entsprechende Newsreader-Software zur Verfügung stehen. Softwareprogramme wie das bereits erwähnte „Microsoft Outlook Express" bieten neben der Verwaltung von E-Mails ebenfalls die Funktionalitäten zum Lesen und Versenden von Newsgroup-Beiträgen.

Diskussionsforen sind zu sehr vielen Themen zu finden, wobei die Newsgroups selbst in Hierarchien[134] sortiert und strukturiert sind. Diese hierarchische Struktur der Gruppenliste sorgt dafür, dass sich nahezu jedes Thema in eine passende Strukturierung einpassen lässt. Die Newsgroup-Kategorien, Hierarchien genannt, sind anhand von Kürzeln am Anfang des Namens zu erkennen, etwa einem „de" oder „alt[135]:

de: Deutschsprachige Newsgroups

news: Neue Themen, die in Newsgroups besprochen werden

rec: (Recreation) Themen zu Hobbies und Freizeitaktivitäten

soc: Themen zu gesellschaftlichen und sozialen Fragen

talk: Meinungsdiskussionen zu unterschiedlichsten Themen

comp: Alles zum Thema Computer und Computernutzung

misc: Vermischtes

sci: (Natur)wissenschaftliche Themen

alt: Alternativ – Vermischtes

134| Jasper, Dirk: Internet Newsgroups; Düsseldorf & München, 1997; ECON Taschenbuch Verlag Kapitel 1, S. 15 - 16
135| Die Hierarchie „alt" steht dabei für „Alternatives" und wurde 1988 eingeführt. Weitere Hierarchie-Kürzel sind beispielsweise „sci" (Wissenschaft), „rec" (Freizeitgestaltung), „comp" (Computer), „soc" (soziale Angelegenheiten) und „news" (Neuigkeiten). Vgl. Musch, Jochen: Die Geschichte des Netzes: ein historischer Abriss. In: Batinic, Bernad: Internet für Psychologen. Göttingen, Bern, Toronto, Seattle: Hogrefe Verlag 1997, S. 38f.

Durch eine absteigende Folge von Unterkategorien werden die Newsgroups genauer spezifiziert, wie folgende Tabelle veranschaulicht:

Tabelle 5 *Beispiel Hierarchiten im Usenet*

comp			
linux			
rec			
sci			
	comp		
	etc		
de			
		garten	
	rec	spiele	
			eishockey
	talk	sport	
			fussball
		tiere	

Die Newsgroup „de.rec.sport.fussball" bezeichnet also eine deutschsprachige, freizeitbezogene, sportbezogene, fußballspezifische Diskussionsgruppe.

Abbildung 15 *Funktionsweise einer Newsgroup*

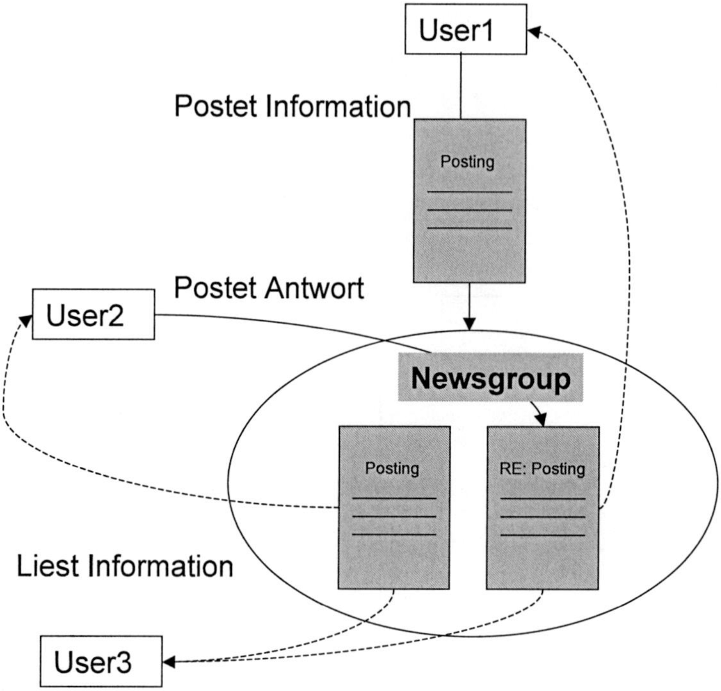

Die Kommunikation im Usenet ist technisch recht unkompliziert: Ein Nutzer publiziert seinen Beitrag innerhalb einer Newsgroup, andere Nutzer lesen die Mitteilung und antworten darauf. Die Beiträge selbst entsprechen dem Prinzip eines schwarzen Bretts. Ein Teilnehmer postet seinen Beitrag und wer auch immer meint zu dem Thema etwas zu sagen zu haben, publiziert seine Antwort, ein so genanntes Follow-Up. Eine Abfolge von Antworten die sich alle auf ein bestimmtes Thema beziehen, wird als „Thread" bezeichnet. Die Antworten erfolgen allerdings nicht linear eine nach der anderen. Es wird nicht nur auf den Original-Beitrag geantwortet, es kann auch auf einen in der Struktur tiefer stehenden Beitrag reagiert werden. Dadurch entstehen in langen Threads komplexe

Baumstrukturen mit Postings. Die News-Reader sind im allgemeinen so konfiguriert, dass die inhaltlich aufeinander bezogenen Artikel nach einem Gliederungssystem dargestellt werden, bei der die Ursprungsnachricht an erster Stelle steht. Alle weiteren Artikel folgen nach einem Implikationsprinzip eingerückt.

Abbildung 16 *Baumstruktur innerhalb eines Newsgroup-Postings*

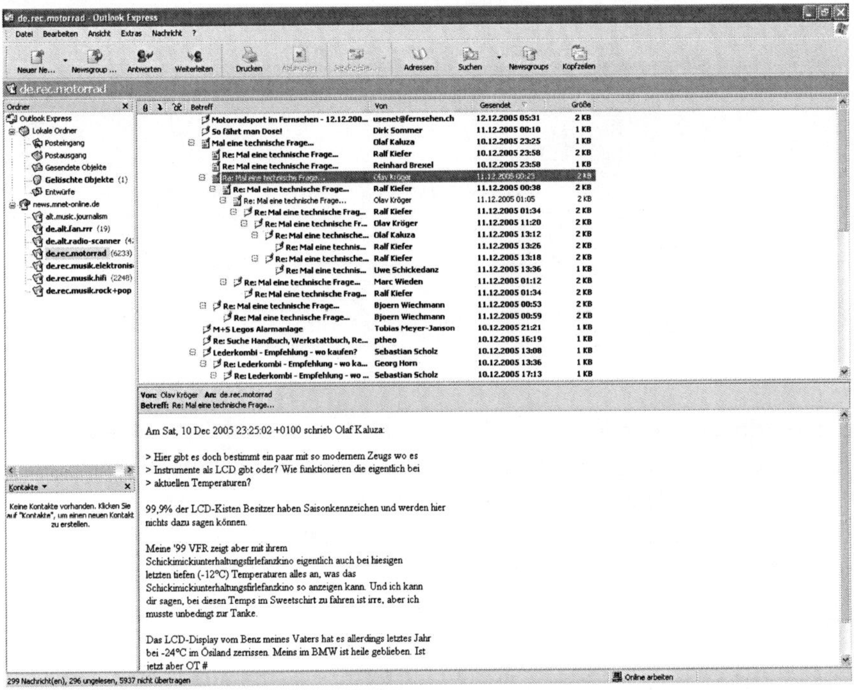

Der in der Abbildung Baumstruktur innerhalb eines Newsgroup-Postings gezeigte recht kurze Thread findet sich in der Newsgroup de.rec.motorrad[136]. Wie zu sehen ist, folgen dem Original-Beitrag 4 Antwort-Postings linear aufeinander. Die Antwort Nummer 3 wurde wiederum beantwortet, und es ergibt sich ein linearer Thread be dem jeweils Beitrag auf Beitrag folgt. Beitrag 5 wurde aber später noch einmal aufgenommen, was einen neuen Ast in der Struktur eröffnet hat. Dieser wurde zweimal hintereinander linear aufgenommen woraufhin zwei unabhängige Postings zu dem neuen Thema folgten.

136| Gesehen am 12.12.2005

Die Struktur bildet sich also wie folgt ab:

1. Beitrag

- 1.1. Beitrag
- 1.2. Beitrag
- 1.3. Beitrag
  - 1.3.1. Beitrag
    - 1.3.1.1. Beitrag
      - 1.3.1.1.1. Beitrag
        - 1.3.1.1.1.1. Beitrag
          - 1.3.1.1.1.1.1. Beitrag
            - 1.3.1.1.1.1.1.1. Beitrag
          - 1.3.1.1.1.1.2. Beitrag
            - 1.3.1.1.1.1.2.1. Beitrag
  - 1.3.2. Beitrag
    - 1.3.2.1. Beitrag
- 1.4. Beitrag
  - 1.4.1. Beitrag

Solche Threads können je nach Thema mehrere tausend Beiträge enthalten, in mehreren Newsgroups gleichzeitig erscheinen und dadurch immens komplexe Strukturen bilden[137]. Damit sich innerhalb dieser komplexen Kommunikationsform auf einer kaum überwachten technischen Plattform keine völlig chaotischen Zustände breit machen, wird innerhalb des Usenet starker Wert auf Einhaltung der Netiquette gelegt.

Der Verhaltenskodex im Usenet hat teilweise auch historische Gründe: In frühen Tagen des Usenet wurden lokale Rechner noch durch so genannte Akustikkoppler mit den Servern verbunden. Diese Vorläufer der späteren Modems konnten aufgrund der geringen Übermittlungsgeschwindigkeit nur eine sehr begrenzte Datenmenge verarbeiten, sprich hatten eine geringe Bandbreite. Dadurch dauerte der Download der bestehenden Beiträge und der darauf folgende Upload der eigenen Postings eine gewisse Zeit. Bandbreitenverschwendung wird daher in Newsgroups nicht gern gesehen. Ein sinnvolles Quoting, dem wir bereits innerhalb der E-Mail-Kommunikation begegnet sind, gehört daher innerhalb einer Newsgroup zum guten Ton.

137| Ein Posting über mehrere Newsgroups wird als „Crossposting" bezeichnet

Ebenfalls ist die oft zitierte Anonymität im Netz nicht Sache der Newsgroups. Wie in der Netiquette nachzulesen, ist es in Newsgroups üblich, seine Beiträge mit echtem und vollem Vor- und Nachnamen zu kennzeichnen. Es ist zwar technisch problemlos möglich sich auch anonym an Newsgroup-Threads zu beteiligen, wer aber sinnvolle Antworten auf realistische Fragen erwartet, sollte sich an die Netiquette halten, da er ansonsten eher Gefahr läuft die entsprechende FAQ[138] der Newsgroup mehrfach per E-Mail zugesandt zu bekommen, als eine Antwort auf seinen Beitrag. Einsteigern im Medium Usenet wird daher der Besuch der Newsgroups de.newusers.questions und de.newusers.info empfohlen.

Die Einstellungen bezüglich des angezeigten Namens und einer validen E-Mail-Adresse müssen in der Regel im News-Reader-Programm nur einmal vorgenommen werden und stellen danach keine mögliche Fehlerquelle mehr dar. Die Postings selbst allerdings den Verhaltenskodizes entsprechend zu gestalten, ist schon komplizierter. Während man beim Antworten auf eine E-Mail auf bestimmte Stellen durch Quoting direkt Bezug nehmen kann, stellt sich die Situation in einem Newsgroup-Beitrag komplexer dar, da mehrere Teilnehmer auf dasselbe Posting antworten. Es ist also üblich, die Nachritten dritter Personen zu zitieren: X schrieb (...), Y schrieb: (...).

Die Quotings sind zum einen wichtig, um den thematischen Bezug herzustellen, insbesondere, über mehrere Follow-ups hinweg, andererseits ist es nicht immer sinnvoll, die gesamt Nachricht zu quoten, wenn der Artikel dadurch unübersichtlich und zudem das Netz unnötig belastet wird. Aufgrund der Tatsache, dass das zentrale Kommunikationsmuster sich über das Quoten konstituiert, ist der Kommunikationsmodus stark dialogzentriert[139].

Die Kommunikationssituation in Newsgroups ist stark dialogisch und weist daher, wie schon in der E-Mail-Kommunikation angesprochen, viele sprechsprachlichen Merkmale auf.

138| FAQ: Frequently asked questions. Eine Sammlung mit Antworten auf die häufigsten Fragen. FAQ-Dateien finden sich im Internet nicht nur innerhalb der Newsgroups sondern auch auf sehr vielen Service-Portalen.
139| Runkehl, Jens: Sprache und Kommunikation im Internet - Überblick und Analysen. Jens Runkehl, Peter Schlobinski, Torsten Siever. Opladen, Wiesbaden. Westdeutscher Verlag 1998 S. 59

GÄSTEBÜCHER UND FOREN

In virtuellen Foren und Bulletin Boards können Nachrichten entweder per E-Mail oder auch direkt durch eine Eingabemaske hinterlassen werden. Andere Nutzer können dann die für sie relevanten Nachrichten auswählen und lesen. Auch diese Form kann als zeitversetzte Kommunikation zwischen Internet-Teilnehmern bezeichnet werden.[140] Ähnlich den schwarzen Brettern im Usenet funktionieren auch die Gesprächs-Foren, die in Webangeboten integriert sind. Die Kommunikationsformen, denen man innerhalb von Foren in Webangeboten begegnet, ähneln sehr stark den Formen die sich in Newsgroups etabliert haben. Das Quoting wird allerdings in Web-basierten Foren weniger stark verwendet als im Usenet, es hat sich hier eher die Form etabliert den Vorredner direkt anzusprechen: @User1: (...)

Der Unterschied zwischen Gästebuch und Forum ist folgender: Bei beiden Versionen können die Besucher auf einer Website Beiträge hinterlassen, die für alle folgenden Besucher sichtbar sind. Je nach Einstellung erst nach Zustimmung eines Administrators oder sofort. Bei einem Gästebuch werden die Beiträge allerdings einfach aneinandergehängt und können nicht strukturiert werden. In einem Gästebuch kann ein Beitrag nicht klar als Reaktion auf einen anderen Beitrag strukturiert werden. In einem Forum erstellt der User entweder ein neues Thema oder antwortet auf bereits bestehende Beiträge. Diese einzelnen Themen sind dann optisch voneinander getrennt und können in den meisten Systemen auch sortiert angezeigt werden. Entweder neue Beiträge werden zuerst anzeigt oder das Forum wird nach eingegebenen Begriffen durchsucht. Das bietet sich vor allem bei sehr umfangreichen Foren innerhalb von Serviceportalen an.

140| Vgl. Wurster, Anette: Das Internet, a.a.O., S. 63

Abbildung 17 *Foren-Thread*

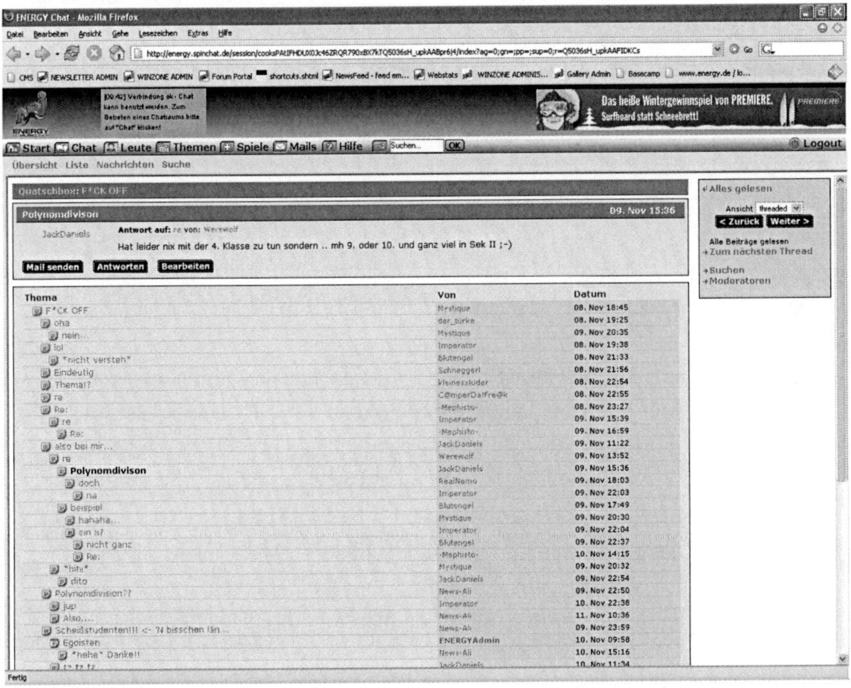

SPRECHSPRACHLICHKEIT BEI ASYNCHRONEN KOMMUNIKATIONSFORMEN

Die Literatur zur E-Mail- und Newsgroup-Kommunikation beschreibt vor allem die medial bedingten Effekte auf die verwendete Sprache. Dabei stehen die Entwicklung von Emoticons, die Verschriftung konzeptionell mündlicher Beiträge und die Fehlerhäufigkeit (und -toleranz) im Vordergrund[141].

Die auftretenden Phänomene werden zum Teil mit zahlreichen Beispielen dokumentiert, wobei quantitative Studien allerdings die Ausnahme sind.[142] Daher entsteht in der Sekundärliteratur ein widersprüchliches Bild über die verwendete Sprache in asynchronen computervermittelten Kommunikationssituationen:

141| Vergl. Runkehl, Jens: Sprache und Kommunikation im Internet - Überblick und Analysen. Jens Runkehl, Peter Schlobinski, Torsten Siever. Opladen, Wiesbaden. Westdeutscher Verlag 1998 S. 35f
142| Günther, Ulla & Wyss, Eva Lia: E-mail-Briefe -- eine neue Textsorte zwischen Mündlichkeit und Schriftlichkeit. In: Ernest W. B. Hess-Lüttich (Hg.), Textstrukturen im Medienwandel, Band 29 von Forum angewandte Linguistik, S. 61-86, Franfurt am Main; Berlin; Bern; New York; Paris; Wien: Lang. 1996 Günther & Wyss verweisen auf „über 261 Texte von Privatpersonen und aus Newsgroups" wobei sie allerdings keine Angaben zur ihrer Methode der Datenerfassung machen.

> „Bedingt durch die schnelle Produktionsweise der EMs [E-Mails] sind die Texte selten überarbeitet und korrigiert, d.h. es finden sich ausgesprochen viele Flüchtigkeitsfehler (Orthographie, Interpunktion, Syntax etc.), wie sie im traditionellen Briefverkehr in dieser Häufigkeit kaum zu finden sind."[143]

Pansegrau, die insgesamt 25 E-Mails zur Veranschaulichung heranzieht, hebt die konzeptionelle Mündlichkeit von E-Mails hervor, wobei sie allerdings einräumt, dass

> „(...) die Beschreibung exemplarischer Phänomene für die Entwicklung einer Stilistik (von E-Mails) nicht ausreichen (kann)"[144]

> „Bereits die eher schlaglichtartige Präsentation spezifischer Phänomene der E-mail-Kommunikation macht deutlich, dass sich hier ein eigenständiger Kommunikationstyp etabliert, dessen Rahmen erst durch die technologischen Neuerungen gegeben und abgesteckt wurde. (...) Es konstituiert sich in E-Mails eine neue Form von Dialogizität und sprachlicher Kreativität, die sich an mündlichen Kommunikationssituationen zu orientieren scheint und sich damit nochmalig von den Texttypen und -strukturen anderer Formen technisierter Kommunikation unterscheidet."[145]

Dieser durch E-Mails entstehende neue Kommunikationstyp wird auch von Günther & Wyss proklamiert:

> „Mit den E-Mail-Briefen entsteht eine neue Schreibkultur, die sich durch ihre Schriftlichkeit zwar von der Alltagskommunikation deutlich abhebt, aber sprechsprachliche Formen mit trägt. Diese neue Schreibkultur bewegt sich (...) in einem Bereich verschrifteter Mündlichkeit oder mündlicher Schriftlichkeit."[146]

Diese Schlussfolgerungen werden von Runkehl et. al., die eine empirische Studie durchgeführt haben, wobei sie E-Mails und Briefe aus möglichst unterschiedlichen Anwendungskontexten untersuchen wollten, nachhaltig kritisiert. Ihr

143| a.a.O. S. 72
144| Pansegrau, Petra: „Dialogizität und Degrammatikalisierung und E-mails" in: Sprachwandel durch Computer. Hrsg. Von Rüdiger Weingarten. Opladen 1997 S. 89
145| a.a.O. S. 102
146| Günther & Wyss, 1996 a.a.O.: S.82

Korpus besteht aus über 530 E-Mails. Zudem wurden noch 50 „Junk-Mails"[147] untersucht:

> „100 private E-Mails, in denen die Kommunikationspartner freundschaftlich oder verwandtschaftlich verbunden sind, 100 institutionelle Mails, und zwar aus dem universitären Kontext, 100 E-Mails aus einer Anwaltskanzlei und 100 geschäftliche E-Mails aus einem großen Computerkonzern. Zusätzlich zu den 100 privaten Mails liegt uns ein Korpus von ca. 30 langen E-Mails vor, in welchen zwei 15jährige beginnen, per E-Mail zu kommunizieren, und dies über einen mehrwöchigen Zeitraum fortsetzen, sowie über 50 E-Mails eines Ehepaares, das über fünf Wochen und zwei Kontinente hinweg kommuniziert hat"[148]

Das Briefkorpus umfasst 200 Briefe aus dem universitären Bereich (100 mit einer Textverarbeitung erstellt, 100 per Schreibmaschine) und eine nicht näher definierte Zahl von handschriftlichen und am Computer erstellten Briefen der Schülerinnen und des Ehepaars. Geschäftsbriefe und Briefe der Anwaltskanzlei wurden nicht herangezogen,

> „ da das E-Mail-Korpus keine Unterschiede in puncto Fehler aufweist (und auch keine sprechsprachlichen Eigenheiten oder speziellen graphostilistischen Mittel)."[149]

Die Auswertung[150] des Korpus unterscheidet sich erheblich von den oben skizzierten Ergebnissen von Günther & Wyss und Pansegrau. So sind 70 % der Fehler im E-Mail-Korpus tastaturbedingt.

> „wobei in den privaten Mails offensichtlich weniger auf Fehler geachtet wird als in den universitären."[151]

Ähnliche Divergenzen zwischen universitären und privaten E-Mails fanden sie auch bei der Verwendung von Akronymen und Smileys. Sie ziehen daraus die Schlussfolgerung,

147| Junk-Mail oder Spam bezeichnet unaufgefordert zugesandte Emails, die meistens Werbezwecken dienen (vgl. Runkehl u.a., 1998: 43f.). Bei der folgenden Diskussion der Untersuchungsergebnisse wird nicht auf Junk-Mail eingegangen, da in der Regel keine reziproke Kommunikationssituation vorhanden ist.
148| Runkehl u.a., 1998: a.a.O. 35f.
149| Runkehl et.al., 1998: a.a.O. S. 36.
150| Runkehl u.a. (1998) haben konsequente Kleinschreibung und Fehler bei Umlauten (ue statt ü) nicht als Fehler bewertet. Tastaturbedingte Fehler wie z.B. Verdreher, Anschlagsfehler oder bestimmte fehlerhafte Groß- und Kleinschreibung wurden gesondert untersucht.
151| Runkehl u.a., 1998: a.a.O. S. 36.

„(...) dass hinsichtlich Fehler, Groß- und Kleinschreibung sowie graphostilistischer Mittel (Emoticons) in E-Mails eine Pauschalaussage nicht angebracht ist, sondern dass eine Variation nach funktionalen Domänen entlang des Kontinuums formell - informell festgestellt werden kann"[152]

Auch in Bezug auf eine neue Form von Dialogizität und sprachlicher Kreativität finden sie keine statistische Bestätigung von Pansegraus These, auch wenn einzelne E-Mails des Korpus entsprechende Merkmale aufweisen.[153] Die Dialogizität hängt ihrer Meinung nach

„wesentlich mit der Reply-Funktion zusammen (...), da hier - in Analogie zur gesprochenen Sprache - Teile der Texte als initiative Züge begriffen werden können, auf die adjazent reagiert werden kann"[154]

Allerdings sei diese Frage-Antwort-Struktur auch in handschriftlichen Briefen und Argumentationen zu finden. Sie warnen aber auch bei ihren eigenen Ergebnissen vor generalisierenden Interpretationen, da die Variationen innerhalb der untersuchten Domänen sehr groß seien, so

„(...) dass Verallgemeinerungen nur auf der Basis umfangreicher und detaillierter Untersuchungen vorgenommen werden können"[155]

Insgesamt stellen Runkehl u.a. anhand ihres Datenmaterials fest, dass die eingangs referierten Thesen von Günther & Wyss und Pansegrau nicht bestätigt werden können, auch wenn sie einräumen, dass es sich nicht um ein repräsentatives Korpus handelt. Somit könne auch nicht die Behauptung aufrechterhalten werden, dass E-Mails eine neue Kommunikationsform darstellen, da sie im Regelfall lediglich althergebrachte Kommunikationsmedien partiell substituieren, was nicht auf mediale Restriktionen oder Optionen zurückzuführen ist, sondern auf den statistischen Einsatz:

„Das, was die Internet-Kommunikation (als Neues) bietet, nämlich multimediale Formen in die E-Mail-Kommunikation zu integrieren, wird kaum

152| Runkehl u.a., 1998: a.a.O. S. 37.
153| Als Beispiel führen Runkehl u.a. eine Mail an, die voller sprechsprachlicher Merkmale und graphischer Hervorhebungen ist. Sie fügen allerdings hinzu, daß das sprachliche und optische Bild bei den handschriftlichen Briefen der Verfasserin vergleichbar ist und daß die Integration sprechsprachlicher Elemente ``nicht auf den Faktor E-mail in Kontrast zum normalen Brief zurückzuführen [ist], sondern auf die konkrete Schreibpraxis dieser Schülerinnen" Runkehl u.a., 1998: a.a.O. S. 42
154| Runkehl u.a., 1998: a.a.O. S. 38
155| Runkehl u.a., 1998: a.a.O. S. 43

> oder gar nicht genutzt. Im Großen und Ganzen folgt die E-Mail-Kommunikation bisher der klassischen Briefpost: eine Nachricht wird verschickt, gelegentlich wird eine Anlage beigefügt (Attachment). Die Schreibmuster folgen den brieflichen Schreibpraxen, Hypertext-Anwendungen finden wir nur bedingt, allein über die Reply-Funktion werden dialogische Aspekte stärker hervorgehoben, da man direkter und schneller auf einzelne Aspekte antworten kann. Offensichtlich ist die E-Mail-Kommunikation in der Praxis eine auf schnellere Kommunikation reduzierte Briefpost, der sozusagen elektronisch beschleunigte Brief."[156]

Etwas anders sieht die Situation in Mailinglisten aus. Mailinglisten erlauben das Verschicken an alle Abonnenten der Liste, so dass einzelne Benutzer mit ihren Nachrichten alle Listenteilnehmer erreichen können. Runkehl u.a. behaupten, dass ebenso wie bei normalen E-Mails eine sehr große Varianz zwischen unterschiedlichen Listen bestehe. Je nach Liste und individuellen Besonderheiten sei die

> „sprachliche Kodierung in Mailing-Listen [...] zwischen den Polen formell - informell zu sehen, zwischen dem Stil formeller E-Mails einerseits und dem informellen Stil in Newsgroups andererseits"[157]

Das umfangreiche Korpus von Runkehl u.a. versucht ein möglichst breites Spektrum deutschsprachiger Newsgroups aufzunehmen. Dazu wählten sie alle deutschsprachigen Newsgroups (de.*) bis zur zweiten Hierarchiestufe. Im März 1998, als die Untersuchung durchgeführt wurde, waren es 155 Newsgroups. Zur Prüfung der Dialogizität wurden jeweils die ersten 25 Postings der 155 Newsgroups herangezogen, was einem Gesamtkorpus von 3875 entspricht. Für eine sprachliche Untersuchung wurden aus den 155 Newsgroups die 1.,5.,10.,15. und 20. Artikel nach folgenden Parametern ausgewertet[158]:

- Assimilationen
- Reduktionen
- Interjektionen/Diskurspartikeln/Onomatopoetika,
- Dialektmerkmale

156| Runkehl u.a., 1998: a.a.O. S. 52
157| Runkehl u.a., 1998: a.a.O. S. 49
158| Runkehl u.a., 1998: a.a.O. S. 60

- nicht-deutsche Begrüßungen bzw. Verabschiedungen (hi, ciao)
- Smileys
- Buchstabeniterationen (soooo),
- Abkürzungen aus dem Cyberslang (z.B. cu für see you oder bb für bis bald)
- Verbstämme (grins, schmatz)

Mohr u.a.[159] verfügen über ein Korpus von 40 Artikeln und weiteren 19 Artikeln, die in einer Voruntersuchung zur Kategorienbildung herangezogen wurden, aber bei der Hauptuntersuchung nicht ausgewertet wurden, die zufällig aus den (am 24.4.1997) 238 Newsgroups der de. -Hierarchie ausgewählt wurden. Sie untersuchten die Nachrichten nach formalen und inhaltlichen Gesichtspunkten. Formal: subject-Zeile, Erst-Posting vs. Antwort, Adresse, Geschlecht, Organisation und Provider. Inhaltlich: Quoting, expressive Textelemente, Sprachstil, Themen und Signaturen.[160]

Haase u.a.[161] untersuchten insgesamt 131 Beiträge der Newsgroups de.newusers. questions nach sprachlichen Besonderheiten. Die angeführten Untersuchungen zeigen in vielen Bereichen relativ kongruente Ergebnisse. Ein hervorstechendes Merkmal der Newsgroup-Kommunikation scheinen dialogähnliche Strukturen zu sein. Sprachlich manifestiert sich die Dialogizität hauptsächlich durch das Zitieren, sprich Quoten von Teilen der Nachricht, auf die Bezug genommen wird:

> „Dialogähnliche Strukturen, genauer: adjazente Strukturen mit einem initiativem [sic] Zug und einem oder mehreren reaktiven Zügen sind die vorherrschenden Kommunikationsmuster in Newsgroups. Dem reaktiven Zug geht in der Regel ein vollständiges oder partielles Quoting voran (...). Es ist aber auch die Bezugnahme auf einen Artikel möglich, ohne ihn zu quoten"[162]

Allerdings sind auch Antworten nicht unüblich, in denen nur durch den Bezug auf die vorangehende Nachricht der Sinn erschließbar wird:

159| Mohr, Marion; Noller, Stefan; Pelzer, Simone; Taut, Sandy & Temme, Andre (1997): Kommunikationsstile im Internet. Online-Dokument. Praktikumsbericht. (siehe Linkliste)

160| Die beiden Untersuchungen sind allerdings nur bedingt vergleichbar. Runkehl u.a. haben die einzelnen Newsartikel nach oben genannten Merkmalen untersucht, Mohr u.a. geben dagegen nur die Gesamtzahl der jeweils aufgetauchten Merkmale in allen Newsbeiträgen an. Somit liegen bei ihnen keine Angaben darüber vor, wie viele Postings überhaupt sprachliche Besonderheiten beinhalten.

161| Haase, Martin; Huber, Michael; Krumeich, Alexander & Rehm, Georg: Internetkommunikation und Sprachwandel. In: Weingarten, Rüdiger (Hg.) (): Sprachwandel durch Computer. Opladen; Wiesbaden: Westdeutscher Verlag. 1997 S. 51-85.

162| Runkehl u.a., 1998: a.a.O. S. 60

• Artikel 1:
Hallo Leute, ich habe gerade meine Diplomarbeit über die Preispolitik der Telekom fertig. Wer sich dafür interessiert, dem kann ich die Arbeit als Datei zuschicken.
Viele Grüße, Stefanie

• Artikel 2:
Hallo Stefanie, Deine Arbeit interessiert mich.
Kannst Du mir bitte die Datei per E-Mail schicken? Monika

• Artikel 3:
ja, mir auch bitte. Danke, Rudolf.

• Artikel 4:
mir auch, Toni.

• Artikel 5:
mir auch, Charlotte.[163]

Runkehl u.a. ermittelten, dass 73% aller Postings auf vorangehende Beiträge reagieren. Das deckt sich mit den Ergebnissen von Mohr u.a., bei denen 70% aller Artikel Antworten sind. Etwas anders sehen die Ergebnisse bei der Häufigkeit von Begrüßungen und Verabschiedungen aus. Sind die Ergebnisse bei den Verabschiedungen noch ähnlich (ca. 80% bei Haase u.a., 72,5% bei Mohr u.a., 86% bei Runkehl u.a.), gibt es bei den Begrüßungen größere Unterschiede: Circa 14% bei Haase u.a., 25% bei Mohr u.a. 34% bei Runkehl u.a. Diese Abweichungen lassen sich möglicherweise durch das relativ kleine Korpus von Mohr u.a. erklären und damit,

> „(...) dass das News-Korpus von Haase u.a. (N=131) allein Postings aus der Newsgroup de.newusers.questions enthält, so dass hier ein Newsgroup-spezifischer Bias angenommen werden kann."[164]

163| Döring, Nicola: Sozialpsychologie des Internet. Göttingen; Bern; Toronto; Seattle: Hogrefe. 1999 S. 73
164| Runkehl u.a., 1998: a.a.O. S. 62

Eine Untersuchung des Verhältnisses zwischen Begrüßungen und Verabschiedungen, die allerdings nur von Runkehl u.a. durchgeführt wurde, zeigt, „dass das Vorkommen einer Begrüßung das anschließende Vorkommen einer Verabschiedung impliziert: Wenn ein Posting eine Begrüßung enthält, so mit hoher Wahrscheinlichkeit auch eine Verabschiedung."[165]

Was die Anteile sprechsprachlicher Elemente angeht, divergieren die Analysen und Interpretationen. Mohr u.a. sprechen von

> „Begrüßungs- und Verabschiedungsfloskeln, die die Steifheit des traditionellen Schriftverkehrs größtenteils hinter sich lassen. Hallo, Selber Hallo oder Hi, bzw. Tschüss oder Ciao [sic] sind Beispiele dafür"

Diese Aussage ist allerdings nur dann richtig, wenn von einem sehr steifen traditionellen Schriftverkehr ausgegangen wird oder das Wort „traditionell" mit der Konnotation „althergebracht" oder „offiziell" verwendet wird. In traditionellen Privatbriefen werden oben genannte Begrüßungs- und Verabschiedungsfloskeln wahrscheinlich ebenso oft verwendet wie in der elektronischen Kommunikation. Die Nähe zu konzeptioneller Mündlichkeit lässt sich nicht leugnen, ist aber nicht immanent dem Medium zuzuordnen sondern orientiert sich an einem lockeren Briefstil. Die Untersuchung der expressiven Textelemente, dazu wurde zwischen Emoticons, Grafik (ASCII-Art), Soundwörtern, Aktionswörtern, Doppelungen und sonstigem unterschieden, spricht auch bei Mohr et. al. nicht gerade für eine häufige Verwendung sprechsprachlicher Elemente:

> „Eine der für unsere Erkundungsstudie (Kommunikationsstil im Internet) zentralen Kategorien, die Kategorie expressive Textelemente, war erstaunlich gering besetzt. Setzt man die Gesamtanzahl der Nennungen (96) in Bezug zu der Anzahl kodierter News (40), erhält man durchschnittlich 2,4 expressive Textelemente pro News. Dieses Ergebnis bildet allerdings die Realität nicht korrekt ab, da es Vielbenutzer/innen gibt, die weit über dem errechneten Durchschnitt liegen, und dann eben auch User, die überhaupt keine expressiven Textelemente verwendeten. Des Weiteren ist zu beachten, dass im Vergleich mit konventioneller Kommunikation selbst nur ein expressives Element pro News (z.B. ein Emoticon) bereits beachtenswert wäre, da die verwendeten Elemente eine sehr unkonventionelle Art der schriftlichen Kommunikation darstellen."

165| Runkehl u.a., 1998: a.a.O. S. 62

Wenn man bedenkt, dass auch hier mit schriftlicher Kommunikation nur ein Teilbereich medialer Schriftlichkeit gemeint zu sein scheint, lässt sich aus den Daten nicht ableiten, dass Newsgroup-Kommunikation deutlich sprechsprachlich geprägt ist.[166] Zu ähnlichen Ergebnissen gelangen Runkehl u.a.: Sie stellen fest, dass nur ein Fünftel aller Postings die „untersuchten Merkmale der gesprochenen Sprache" enthält. Insgesamt treten bei ihnen in 44,6% aller Artikel eines oder mehrere dieser Merkmale auf, von denen 38,6% aus „nicht-deutschen Begrüßungen resp. Verabschiedungen, Interjektionen und Diskurspartikeln, Assimilationen, Reduktionen und Dialektwörtern"[167] bestehen. Entsprechend fällt ihr Urteil aus:

> „Wenn man angesichts der Verteilung der Untersuchungsmerkmale [s.o.] zudem bedenkt, dass viele der im Durchschnitt kurzen Postings entweder nur eines der Merkmale oder ganze Merkmalscluster aufweisen, verwundert es angesichts der vorliegenden Analysen doch, dass in der Literatur der Bezug zur gesprochenen Sprache derart hoch eingeschätzt wird. In Postings treten zwar Merkmale der gesprochenen Sprache auf (...), die Kommunikation ist in erster Linie jedoch schriftsprachlich geprägt und weist in der Schriftsprache Besonderheiten auf, die dem Cyberslang zugeordnet werden (...). Es handelt sich hierbei um Smileys, Akronyme und prädikativ gebrauchte Verbstämme."[168]

Zusammenfassend lässt sich sagen, dass die empirischen Untersuchungen über die Newsgroup-Kommunikation zu relativ ähnlichen Ergebnissen kommen und man nicht von einer deutlich sprechsprachlichen Stilistik sprechen kann. Diese Aussage muss aber im Rahmen einer statistischen Tendenz gesehen werden, da sich sehr wohl News-Artikel finden, die eindeutig mündlich konzipiert sind und voller sprechsprachlicher Elemente sind. Ebenso wie bei E-Mails finden Runkehl u.a. auch eine Korrelation zwischen funktionalen Domänen und der darin verwendeten Sprache. Als Beispiel führen sie die auf der Zeichentrickserie „Bugs Bunny" beruhende Newsgroup alt.devilbunnies an, die über eine ausgefallene newsgroupspezifische Lexik und eigene Emoticons verfügt, so dass ein Verstehen der Postings für Außenstehende nahezu unmöglich wird, beziehungsweise eine lange Einarbeitungszeit erfordert. Somit spricht auch bei Newsgroups vieles dafür, eine situative Betrachtung der Kommunikation anzustreben.

166| Anhand der Formulierung „erstaunlich gering" lässt sich auch eine gewisse Ausgangserwartung vermuten, die von wesentlich stärkeren Evidenzen für sprechsprachliche Elemente ausgeht

167| Runkehl u.a., 1998: a.a.O. S. 62

168| Runkehl u.a., 1998: a.a.O. S. 63

„Der spezifische Stil eines geposteten Artikels hängt vom Thema der Newsgroup, von den Intentionen des Schreibers, seinem sozio-kulturellen Hintergrund, vom Quoting und ähnlichem ab. Während wir in den Artikeln aus der Usenet-Administration einen bürokratischen Stil vorfinden, wird in den Freizeitforen ein eher lockerer, umgangssprachlicher Schreibstil gepflegt"[169]

ECHTZEIT-KOMMUNIKATION–CHAT

Die schriftbasierten interaktiven Formen der Internetkommunikation finden teilweise in Echtzeit statt. Chatten, der englische Begriff für plaudern oder schwatzen, ist wohl die populärste Form der Online-Kommunikation[170]. Als „Vater" des Chat gilt der Finne Jarkko Oikarinen, der 1988 als Student an der Universität von Oulu den IRC (Internet Relay Chat)[171] entwickelt hat. Oikarinen wollte ein elektronisches Echtzeit-Diskussionssystem schaffen. Dies gelang ihm gemeinsam mit seinen Freunden Jyrki Kuoppala und Jukka Pihl; es entstanden schnell Anbindungen an die Universitäten von Helsinki und Tampere, wenig später kamen schon Denver und Oregon hinzu. Schon 1989 gab es weltweit 40 IRC-Server, an denen durchschnittlich 12 User online waren.[172] Der ursprünglich für wissenschaftliche Zwecke gedachte Internet Relay Chat ist somit die älteste Form des Chats. Inzwischen haben sich mehrere Chat-Systeme etabliert. Gechattet wird entweder über spezielle Programme[173] oder über den Browser und in virtuellen Räumen, den so genannten Channels. Egal für welche Form des Chat man sich entscheidet, ist das dahinter stehende Prinzip in seinen grundlegenden Strukturen identisch (vgl. Abb.)

169| Runkehl u.a., 1998: a.a.O. S. 66f

170| Filinski, Peter: Chatten in der Cyber-World. Bonn 1998

171| Internet Relay Chat (IRC) ist ein Programm, das im Gegensatz zur E-Mail eine synchrone Kommunikation zwischen zwei oder mehreren Teilnehmern ermöglicht. IRC beruht zwar auf einer eigenen Softwaretechnologie, ist aber mittlerweile in den meisten Fällen in Webseiten integriert.

172| Quelle: http://www.mediensprache.net/de/websprache/chat/history/index.asp

173| Zum Beispiel mIRC für Windows oder IRCLE für MacOs

Abbildung 18 *Kommunikationsstruktur im Online-Chat*

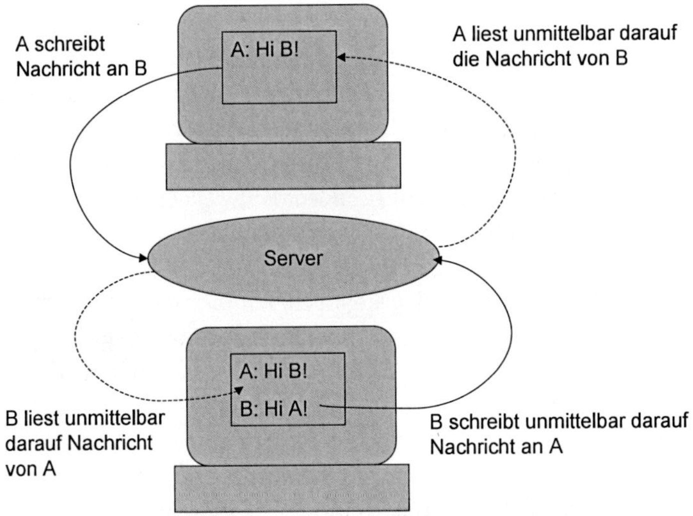

In der deutschsprachigen Forschung ist ein erster Lokalisationspunkt in der Auseinandersetzung mit Chat-Kommunikation der Beitrag von Lenke/Schmitz 1995[174]. Populärwissenschaftlich in Form eines Lexikons zum „Chat-Slang" setzt sich Rosenbaum[175] auseinander, dessen Buch mehrere Auflagen erfahren hat. In der wissenschaftlichen Auseinandersetzung beschäftigen sich Haase/Huber/ Krumeich/Rehm 1997[176] mit Internetkommunikation, wobei der Beitrag den Teilaspekt synchroner Kommunikation akzentuiert. Eine erste größere Auseinandersetzung mit dem Thema stellt die 1998 von Husmann[177] vorgelegte Diplomarbeit dar. Im selben Jahr erscheint die empirisch wie methodisch fundierte Monografie von Runkehl/Schlobinski/Siever[178]. Hier werden erstmals in empirisch fundierter Form 40.000 Wortformen von Chats einer linguistischen Analyse unterzogen. Ein Jahr später nähert sich Döring aus sozialwissenschaftlicher Perspektive dem Thema und gewinnt ihm insbesondere hinsichtlich der Frage-

174| Lenke, Nils & Peter Schmitz. „Geschwätz im ‚Globalen Dorf' – Kommunikation im Internet" In: OBST. Osnabrücker Beiträge zur Sprachtheorie, Nr. 50. 1995 S. 117-141.

175| Rosenbaum, Oliver: Chat-Slang: Lexikon der Internet-Sprache; über 3000 Begriffe verstehen und anwenden. München. 1996

176| Haase, Martin, Michael Huber, Alexander Krumeich & Georg Rehm: „Internetkommunikation und Sprachwandel" In: Weingarten, Rüdiger (Hrsg.). Sprachwandel durch Computer. Opladen. 1997 S. 51-85.

177| Husmann, Heike: Chatten im Internet Relay Chat (IRC). Einführung und erste Analyse. München. 1998

178| Runkehl, Jens, Peter Schlobinski & Torsten Siever Sprache und Kommunikation im Internet. Überblick und Analysen. Opladen. 1998

stellung Identität und Internetkommunikation neue Aspekte ab. Für das Jahr 2000 lässt sich eine verstärkte Auseinandersetzung mit dem Thema beobachten, die sich insbesondere in zahlreichen Sammelband- bzw. Zeitschriftenbeiträgen niederschlägt (so etwa Gallery[179], Kelle[180], Klemm & Graner[181], Sassen[182], Schlobinski[183], Schmidt[184]). Ein weiterer Beitrag von Schlobinski[185] in 2001 hat zwar keine genuin chat-spezifische Auseinandersetzung zum Ziel, jedoch spiegelt seine thematische Ausrichtung das auch in weiten Bevölkerungsteilen latente Interesse hinsichtlich des Einflusses von Fremdwörtern über die Kommunikationsform Chat wider. Eine eigenständige Publikation legt Beißwenger[186] 2000 in Form einer veröffentlichten Magisterarbeit vor, der daran anknüpfend 2001 den Sammelband „Chat-Kommunikation" publiziert. Für dasselbe Jahr sind weiter die kontrastiv (deutsch/französisch) angelegte Magisterarbeit von Dittmann[187], wie auch die explorativ angelegte Diplomarbeit zu Motiven der Chat-Nutzung von Fix[188] zu nennen. Eine Publikation aus dem Jahr 2002 liegt durch den Text von Wirth[189] vor.

Chatsysteme finden sich wie angesprochen auf den freien IRC-Servern aber auch als Bestandteile von Webangeboten. Die Kommunikationsformen sind prinzipiell identisch, obwohl sie laut Döring Unterschiede aufweisen:

> „Diese verschiedenen Chat-Varianten unterscheiden sich in technischer, aber auch in sozialer Hinsicht: Sozial relevant ist einerseits der zur Verfügung stehende Satz kommunikationsrelevanter Optionen, andererseits aber auch die Zusammensetzung der jeweils involvierten Nutzungs-Population"[190]

179| Gallery, Heike: „'bin ich-klick ich' - Variable Anonymität im Chat" In: Thimm, Caja (Hrsg.). Soziales im Netz. Sprache, Beziehungen und Kommunikationskulturen im Internet. Opladen. 2000 S. 71-88.
180| Kelle, Bernhard: „Regionale Varietäten im Internet - Chats als Wegbereiter einer regionalen Schriftlichkeit?" In: Deutsche Sprache, Nr. 4. 2000 S. 357-371.
181| Klemm, Michael & Lutz Graner: „Chatten vor dem Bildschirm: Nutzerkommunikation als Fenster zur alltäglichen Computerkultur" In: Thimm, Caja (Hrsg.). Soziales im Netz. Sprache, Beziehungen und Kommunikationskulturen im Internet. Opladen. 2000 S. 156-179.
182| Sassen, Claudia: „Phatische Variabilität bei der Initiierung von Internet-Relay-Chat-Dialogen" In: Thimm, Caja (Hrsg.). Soziales im Netz. Sprache, Beziehungen und Kommunikationskulturen im Internet. Opladen. 2000 S. 89-108.
183| Schlobinski, Peter: „Chatten im Cyberspace" In: Eichhoff-Cyrus, Karin M. & Rudolf Hoberg (Hrsg.). Die deutsche Sprache zur Jahrtausendwende. Sprachkultur oder Sprachverfall?. Mannheim. 2000 S. 63-79.
184| Schmidt, Gurly: „Chat-Kommunikation im Internet - eine kommunikative Gattung?" In: Thimm, Caja (Hrsg.). Soziales im Netz. Sprache, Beziehungen und Kommunikationskulturen im Internet. Opladen. 2000 S. 109-130.
185| Schlobinski, Peter: „Anglizismen im Internet" In: Stickel, Gerhard (Hrsg.). Neues und Fremdes im deutschen Wortschatz. Aktueller lexikalischer Wandel. Berlin New York. 2001 S. 239-257.
186| Beißwenger, Michael: Kommunikation in virtuellen Welten: Sprache, Text und Wirklichkeit. Eine Untersuchung zur Konzeptionalität von Kommunikationsvollzügen und zur textuellen Konstruktion von Welt in synchroner Internet-Kommunikation, exemplifiziert am Beispiel eines Webchats. Stuttgart. 2000
187| Dittmann, Miguel: Sprachverwendung im Internet. Untersuchungen zur Nutzung des Internet Relay Chat (IRC) in Deutschland und Frankreich. Norderstedt. 2001
188| Fix, Tina: Generation @ im Chat. Hintergrund und explorative Motivstudie zur jugendlichen Netzkommunikation. München. 2001
189| Wirth, Uwe: „Schwatzhafter Schriftverkehr. Chatten in den Zeiten des Modemfiebers" In: Münker, Stefan & Alexander Roesler (Hrsg.). Praxis Internet. Kulturtechniken der vernetzten Welt. Frankfurt/Main. 2002 S. 208-231.
190| Döring, Nicola: Sozialpsychologie des Internet. Die Bedeutung des Internet für Kommunikationsprozesse, Identitäten, soziale Beziehungen und Gruppen. In: Internet und Psychologie. Neue Medien in der Psychologie. Hrsg. v. Bernad Batinic. Bd. 2. Göttingen u.a. Göttingen; Bern; Toronto; Seattle: Hogrefe. 1999 S. 95

Die technischen Voraussetzungen und Kommunikationsoptionen differieren innerhalb der verschiedenen Chatsysteme ebenso, wie das jeweilige Klientel. Ein Chat auf einer Webseite für Finanzberatung wird natürlicherweise andere Sprachformen aufweisen als ein Chat auf einer Jugendseite. Trotzdem sollten die Chatsysteme nicht generell differenziert betrachtet werden, denn auch wenn der Grad der Nutzung sprachlicher Mittel differiert, sind die Schemata doch ähnlich. Ob und wie stark außersprachliche Handlungen durch Emoticons und Ähnliches kompensiert werden können, hängt natürlich neben der Klientel auch davon ab ob das Chatsystem grafisch eigens gestaltete Smileys anbietet. In jedem Fall ist diese spezielle Form der Echtzeitkommunikation nur in Chaträumen zu beobachten. Diese recht lebensnahe Form der elektronischen Kommunikation birgt natürlich die Gefahr, anstatt zusätzlich zur Kommunikation in einer realen Situation verwendet zu werden, deren Platz ersatzweise einzunehmen:

> „Es gibt einen Punkt der Entwicklung, an dem Menschen, wenn sie nur online miteinander verkehren, nicht mehr produktiver, sondern unproduktiver werden. Wenn sie dann noch einen Schritt in die Kreativität tun wollen, müssen sie wieder miteinander sprechen, sich anfassen und berühren, sich umarmen und sich gegenseitig fühlen."[191]

Rusch glaubt, dass man auf die Face-to-Face-Kommunikation nicht verzichten kann, und dass sie auch nicht zu ersetzen ist. Auch für die Kommunikation im Cyberspace sind die Erfahrungen aus der Face-to-Face-Kommunikation notwendig.

Die Face-to-Face-Kommunikation ist wichtig für alle kommunikations- und medientechnologischen Veränderungen und Entwicklungen. In der Geschichte der Kommunikations- und Medientechnik wurden Entwicklungen immer mit der Leistung und den kommunikativen Möglichkeiten der Face-to-Face-Kommunikation verglichen. Um Nachteile und Schwächen auszugleichen, gab es immer neue Entwicklungen. Inzwischen befinden wir uns

> „an der Schwelle zur ‚technischen Reproduzierbarkeit' der Face-to-Face-Kommunikation im Cyberspace"[192]

191| Rusch, Gebhard: From Face-to-Face to Face-to-"Face". Zehn Schritte von der mündlichen Kommunikation zum Cyberspace. Habilitationsvortrag an der Universität-GH Siegen, 21.10.1998
192| a.a.O.

Rusch bezeichnet diese Entwicklung auch als „from face-to-face to face-to-face, oder genauer: from face-to-face to (cyber-)face-to(cyber-)face". Das Ziel der Entwicklungen ist also immer die Annäherung bzw. die Nachahmung der Face-to-Face-Kommunikation, beziehungsweise die Herstellung persönlich bekannter und vertrauter Verhältnisse.

Für außerordentlich wichtig hält Rusch, dass sich "ein transmedialer Typus reiner Rezeptionsmedien als eine Art Meta-Genre entwickelt. Dies führt zu einer Auflösung von Sender und Empfänger, zu einer Entkopplung von Kommunikator und Rezipient und zu einer Unabhängigkeit von Medienproduzent und Medienrezipient. Die Produkte der Massenmedien sind reine Rezeptionsangebote – Produzenten versuchen nicht bestimmte Botschaften zu senden, und Rezipienten suchen nicht nach solchen Botschaften.

KOMPENSATION PARA- UND AUSSERSPRACHLICHER MITTEL BEI DER CMC

Wir begegnen bei dieser Form der Echtzeitkommunikation generell einem weit höheren Einfluss der mündlichen interaktiven Kommunikation auf die Schriftsprache. Allein die Geschwindigkeit der Frage-Antwort-Sequenzierungen entspricht in einem Chat-Room eher einem gesprochenen Dialog als einem intentional schriftbasierten Medium. Durch die Gleichzeitigkeit der Chat-Kommunikation werden höhere mechanische Ansprüche an die Teilnehmer gestellt und die Fähigkeit auf einer Computertastatur zu schreiben beeinflusst den Kommunikationsfluss und den Schreibstil. Hat der User bei den bisher besprochenen Formen der computerbasierten Kommunikation immer noch ausreichend Zeit seinen Text noch einmal zu lesen bevor er ihn veröffentlicht, stellt der Chat höhere Anforderungen in der Verarbeitungs- und Reaktionsgeschwindigkeit an sein Gegenüber. Wie in der Netiquette der Newsgroups zu lesen war, wird im Usenet sogar das erneute Lesen eines Beitrags vor der Veröffentlichung gefordert. Im Chat wäre eine solch bedachte Vorgehensweise höchst uneffizient. Chats sind eindeutig konzeptionell mündlich angelegt, wobei sich die Nähe der Gesprächpartner untereinander zusätzlich auf die medial schriftliche Umsetzung der Kommunikation auswirken. Durch die hohe Schreibgeschwindigkeit finden sich neben tastaturbedingter Schreibfehler mehr Satzteile, die durch Akronyme zusammengerafft werden Emoticons und Inflektive die die intentional mündlichen para- und außersprachlichen Sprachbestandteile kompensieren.

Im Gegensatz zur asynchronen Kommunikation gibt es bei der Chat-Kommunikation deutliche Hinweise auf eine quantitative Relevanz konzeptioneller Mündlichkeit. So kann die häufige Verwendung von Emoticons als Ersatz für verbale und nonverbale Ausdrücke gesprochener Sprache gesehen werden:

> „Das, was im Gespräch Gesprächspartikeln und Interjektionen, Prosodie, Mimik und Gestik funktional leisten, wird im Chat durch Smileys und andere Mittel ausgedrückt"[193]

Dieser Ersatz, der von Haase u.a. als emulierte Prosodie bezeichnet wird, findet sich auch in der Betonung bestimmter Ausdrücke durch Einbettung in Asteriske (s.u.) wieder, wie ein Beispiel aus ihrem IRC-Korpus zeigt:

> <Karin> Horst: Ich habe neulich Theo getroffen.
> <Horst> Karin: *DEN* Theo?[194]

Runkehl u.a. interpretieren auch das Auftreten von Regionalismen als „typische Übernahmen aus der gesprochenen Sprache"[195], wobei vorwiegend phonologische oder phonetische Merkmale übernommen würden (z. B. kommst =>kommscht, was =>wat.) Des Weiteren stellen sie eine große Häufigkeit von Tilgungen (z.B. habe =>hab, komme =>komm) und Assimilationen fest, die zusammen mit den Emoticons ca. 1% der Wortformen im Korpus ausmachen. Die halb so häufig wie Tilgungen vorkommenden Assimilationen treten vor allem beim es-Pronomen und den Personalpronomen der 2. Person Singular auf. Zum Beispiel „war es =>wars, hast du =>haste". Ein weiterer Beleg für sprechsprachliche Faktoren sei „ein relativ hoher Gebrauch umgangssprachlicher Lexik". Auch die orthographische Richtigkeit und Zeichensetzung wird nicht konsequent eingehalten. Eher haben sich andere Konventionen, wie zum Beispiel Großschreibung als Ersatz für Schreien und generelle Kleinschreibung aus zeitökonomischen Gründen etabliert. Runkehl u.a. begründen das Aufweichen schriftsprachlicher Normen folgendermaßen:

193| Runkehl u.a., 1998: a.a.O. S. 99
194| Aus: Haase, Martin; Huber, Michael; Krumeich, Alexander & Rehm, Georg: Internetkommunikation und Sprachwandel. In: Weingarten, Rüdiger (Hg.) (): Sprachwandel durch Computer. Opladen; Wiesbaden: Westdeutscher Verlag. 1997 S. 68
195| Runkehl u.a., 1998: a.a.O. S. 103

„Während die bisher behandelten graphostilistischen Mittel direkte Kodifizierungsmittel sprechsprachlicher Eigenschaften bilden, sind Kleinschreibung und die Aufgabe der konventionellen Zeichensetzung (...) nur indirekt Abbildungen der gesprochenen Sprache. Wenn Chatten ein schriftlich kodifizierter Modus des Sprechens ist, so können orthographische Konventionen wie Groß- und Kleinschreibung und Zeichensetzung prinzipiell aufgegeben werden, da die Normen und Konventionen des schriftlichen Diskurses nicht mehr in ihren strikten Formen gelten müssen. Je mehr ein Chat einer umgangssprachlichen Konversation sich annähert, desto wahrscheinlicher finden wir eine konsequente Kleinschreibung, die auch aus zeitökonomischen Gründen angewendet wird, und die Aufgabe von Satzzeichen, insbesondere von satzfinalen Zeichen, nicht zuletzt auch deshalb, weil der Satzbegriff hier selbst problematisch wird."[196]

Das Internet erlaubt jeder angeschlossenen Person oder Personengruppe, sich ohne viel Aufwand einem oder mehreren anderen Internetteilnehmern weltweit mitzuteilen. Kommunikation wird globaler und öffentlicher. Wie bereits angesprochen, sind viele Chat-Plattformen Bestandteil von größeren Websites: Die intentional interaktionsfokussierte Plattform der Chat-Diskussion durchmischt sich so mit der intentional monodirektionalen Kommunikationsformen des Webauftritts. Die interaktionsfokussierten Formen sind E-Mail als elektronische Post, Chat, Usenet und Foren. Die intentional monodirektionale Form ist die Internetpublikation. Wobei diese Form nie in Reinkultur zu finden sein wird, denn nahezu jede Internet-Publikation bietet zumindest die Option, dem Ersteller eine E-Mail zu senden. Größere Websites beinhalten neben den redaktionellen Inhalten auch Chats und Foren. Andererseits bieten auch reine Chat-Plattformen neben der Interaktionsmöglichkeit redaktionelle Bestandteile und sei es nur die Chatiquette[197], quasi der Benimmkatalog innerhalb des Chats. (Siehe Anhang „Die Chattiquette")

WEBLOGS

Weblogs oder in der synonymen Kurzform auch Blogs genannt, haben ein immenses Medienecho ausgelöst. Technisch gesehen sind Blogs einfach abgespeckte Foren: Ein Autor schreibt seinen Text in eine vorgegebene Maske, der Beitrag steht sofort lesbar im Netz und die Leser können das Geschriebene anschließend kommentieren. Bei beiden Varianten benötigt weder der Schreiber noch

196| Runkehl u.a., 1998: a.a.O. S. 100
197| Quelle: http://www.chatiquette.de

der Kommentator irgendwelche HTML-Kenntnisse, der Text wird in ein Feld eingegeben und die Formatierungsmöglichkeiten sind sehr überschaubar. Der große Unterschied liegt in der medialen Ausrichtung und in der großen Resonanz die das „Bloggen" bei Lesern und Publizierenden ausgelöst hat. Innerhalb eines Weblogs können mehrere Autoren in Erscheinung treten oder nur ein einzelner. Kommentare sind im Allgemeinen zulässig, können aber von den Betreibern bearbeitet oder gelöscht werden. Ähnlich wie in einem Diskussionsfaden innerhalb einer Newsgroup oder in einem Forenthread können sich auch in einem Weblogs lange Diskussionen entwickeln und Querverweise eingefügt werden. Eine verbindliche Definition was man von einem Weblog erwarten sollte, kann eben so wenig gegeben werden wie bei einer Internetsite, denn mit Blog-Systemen lassen sich nicht nur grafisch simpel gemachte Tagebuch-ähnliche Weblogs erstellen, auch ganze Webauftritte basieren letztlich auf Blogs. Für den Schreiber ist es allerdings bei einem Blog sehr viel einfacher seine Texte zu ändern oder neue Beiträge einzustellen, als beispielsweise bei einer statischen Website die in HTML gebaut wurde.

AUFBAU

Ein Weblog ist folgendermaßen aufgebaut: Unähnlich einem Forum, in dem jeder User einen eigenen Gesprächsfaden eröffnen kann, sind im Weblog nur festgelegte Autoren in der Lage, Beiträge zu erstellen. In einem Gruppenweblog mit mehreren Autoren enthält jeder Beitrag den Namen oder selbst erdachten Nickname des Verfassers. Diese Namensangaben sind üblicherweise mit separaten Seiten verlinkt, in denen die Autoren den Lesern über eine eigene Profilseite weitere persönliche Informationen zur Verfügung stellen können. In Weblogs die nur von einem Einzelnen betrieben werden, ist meist eine Seite „Über mich", „About" oder „Autor" zu finden. Einige Autorinnen und Autoren bevorzugen die Anonymität und verraten nichts über sich. Andere stellen sich persönlich vor und geben auch ihre E-Mail-Adresse bekannt. Die einzelnen Weblog-Einträge werden chronologisch aufgelistet und sind verschiedenen Kategorien zugeordnet, wobei die Kategorisierung vom Autor aktiv vergeben wird.

Meist sind auf der Startseite des Blogs kurze Auszüge der neuesten Beiträge abgebildet. Mit einem Klick kann sich der User den dahinter liegenden vollständigen Text anzeigen lassen. Der Umbruch zwischen Auszug und vollständigem Text wird vom Autor selbst definiert, damit er selbst festlegen kann, wie viele Sätze notwendig sind, um das Thema des Beitrags bereits im Auszug darzustellen. Immer wenn ein neuer Text addiert wird, rutschen die älteren Auszüge nach unten. Auf frühere Beiträge kann über eine Archiv-Funktion zugegriffen werden, die die Beiträge wiederum nach Datum oder Kategorie sortiert auflistet. Die einzelnen Texte in Weblogs können auch über so genannte Permalinks aufgerufen werden, die das System automatisch erzeugt. Das hat den Vorteil, dass Lesezeichen auf einen bestimmten Artikel gesetzt werden können und dieser auch noch im Zugriff steht, wenn der Auszug beispielsweise von der Startseite verschwunden ist.

TRACKBACK

Weblogs bieten außerdem die Möglichkeit, über Trackbacks Verknüpfungen zu anderen Blogs herzustellen. Auf der Beitragsseite ist in diesem Fall eine Trackback-URL zu sehen. Ebenfalls können zwischen den Kommentaren Trackback-Meldungen erscheinen. Trackback ist ein System, mit dem ein Hinweis auf einen Beitrag zum gleichen Thema in einem anderen Weblog hinterlassen werden kann.

Beispiel: User A und B betreiben jeweils ein Weblog. Wenn User A bei User B im Weblog einen interessanten Beitrag entdeckt und in seinem eigenen Blog ebenfalls einen Beitrag zu diesem Thema verfasst, kann er sich per Trackback auf den Beitrag von User B beziehen. Wenn User A will, dass die Leser von Beitrag B auch seinen Beitrag beachten, schickt er einen Trackback-Ping an die Trackback-URL, die in User Bs Beitrag angegeben ist. Jetzt erscheint im Weblog B ein Verweis mit einem kurzen Textauszug zu Weblog A. Dieser Trackback-Ping kann direkt beim Verfassen des neuen Beitrags über die Weblog-Eingabemaske eingefügt werden. Falls das Weblog-System keine Trackback-Funktion zur Verfügung stellt, können Pings auch über ein so genanntes Trackback-Ping-Formular beispielsweise von Simpletracks[198] gesendet werden.

KOMMENTARE

Weblog-Einträge können im Normalfall von jedem Leser sofort kommentiert werden. Bei einigen Systemen kann eine Login-Pflicht zum kommentieren vom Betreiber eingestellt werden. Die Kommentare sind ebenfalls meist direkt über einen eigenen link zu erreichen. Die Anzahl der Kommentare wird dann neben dem Namen beziehungsweise dem Nickname des Autors im Auszug dargestellt. Das Formular für Kommentare besteht normalerweise aus den Feldern „Name" und „Kommentar". Bei einigen Weblog-Systemen ist zusätzlich noch die Angabe von

198| Simpletracks: http://kalsey.com/tools/trackback/

E-Mail und URL, also link auf die Webseite des Kommentierenden, erforderlich. Auf der Kommentarseite wird jeder Kommentar mit dem Namen des Verfassers angezeigt. Die Angaben E-Mail und URL werden unterschiedlich gehandhabt. Die E-Mail-Adresse wird bei Systemen, die eine Angabe erfordern, nicht öffentlich zugänglich angezeigt. Sie dient einzig dem Weblogbetreiber zur Kontaktaufnahme mit dem Kommentarschreiber. Bei Systemen, die eine Angabe frei stellen, wird die E-Mail-Adresse meist öffentlich dargestellt, die URL ist dann in der typischen Formatierung als Link zu sehen.

BEITRÄGE UND SEITEN

Weblogs sortieren die einzelnen Beiträge wie gesagt anhand der Kategorie und des Datums. Neben den Beiträgen gibt es noch die Möglichkeit, starre Seiten anzulegen. Diese werden über die selbe Maske gefüllt wie normale Beiträge, enthalten aber allgemeine Angaben wie zum Beispiel das oben angesprochene Autorenprofil, Kontaktdaten oder Linklisten. Auch wenn neue Beiträge zugefügt werden, verschwinden diese Seiten meist nicht aus dem Blickfeld beziehungsweise werden layouttechnisch permanent sichtbar auf der Startseite verlinkt.

***Abbildung 19** Startseite Weblog*

***Abbildung 20** Weblog-Eingabemaske*

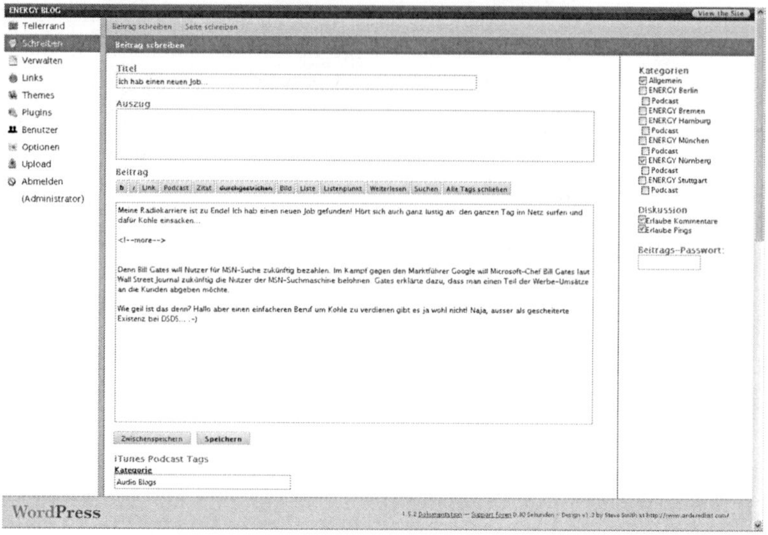

RSS-FEEDS[199]

RSS ist die Abkürzung für „Really Simple Syndication" und stellt eine Technologie dar, die es dem Nutzer ermöglicht, Inhalte oder Teile einer Webseite zu abonnieren. Die neuen Inhalte werden dadurch automatisch auf den Computer oder ein anderes Endgerät des Abonnenten geladen, sobald sie veröffentlich sind. Dadurch bekommt der Abonnent die jeweils neuesten Informationen automatisch und bequem geliefert. Das Abonnement ist aber nicht auf reine Text-Inhalte beschränkt, Verwendungen wie beispielsweise in Podcasts zeigen, dass man auch Audio- oder Video-Inhalte via RSS abonnieren kann, die dann beispielsweise auf tragbare Musikplayer wie beispielsweise iPods geladen werden. Die Bereitstellung von Daten im RSS-Format nennt man auch RSS-Feed. Die RSS-Technologie hat sich vor allem dank der Blogs durchgesetzt, da die meisten Blogger sehr früh RSS-Feeds für ihre Artikel anboten. Da die Inhalte via RSS in einem standardisierten Format vorliegen, wird RSS verwendet, um Artikel oder deren Kurzbeschreibungen auf Webpräsenzen zu speichern und in maschinenlesbarer Form bereitzustellen oder gegebenenfalls maschinelle weiter

199| Vergleiche: http://de.wikipedia.org/wiki/Weblog

zu verarbeiten. So lassen sich mittels RSS beispielsweise Texte einer Webseite automatisch in einen anderen Webauftritt integrieren. Das findet vor allem bei Nachrichtenmeldungen Verwendung. Ein RSS-Feed oder Newsfeed besteht aus einer XML-Datei, welche den reinen strukturierten Inhalt bereithält, aber keinerlei Layout, keine Navigation oder sonstige Zusatzinformationen beinhaltet. Zahlreiche Webangebote, die regelmäßig Artikel publizieren, stellen eine automatische generierte RSS-Datei mit den neuesten Artikeln zur Verfügung. Ursprünglich wurden RSS-Feeds vorwiegend von Nachrichtenseiten zum Austausch von Inhalten verwendet, einer so genannten Content-Syndication. Mittlerweile haben auch MP3-Download-Portale begonnen, RSS-Feeds zusammen mit Podcasting-Funktionalität einzusetzen.

Ein Benutzer kann nun ein Aggregatorprogramm bzw. einen so genannten Feedreader benutzen, um die für ihn wichtigsten Schlagzeilen und Kurzbeschreibungen automatisch herunter zu laden und die gesammelten Artikel geordnet anzeigen zu lassen. Hierfür benötigt der Aggregator lediglich einen Link auf den RSS-Feed. RSS-Feeds eignen sich auch zur Verarbeitung durch spezialisierte Suchmaschinen. Beispielsweise können die Artikel innerhalb eines RSS-Feeds durch einschlägige Dienste nach Quellen oder Stichworten gefiltert und zu einem neuen RSS-Feed zusammengesetzt werden. Darüber hinaus kann man fremde RSS-Feeds auch in seine Webseite integrieren. Viele Content-Management-Systeme bieten derartige Funktionalitäten. Damit kann man mehrere Informationsströme auf einer einzigen Seite zusammenführen. Der Benutzer muss in diesem Fall nicht mehr alle ihn interessierenden Webpräsenzen separat aufrufen, um sich auf dem Laufenden zu halten. Stattdessen kann er alle Neuigkeiten und Nachrichten zentral abrufen, sortieren und archivieren. Er ruft die entsprechenden Seiten nur dann aktiv auf, wenn er den für ihn interessanten Artikel komplett lesen möchte.

WEBLOG-SYSTEME FÜR DAS CONTENT MANAGEMENT

Wie im Kapitel über Content Management Systeme noch zu sehen sein wird, unterscheiden sich kleinere Webauftritte von großen Portalen unter anderem durch die eingesetzte Technik. Auftritte mit wenigen Seiten und geringer Aktualisierungsrate werden meist direkt in HTML erstellt und anschließend publiziert. Um einen solchen Webauftritt zu verändern, sind gewisse Grundkenntnisse mit HTML-Editoren und FTP-Programmen unerlässlich. Der Auftraggeber eines solchen Auftritts muss sich bei Änderungswünschen im Normalfall an den Designer der Seite wenden, um Texte oder Bilder zuzufügen oder zu verändern. Content Management Systeme hingegen bieten viele Vorteile wie simple Eingabemasken und automatische Verknüpfungen. Die Inhalte werden über Datenbanken komplett unabhängig vom Layout verwaltet. Allerdings sind diese Systeme teuer und der Einsatz rechnet sich im Normalfall nicht für kleinere Websites. Weblog-Systeme füllen diese Lücke indem sie einfache Bedienbarkeit und Trennung von Inhalt und Layout bieten aber bei weitem nicht so aufwändig in der Programmierung sind. Zwar muss die Seite von einem Kenner der Materie erstellt werden, Änderung oder Addierung von Inhalten ist später dann allerdings sehr simpel. Die Option, Beiträge kommentieren zu können, kann in diesem Fall einfach deaktiviert werden und nach außen hin unterscheidet sich die Seite nicht von einer statischen Website.

Abbildung 21 *Screenshot Muffsausen.de*

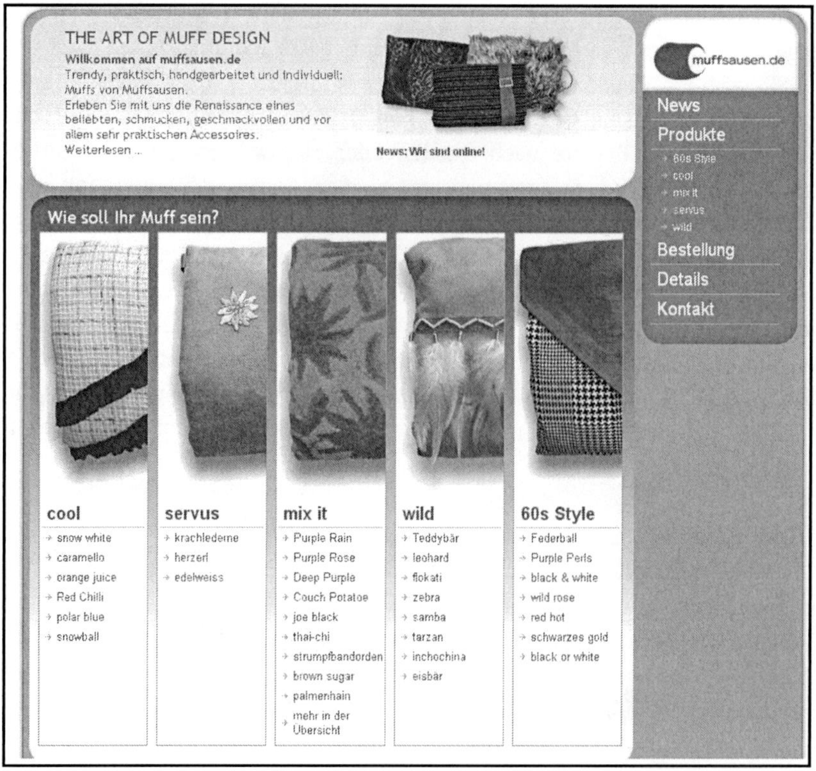

Der Webauftritt für die Firma Muffsausen[200], einem Hersteller von Muffs, wurde mit dem Weblog-System WordPress[201] erstellt. Die Inhaber der Firma können durch dieses System ohne HTML-Kenntnisse jederzeit neue Produkte einfügen und Texte verändern.

DAS WEBLOG ALS MASSENMEDIUM

Oft hört man im Zusammenhang mit der medialen Komponente der Weblogs die Definition digitales Tagebuch, das der Autor der vernetzten Welt offen legt. Für diese Definition spricht, dass Blog-Einträge meist mit Datum versehen sind und chronologisch aufgelistet dargestellt werden. Ungenau ist diese Bezeichnung aufgrund der Tatsache, dass basierend auf der Weblog-Technik auch ganz andere Auftritte realisiert werden können und realisiert werden. Ob es sich also um persönliche Ereignisse oder um interessante Linksammlungen handelt, ist einzig der Entscheidung des Schreibers überlassen.

Typische Weblog-Arten sind[202]:

- Erzähl-Weblog
  Geschichten mit literarischem Touch.
- Fach-Weblog
  Diskussion und Austausch von Fachthemen.
- Moblog
  Beiträge von einem mobilen Gerät gepostet; meistens Fotos mit der Handy-Kamera.
- Photoblog
  Abbildung des Alltags in Fotografien.
- Corporate/Business-Weblog
  Mitarbeiter schreiben im Namen einer Firma zu PR-Zwecken.

Alle genannten Weblogs können entweder als Gruppenweblog oder Einzelweblog geführt werden. Im Fall eines Erzähl-Weblogs kann ein Autor beispielsweise seine privaten Sichtweisen oder seine Stimmung in bestimmten Situationen veröffentlichen. Auch das ist ein grundlegender Unterschied

200| http://www.muffsausen.de
201| Informationen zum WordPress Weblog-System http://wordpress.org/

zu einem normalen öffentlichen Forum: Es wäre in einem Forum eigenartig platziert, spräche jemand regelmäßig über seine Erlebnisse mit seinem Hund oder schrübe sich täglich seinen Liebeskummer von der Seele. In einem Blog ist genau das oft Zweck der Publikation und findet je nach Schreibstil auch seine Leser. Wie bei jedem Webauftritt, hängt die Zahl der Leser von vielen Faktoren wie Bekanntheit des Angebots, Qualität und Aktualisierungsfrequenz ab. Manch privates Weblog wurde aber schnell populär, weil es der Autor oder die Autoren verstanden haben mit ihrem Text eine große Zahl an Menschen anzusprechen. Oder aber die Beiträge enthalten ungewollte Komik und der link zu solch einem Blog wird schnell über E-Mails, Foren-Einträge oder Links in anderen Blogs im Netz verbreitet.

DER EINSATZ VON WEBLOGS ALS JOURNALISTISCHES FORMAT IST WEITERHIN UMSTRITTEN.[203]

Jochen Bittner, Redakteur der Zeit, versucht den Trend aus Übersee zu erklären: Ein neues Format namens Weblogs hält seit einigen Jahren Einzug ins Internet und findet mittlerweile auch in Deutschland eine große Leserschaft. Nur eine Modeerscheinung? Oft geht es um private Themen. Deshalb werden Weblogs vielfach auch als Netz-Tagebücher gehandelt. Aber auch als Linksammlungen oder Community-Plattform können sie verstanden werden. Grundsätzlich steht fest: Weblogs sind zurzeit ein brandheißes Thema und das wohl freieste Format in der Medienwelt. Zum einen wegen der möglichen Vielfalt publizistischer Inhalte, zum anderen, weil nahezu jeder die Möglichkeit hat, sich in einem Weblog als Autor zu versuchen. Gerade die letztere Tatsache sorgt im Journalismus für große Aufruhr. Gegner des neuen Formates sehen darin eine Gefahr für die klassischen Medien - vor allem durch einen Qualitätsverlust der publizistischen Inhalte. Hierbei stützen sie sich auf das Argument, dass die Artikel unzensiert ins Netz gestellt werden können und die Autoren oft keine klassische Journalistenausbildung genossen haben. Ute Miszewski von der Spiegel-Gruppe ging in einem Pressegespräch noch einen Schritt weiter: Sie behauptete, dass journalistische Texte ausschließlich von denjenigen geschrieben werden können, die eine entsprechende Ausbildung genossen haben. Tatsächlich werden diese Ansprüche in der deutschen Blogosphäre nur selten erfüllt. Zwar schreiben zunehmend auch Journalisten Netz-Tagebücher, doch vom traditionellen Journalismus sind sie dabei meist weit entfernt. Laut Jochen Bittner „sollten journalistische Beiträge in Weblogs

202| Quelle: Weblog FAQ von Stefan Bucher. http://stefanbucher.net/weblogfaq/
203| Quelle: Dorner, Andi u.a. http://www.ojour.de/forschung/journalistische_weblogs_haupttext1.php

das Tagesgeschehen widerspiegeln, einordnen oder kritisch begleiten." Vorstufen und Experimente in diesem Sinne gab und gibt es häufig. Auf der Website des SWR[204] beschreibt Multimedia-Reporter Martin Ebbing seine Erfahrungen und Erlebnisse im Krisengebiet Irak anhand Weblog-artiger Einträge. Bereits 1997 machte auch Spiegel Online erste Gehversuche und veröffentlichte ein Produktionstagebuch zur „Panamericana"-Serie von Spiegel TV, das Weblog-ähnliche Züge trug.

Doch seinen eigenen Anforderungen an ein journalistisches Weblog scheint in Deutschland nur Bittner selbst gerecht zu werden. In „Beruf Terrorist"[205] schreibt er über die aktuellen Geschehnisse im globalen Kampf gegen den Terror. Nicht nur, dass er Informationen geballt und top-aktuell ins Netz stellen kann. Er nutzt Querverlinkungen, um damit den Leser tiefer in die Thematik einsteigen zu lassen. Zusätzlich können die Einträge direkt kommentiert werden, was der Autor als große Nähe zum Leser begrüßt. Zu den erfolgreichsten Umsetzungen im Netz zählen die so genannten Warblogs. In unverblümter Sprache und in einer Aktualität, mit der die gängigen Medien kaum noch Schritt halten können, lassen die Warblog-Autoren ihre Leser die Geschehnisse in Kriegsgebieten hautnah miterleben. Zu den legendärsten gehört unbestritten das Weblog von Salam Pax[206]. Während des Krieges im Irak informierte und kommentierte der junge Iraker direkt aus Bagdad. In seinem Blog kam vieles zur Sprache, was in der westlichen Berichterstattung nicht oder nur kaum Erwähnung fand. Salam Pax erreichte dadurch einen so großen Leserkreis, dass ihm der Guardian[207] einen Vertrag als freier Mitarbeiter anbot.

Doch nicht nur die Warblogs bestimmen die Tragweite des Phänomens. Der gewaltige Publikumserfolg einzelner Weblogs wie bei der BBC[208] oder dem Guardian bringt sogar Print-Medien das Zittern bei. Ann Moore - Chefin des Time-Verlages - findet die unkontrollierten Medien im Web beängstigender als die im kommerziellen Sektor stattfindende Medienkonzentration.

Problematisch wird es tatsächlich bei der Klärung, wer für veröffentlichten Inhalte letztendlich die Verantwortung trägt. In vielen Fällen sind der Autor und der Herausgeber ein und dieselbe Person. Weblogs mit journalistischem Inhalt

204| http://www.swr.de/swr2/specials/nordirak/index.html
205| http://blogg.zeit.de/bittner/
206| http://dear_raed.blogspot.com/
207| http://www.guardian.co.uk/
208| http://www.bbc.co.uk/

verlangen daher genaue Angaben im Impressum. Aussagen wie die von Ann Moore wird man in der deutschen Journalisten-Szene momentan wohl noch selten finden. Die Bedeutung von Weblogs wird hier eher unterschätzt. Viele Medienschaffende kennen das neue Format nur vom Hörensagen. So zum Beispiel Gerd Stegmaier, Ressortleiter bei Focus-Online, der zugibt, den Begriff „Weblogs" nur beim Belauschen eines Gesprächs aufgeschnappt zu haben. Eine Verwendung kam für ihn und sein Automobil-Ressort bisher nicht in Frage. Einen ähnlich skeptischen Standpunkt vertritt auch Jörg Sadrozinski[209], Redaktionsleiter bei tagesschau.de[210]. Zwar startete dort erst kürzlich das Weblog eines Hörfunk-Korrespondenten in Washington zu den US-Präsidentschaftswahlen. Doch die Grundhaltung bei tagesschau.de gegenüber der neuen Form der Berichterstattung bleibt weiterhin kritisch. Sadrozinski zweifelt an einer erfolgreichen Durchsetzung des Formates: „Eine kleine Anzahl wird sich halten können, aber generell messe ich dieser Form keine große Bedeutung bei."

209| http://www.ojour.de/forschung/interview_sadrozinski.php
210| http://www.tagesschau.de/

DAS WORLD WIDE WEB ALS MASSENMEDIUM

Wie bereits im Vorwort angesprochen, ist es eine der Hauptaufgaben des Internet-Publizierenden, seinen Webauftritt aus der Masse zu heben. Dieser Aufgabenstellung müssen sich zwar alle professionell Medienschaffenden stellen, aber durch die Natur des Internet ist nicht sofort offensichtlich, ob eine professionelle Plattform, ein redaktionelles Konzept und eine Rezipienten-gerechte Aufbereitung hinter einen Auftritt steckt oder ob sich nur ein cleverer Privatmensch einen griffigen Domainnamen reserviert hat. Jede Privatperson kann ohne viel technischen Aufwand im Internet publizieren und die Qualität eines Auftritts ergibt sich erst bei näherer Betrachtung. Eine Publikation im Print-, Radio- oder TV-Bereich am Markt zu positionieren ist dahingegen nur mit sehr viel höherem technischem und finanziellem Aufwand zu bewerkstelligen.

MEDIENVERGLEICH

Eine Möglichkeit die Medien generell zu kategorisieren, ist die Unterteilung in Primär-, Sekundär- und Tertiärmedien. Unter dem Begriff Primärmedien werden im Allgemeinen Medien zusammengefasst, die ohne den Einsatz technischer Mittel funktionieren. Als Beispiel wird allgemein die freie Rede oder eine Theateraufführung genannt. Was für die freie Rede noch gelten mag, hat heutzutage für das Theater kaum noch Bestand, weil eine Theaterproduktion inzwischen einen immensen technischen Aufwand darstellt. Sekundärmedien sind Medien, bei denen technische Mittel nur auf der Senderseite eingesetzt werden, wie zum Beispiel beim Druck von Zeitungen. Tertiärmedien schließlich setzen den Technikeinsatz sowohl auf Senderseite wie auch auf Empfängerseite voraus, also TV, Hörfunk und Online.

Eine sinnvollere Unterteilung könnte folgendermaßen aussehen: Bei welchem Medium muss sich der Rezipient konzentriert mit dem Inhalt befassen um ihn zu verstehen und welches Medium beliefert den Nutzer quasi nebenbei mit Information oder Unterhaltung. Zur ersten Kategorie zählen Print und Online, denn das Lesen eines Texts und das Browsen durch Internetseiten erfordern aktive Beteiligung des Lesers beziehungsweise Surfers. Das Fernsehen lässt es durchaus zu, dass sich der Zuschauer nebenbei mit anderen Dingen beschäftigt. Das Radio ist sogar intentional ein Nebenbei-Hör-Medium und nicht dazu angelegt, konzentriert gehört zu werden. Die meisten Radioprogramme sind mit einem sehr hohen Musikanteil gekoppelt und nur die Wortanteile müssen konzentriert gehört werden, um dem Programm folgen zu können.

Im Moment betrachten wir die Medien getrennt, denn Crossmedia-Strategien und Synergie-Effekte innerhalb größerer Companys die mehrere Medien parallel anbieten, werden später noch besprochen.

LINEARE – NONLINEARE MEDIEN

Die Klassifizierung, die für den Publizierenden den größten Unterschied darstellt, ist die Unterteilung in linear und nonlinear. Radio und TV sind klassische lineare Medien. Sämtliche Beiträge müssen in der Zeitabfolge hintereinander gesetzt werden und sind exakt in Sekunden begrenzt. Das hat in der Programmgestaltung zwei Komponenten: Es ist nur der exakt vorgegebene Platz zur Verfügung, mehr kann nicht gesendet werden. Andererseits muss der vorhandene Platz aber auch exakt gefüllt werden. Sollte also ein Beitrag ausfallen, muss Ersatz in exakt derselben Länge gefunden oder das komplette Programmschema umgebaut werden. Die Rezeption von TV und Radio muss exakt der Zeitlinie folgen. Es bereits gesendeter Beitrag kann nicht noch einmal gehört oder gesehen werden, es sei denn über eine optional zusätzlich angebotene Webseite des Mediums. Um aktiv auf die Programmrezeption Einfluss zu nehmen, haben Hörer und Zuschauer nur eine Möglichkeit: Den Kanal zu wechseln oder das Gerät auszuschalten.

Die Printpublikation ist typischerweise zwar in ihrer Rezeption freier, allerdings ist der exakte Umfang der Publikation fest vorgegeben. Ein großer Vorteil gegenüber TV- und Radiorezeption besteht darin, die Lesegeschwindigkeit selbst bestimmen zu können. Die absolute Geschwindigkeit beim Lesen ist ebenso dem Rezipienten überlassen wie der Zeitpunkt des Lesens selbst. Vor allem aber ist die Reihenfolge der gelesenen Artikel nicht relevant für das Gesamt-Verständnis. Bei Romanen oder längeren Textstrecken ist der Lesefluss zwar innerhalb des Texts intentional so veranlagt, dass das Buch oder der Artikel linear von vorne nach intern durchgelesen wird; ob das tatsächlich aber auch so stattfindet, ist dem Leser überlassen. Die Reihenfolge der gelesenen Artikel bei Zeitungen oder Zeitschriften ist nicht intentional vom Publizierenden vorgegeben, für eine vollständige Aufnahme aller Inhalte einer Zeitschrift ist es irrelevant, ob die Zeitschrift linear oder nonlinear gelesen wird. Tatsächlich liest kaum ein Leser einer Zeitschrift das Druckwerk von vorne nach hinten durch. Kleinteiliges wird im allgemeinen als erstes aufgenommen: News-Meldungen, Leserbriefe, kleine bunte Artikel. Bei längeren Artikeln werden zuerst die Bildinformationen abgefragt, dann die Bildunterschriften gelesen und schließlich der Lead beziehungsweise der Vorspann des Artikels. Wenn dieser ansprechend geschrieben ist und der Leser die Zeit aufbringen möchte den Artikel komplett zu lesen, liest er ihn auch. Eine saubere inhaltliche Struktur, eine sinnvolle Gliederung und der Einsatz von sinnvollen Zwischenüberschriften tun ein Weiteres, den Leser im Text zu halten.

Ein Beitrag kann bei Bedarf mehrfach gelesen werden, ein unverständlicher Textteil ebenfalls. Das bedeutet allerdings nicht, dass im populären Printbereich mit sehr viel komplizierten Formulierungen gearbeitet werden kann. Radiomacher führen gern das Argument ins Feld, Radio- oder TV-Moderation zu texten sei aus ebendiesem Grund schwieriger, weil der Hörer beziehungsweise Zuschauer nur eine Chance hat, den Text akustisch aufzunehmen. Nur muss man bedenken, dass die wenigsten Leser sich die Mühe machen werden, einen kompliziert formulierten Satz so oft zu lesen, bis er verstanden wird. Die Wahrscheinlichkeit, dass der Leser einfach an dieser Stelle abbricht und er dadurch verloren ist, ist viel zu hoch. Daher muss bei allen textbasierten Medien unbedingt auf eine saubere Strukturierung und Formulierung geachtet werden.

Die Art der Rezeption von Internetseiten ist völlig dem User überlassen. Reihenfolge, Geschwindigkeit und Tiefe der gelesenen Artikel bestimmt der User völlig selbständig. Im Gegensatz zu den anderen aufgeführten Medien ist nicht nur die Rezeptionsgeschwindigkeit und die die zeitliche Abfolge frei wählbar, auch die Tiefe die Informationen kann aktiv selbst bestimmt werden. Je nach Artikel können sehr viele Unterpunkte mit weiterführenden Informationen auf derselben oder externen Website verknüpft sein. Die absolute Masse der Inhalte auf einer Online-Publikation unterliegt kaum technischen Beschränkungen, sondern wird aus redaktionellen Gründen gewählt und wächst kontinuierlich. Ob ein Beitrag auf den Webseiten bestehen bleibt oder nicht mehr im Zugriff des Users sein soll, ist eine rein redaktionelle Entscheidung. Technisch ist der Umfang kaum eingeschränkt. Auch Informationen die potentiell veralten können, wie zum Beispiel Tagesaktuelle Themen, werden auf großen Nachrichtenportalen archiviert und können auch im Nachhinein noch abgerufen werden. Zeitlich unkritische Informationen können sich innerhalb eines Webportals fast unbegrenzt anhäufen. Es ist schlichtweg unmöglich, alle Informationen aufzunehmen, die auf einer professionell gestalteten Website angeboten werden. Neuere Beiträge werden zum Beispiel durch Erwähnung auf der jeweiligen Startseite eher in den Fokus des Nutzers gerückt, die alten Informationen bleiben aber im Hintergrund meist bestehen und werden in irgendeiner Form archiviert und können bei Bedarf verknüpft werden. Diese Artikel können dann meist nur über automatisch generierte Archivseiten, Suchfunktionen und ähnliches zielgerichtet aufgerufen werden.

REZEPTIONSFORMEN

Printmedien sind mobil. Um eine Printpublikation wahrzunehmen, ist kein zusätzliches Gerät erforderlich, wie es bei TV, Radio und Online der Fall ist. Das Medium wird quasi komplett und rezeptionsfertig geliefert. Das hat den Vorteil, dass eine Zeitschrift mit auf Reisen genommen oder mehrfach gelesen werden kann. Der Nachteil allerdings: Der Inhalt und die Gesamtmenge sind statisch. Der Umfang ist exakt vorgegeben und auch für den jeweiligen Leser weniger interessante Teile des Magazins müssen mit transportiert werden. Das Medium das man in Händen hält, wird sich außerdem nicht mehr verändern. Bestimmte Teile werden sogar veralten und nach einiger Zeit falsche Informationen transportieren.

Mobilität ist ebenfalls beim Radio gegeben. Radioapparate können leicht, klein und immens preisgünstig produziert, gekauft und auf Reisen mitgenommen werden. Nicht zuletzt deshalb sind die Autofahrer für Radiomacher mit eine der interessantesten Zielgruppen. Das Thema Mobilität wird im Allgemeinen auch redaktionell integriert, zum Beispiel in regelmäßigen Durchsagen zur Verkehrslage, zum lokalen Wetter oder zu Verkehrskontrollen. Auf die Programmteile in der „Drive-Time", sprich den Zeiten an denen die meisten Verkehrsteilnehmer im Auto Radio hören, wird programmgestalterisch ein Hauptaugenmerk gelegt. Das schlägt sich redaktionell in aufwändig moderierten Morgen-Sendungen und auch in den Sekundenpreisen für die Werbeblöcke während dieser Zeiten nieder.

TV-Geräte sind kaum mobil und die Programmgestaltung bezieht den mobilen Zuschauer kaum ein. Tragbare TV-Geräte sind nicht der Regelfall, denn der tatsächliche Bildschirm ist meist zu klein dimensioniert um die Inhalte ansprechend präsentieren zu können. Die Rezeption von Webseiten ist ebenfalls an ein Gerät gebunden, meist an einen PC. Der Ort der Rezeption unterliegt daher gewissen Einschränkungen. Zwar ist es auch möglich, sich an einem portablen PC über ein Mobiltelefon ins Internet einzuwählen, aber die Verbindungsgeschwindigkeit ist gering und die Kosten sind hoch. Eine Initiative zur Mobilmachung des Internet hat beispielsweise die Betreiberfirma FIWM - Förderkreis IT- und Medienwirtschaft München e.V.[211] gestartet: Im englischen Garten ist es seit 2002 möglich, sich nach Zahlung einer Gebühr über Wireless LAN direkt auf der grünen Wiese ins Internet einzuwählen.

211| http://www.e-garten.net

***Tabelle 6** Medien-Vergleich:*[212]

Print	Radio	TV	Online
Leser hat die volle Zeit- und Verfügungsmacht	Hörer ist an zeitlichen Ablauf der Sendung gebunden	Zuschauer ist an zeitlichen Ablauf der Sendung gebunden	User hat die volle Zeit- und Verfügungsmacht: Selbst Live-Elemente wie Chat, Ton und Film können zu beliebigen Zeitpunkten abgerufen und wiederholt werden.
Kann: blättern, weg legen	Kann: weg hören, weg schalten	Kann: nebenbei etwas anderes tun, zappen	Kann: auswählen, anklicken, etwas eingeben, weg surfen
Linearer Text, optische Textelemente und Bilder bieten Leseanreize und helfen beim Zurechtfinden und Verstehen	Akustische Verpackungselemente, stimmliche Signale und Wiederholungen dienen dem raschen Zurechtfinden auch beim Nebenbei-Hören	Optische und akustische Signale, Farben, Wiederholungen, Wechselspiel Standbild / Bewegtbild, gesprochener / eingeblendeter Text vermitteln Information und Gesamtbild	Text-, Ton- Bild- und Filmelemente werden zu einem Tel eingeblendet, zum größten Teil hat derUser ihre Abfolge in der Hand. Text-, optische und akustische Signale helfen bei der Navigation
Journalist schreibt Text, illustriert mit Fotos und Grafik	Journalist spricht und illustriert mit Klangelementen	Journalist schreibt Drehbuch, agiert vor und hinter der Kamera	Journalist schreibt Drehbuch zum „Selberspielen" für den User
Rückmeldung per Leserbrief (Anruf, Fax E-Mail ...) der gedruckt wird	Hörertelefon, „Wunschsendungen" Gewinnspiele zur Hörerbindung	Anrufe, Zuschauerpost, -faxe und E-Mails, Rate- und Gewinnspiele digitale Abstimmungen, Reality-TV	E-Mails nicht nur an Journalisten, sondern auch der User untereinander, Echtzeit-Chat mit geladenen Gästen und den anderen Usern, WebCams, LiveStreams, zeitversetzte Diskussionsforen, interaktive Abstimmungen, eigene Beiträge (Text, Ton, Bild) der User

212| Gabriele Hoofacker: Online-Journalismus, Hrsg: Walther von la Roche, Econ Ulstein List Verlag GmbH 2002, S. 28 f.

TECHNISCHE BESCHRÄNKUNGEN DER MEDIEN

Die Beschränkungen der Medien haben teilweise technische Gründe: Die Größe des Fernsehbildes hängt von der Größe des Apparates ab, die Relation Breite zu Höhe ist meist fix. Neuere Geräte bieten eine zusätzliche Wahlmöglichkeit der Darstellung des Videobilds in den Verhältnissen 3:4 oder 16:9. Das Videobild wird in Zeilen geschrieben und je nach Fernsehapparat mit 60 oder 100 Hz wiedergegeben. Die Einzelbilder werden dabei ähnlich einem belichteten Kinofilm in so genannte Frames unterteilt. Gesendet werden jeweils nacheinander zwei Halb-Frames mit denselben Bildinhalten, wobei im ersten Halbframe die Zeilen 1,3,5 usw. geschrieben werden und im zweiten Halbframe die Zeilen 2,4,6, usw. Radiosender können nur Audiosignale in Stereo senden. Die Reichweite unterliegt der Sendeleistung, die Musik- und Sprachqualität unterliegt nicht zuletzt der Güte des Endgeräts. Bei der Erstellung von Printmedien unterliegen die absoluten Seitenzahlen auch produktionstechnischen Regeln: Meist werden Magazin im Bogendruck hergestellt und können dadurch nur in Schritten von 16 Seiten erweitert oder verkürzt werden, da ein so genannter „Nutzen" jeweils 16 Seiten enthält. Auch wenn eine dieser 16 Seiten einen Vierfarbdruck erfordert, muss der komplette Nutzen im Vierfarbdruck erstellt werden. Die Farbigkeit selbst unterliegt ebenfalls einer gewissen Einschränkung: Aus den Grundfarben Schwarz, Rot, Gelb und Blau werden alle anderen Farben durch Überlagerung erzeugt. Das so genannte CMYK-Raster: Cyan, Yellow, Magenta, Black. Falls also eine Mischfarbe, beziehungsweise eine andere als die Grundfarbe eingesetzt werden soll, muss immer der Vierfarbdruck gewählt und auch bezahlt werden.

Webseiten werden über Computerbildschirme aufgerufen und unterliegen daher in der Darstellung ähnlich dem Fernsehen der absoluten Größe des Bildschirms. Generell ist eine Internetseite von der Aufmachung her stark am Print orientiert, das heißt vorwiegend wird mit Text und Bild gearbeitet. Der Text wird direkt am Bildschirm gelesen. Bei Bedarf kann sich der Leser allerdings auch einzelne Seiten ausdrucken. Internetseiten können so umfangreich, so farbig und so multimedial sein, wie es der Redakteur für sinnvoll erachtet. Die thematische Tiefe, der Umfang und die konkrete multimediale Umsetzung müssen sich fast nur rein redaktionellen und konzeptionellen Überlegungen unterwerfen.

Trotzdem gibt es auch für Internetseiten Einschränkungen und wie überall auf der Welt birgt eine nahezu grenzenlose Freiheit auch große Gefahren: Technische Spielereien können sich verselbständigen, grafische Elemente können den eigentlichen Inhalt komplett überlagern und so ist es auf manch einer Webseite schwierig, sich überhaupt zurechtzufinden. Außerdem birgt Hypertext auch die Gefahr, dass die eigentliche Plattform schon lange verlassen wurde, ohne dass der User es überhaupt bemerkt hat.

Auf rein technischer Seite ist einer der Hauptfaktoren für das publizistische Gelingen einer Seite eine schlanke Ladezeit. Die Ladezeit ist konkret die Zeit, die zwischen der Eingabe einer URL oder Klicken eines Links bis zum Aufbau der Seite auf dem Computerbildschrim vergeht. Viele Faktoren die die Ladezeit beeinflussen, hat man bei der Produktion von Webseiten nicht im Zugriff. Wie schnell sich eine Webseite letztlich aufbaut, hängt von vielen Einflüssen ab: Unter anderem von der Art des Internetzugangs beim User Zuhause. Noch sind Stand- oder DSL-Leitungen nicht in jedem Haushalt Standard und noch kann nicht in alle Haushalte in Deutschland überhaupt DSL geliefert werden. Außerdem differieren auch die Leitungsgeschwindigkeiten der Anbieter ans Internet. Auch die Art der Verbindung zwischen dem Anbieter und allen anderen Anbietern einen Flaschenhals darstellen. Letztlich hat auch die Gesamtmenge des Traffic innerhalb des Internets insgesamt zu einer gewissen Tageszeit Auswirkung auf den Endkunden.

Was man tun kann: Falls eigene Server zur Verfügung stehen und diese in einer so genannten „Co-Location“ gehostet werden sollen, sollte man einen Provider wählen, der selbst eine schnelle Verbindung zum Internet und ein gutes „Peering“ zu anderen Providern bietet. „Peering“ bedeutet, große Anbieter haben direkte Leitungen zu großen Endkunden-Providern wie AOL oder Telekom. Viele große Provider betreiben außerdem eigene Glasfasernetze zu weiteren Standorten und eigene Knotenpunkte. Der technischen Ausstattung der Server selbst sind kaum Grenzen gesetzt, falls sehr große Datenmengen vorgehalten werden sollen, sollte entsprechend viel Festplattenkapazität vorhanden sein. Der Liveserver selbst, sprich der Computer, der die Internetseiten an die Endkunden ausliefert, benötigt einen entsprechend schnellen Prozessor um etwaige Programme ausführen zu können und schnellen Zugriff auf die abgerufenen Daten. Im Normalfall benötigt ein professioneller Auftritt drei physikalisch getrennte Serversysteme: einen Liveserver, einen Produktionsserver, falls ein Content Management System zum Einsatz kommt, und einen Backupserver um etwaige Ausfälle kompensieren zu können. Alle Server werden im Normalfall zusätzlich noch durch Bandlaufwerke oder Ähnliches gesichert um bei einem Totalausfall die Daten wieder aufspielen zu können.

Falls man aber keine eigenen Server betreiben möchte, sondern sich, wie die meisten Internetauftritte, nur Webspace mietet, hat man auf Faktoren wie Peering keinen Einfluss. Worauf man sehr wohl im Einfluss hat, ist die Datenmenge, aus der die publizierten Webseiten bestehen. Der wichtigste Faktor für die Konsumierbarkeit am Endgerät und das globale Datenaufkommen stellen dabei die Dateigrößen der Bilder dar. Bildinformationen können komprimiert werden, indem die Detailtiefe verringert wird. Da Bilder im Internet meist von der Ausdehnung her nicht sehr groß sind, ist eine hohe Detailtiefe nicht notwendig und im Regelfall kann eine 50-prozentige Komprimierung verwendet werden. Eine Faustregel besagt, dass Bilder im Schnitt unter 15 Kilobyte Dateigröße liegen sollten. Um die tatsächliche Ladezeit einer Seite zu prüfen, bietet beispielsweise die Plattform „Webmasterplan" einen Ladezeiten-Check an[213]. Dieser Ladezeiten-Check zeigt die Zeit an, die mit verschiedenen Internet-Verbindungen benötigt wird, um die Seite vollständig angezeigt zu bekommen. Ein häufiger Anfängerfehler besteht darin, aufregende Web-Effekte um ihrer selbst Willen einzusetzen. 360° Rundum-Ansichten, Flash-Intros, animierte Grafiken, blinkende Navigationselemente und dergleichen. Abgesehen davon dass die Ladezeiten beim Einsatz solcher Mittel immens anwachsen können, hat kaum ein User die Geduld, sich eine Minute oder länger eine leere Seite anzusehen. Auch dann nicht, wenn er mit wunderschönen Grafiken oder Animationen belohnt wird. Vor allem bei Seiten mit hoher Aktualisierungsfrequenz, die den User zum häufigen Wiederkehren animieren wollen, muss also auf schlanke Ladezeiten geachtet werden.

213| http://de.webmasterplan.com/cgi-local/router.cgi?l=de&p=wmpde&s=opt_load

KONZEPTION UND AUFBAU VON WEBAUFTRITTEN

Die graphische und textliche Darstellung von Informationen eines Unternehmens, einer Institution, einer Interessengemeinschaft, eines Vereins oder einer Privatperson nennt man Website. So präsentieren heute bereits viele Unternehmen, Universitäten, Schulen, Vereine und Privatpersonen ihre Daten, Besonderheiten, Ziele und Interessen im Internet. Zunehmend werden auf den Websites neben Informationen auch Angebote aus den Bereichen Produktion, Handel und Dienstleistungen im weltweiten Netz veröffentlicht. Das englische Wort „site" bedeutet aber nicht Seite, sondern Platz im Verständnis von Stelle, Standort, Firmensitz. Die Startseite einer Website heißt Homepage, von der aus die Besucher der Seite über Links auf andere Seiten der Website geführt werden. Diese Begrifflichkeiten werden im Bereich der Internetpublikationen leider nicht stringent verwendet. So wird der Begriff der Homepage sehr oft synonym für einen kompletten Webauftritt verwendet. Hier soll der Begriff der Homepage allerdings nur die jeweilige Startseite eines Auftritts stehen; also diejenige Seite, die den Einstieg in einen Webauftritt darstellt. Ein Webauftritt muss hierbei sehr viel mehr als Sinneinheit betrachtet werden, denn als technischer Begriff. Webauftritte können in technischer Hinsicht unter einprägsamen Domainnamen zu finden sein, als Subdomains oder in einem beliebigen Unterordner einer Website. Große Provider wie beispielsweise wie T-Online[214], Freenet[215], AOL oder Compuserve, bieten ihren Usern die Möglichkeit, einen Auftritt in ein Unterverzeichnis zu legen. Eine solche URL kann folgendermaßen aussehen: http://ourworld.compuserve.com/homepages/vorname_nachname/.

Folgt man diesem Link, wird ein kompletter Webauftritt geöffnet. Für einen Außenstehenden ist ein solcher Link natürlich kaum zu finden, falls er nicht den kompletten Pfad kennt. Solcherlei Webspace wird meist in Kombination mit Internetzugang und einigen E-Mail-Adressen angeboten.

214| http://t-movies.t-online.de/t-on/dien/home/ar/CP/ar-homepage-plus.html
215| http://www.freenet.de/dienste/homepage/suche/index.html

DOMAIN-NAME

Um einen erfolgreichen Webauftritt aufzusetzen, ist es notwendig, einen griffigen und wieder erkennbaren Domain-Namen zu verwenden. Wie man allerdings mit dem Sachverhalt „Domain-Name" umgeht, hängt davon ab, was man unter dem Begriff versteht. Wie im Kapitel „Aufbau" bereits angesprochen, ist das Internet kein monolithisches Netz. Es besteht aus Millionen Computern verschiedener Bauart, die lokal, national und international über verschiedene Telekommunikationswege miteinander verbunden sind. Diese Computer können miteinander verhandeln, weil man sich darauf geeinigt hat, wie Informationen ausgetauscht werden. Diese Konventionen bezeichnet man als das Internet Protokoll, kurz IP oder TCP/IP[216]. Das Internet ist die Summe der Computer, die über Netzwerke auf diese Art und Weise miteinander kommunizieren. Das Internet wird nicht zentral kontrolliert. Das ist kein Irrtum oder eine Fehlleistung. Ziel der Internetgründer war es, ein Netz aufzubauen, das trotz Ausfällen oder Angriffen weiter funktioniert, auch wenn ein Teil zerstört wird. Praktisch bedeutet das folgendes: Wenn Informationen von einem Punkt zum anderen gelangen sollen, werden diese nicht als Ganzes in einer Leitung auf einmal durchgeschleust. Vielmehr werden die Informationen in Päckchen aufgeteilt um gegebenenfalls über verschiedene Wege den Zielort zu erreichen. Diese Abgangs- und Zielorte nennt man „Hosts" sprich Gastgeber und „Server" also Dienstleister. Von dort werden Informationspäckchen abgeschickt und dort werden sie wieder zusammengestellt und erscheinen als Gesamtheit.

Um erfolgreich von Punkt A zu Punkt B zu gelangen, müssen diese Päckchen eindeutig adressiert werden. Diese Adresse nimmt die Form einer Nummernfolge in einem bestimmten Format, zum Beispiel 123.100.12.123. Diese Nummer nennt man eine IP-Adresse. Jeder Host hat eine originäre IP-Adresse. Es wäre allerdings äußerst mühsam, bei allen Verschickungsaktionen diese Nummer einzugeben; ganz abgesehen davon, dass die Memorierbarkeit einer solchen Nummer für eine publizistische Arbeit höchst kontraproduktiv wäre. Domains sind also eigentlich nur eine nützliche Gedächtnishilfe für die Nutzer des Internets. Um die Adressierung memorierbarer zu machen, führte man Namen für die Host-Computer ein. Gleichzeitig teilte man diese Namen bestimmten Bereichen zu. Diese Bereiche nannte man Domains. Die Art der Domains erkennt man an den letzten Zeichen nach dem letzten Punkt. Ein Beispiel: In der Adresse http://

216| transmission control protocol/internet protocol

www.webextend steht die Endung „de" für die so genannte „top level domain" Deutschland. Das Partikel „webextend" steht für den Hostnamen oder häufig auch „second-level domain name" genannt. „www" beschreibt, um welches Internet-Dienst es sich handelt, in diesem Fall das World Wide Web. Das Ganze nennt man dann korrekt „fully qualified domain name". In der Regel kürzt man die komplette Adresse mit der Bezeichnung „Domain-Namen" ab.

Die Domain-Namen werden in Datenbanken abgelegt, die festhalten, welche IP-Adresse zu welchem Domain-Namen gehört. Diese für den Benutzer unsichtbare Dienstleistung wird Domain Name Service (DNS) genannt. Während der Domain-Name gleich bleibt, können die IP-Adressen sich ändern, wenn eine Firma beispielsweise den Standort seiner Server wechselt oder ein Privatanwender einen anderen Anbieter, sprich Provider, wählt. In den DNS-Tabellen ist ebenfalls festgelegt, welcher Server für die E-Mail-Adressen dieser Domain zuständig ist. Das muss weder derselbe Computer sein wie derjenige, der die Webseiten ausliefert, noch muss sich der E-Mail-Server physikalisch am selben Ort befinden. Die Zuständigkeiten werden einzig und allein über die DNS-Tabellen festgelegt.

Das DNS ist hierarchisch aufgebaut. An seiner obersten Stufe stehen die Top Level Domains (TLDs). Unterhalb der TLDs können nun einzelne Second Level Domains, oder auch kurz nur Domains genannt, registriert werden (zum Beispiel webextend.de). Die verschiedenen Hierarchiestufen werden dabei durch einen Punkt getrennt. In folgender Abbildung hätten die Betreiber hierarchisch unterhalb der Domain „uni-ffm" stehend, zusätzlich die Möglichkeit, die Subdomains http://www.uni-ffm.de ebenso wie http://informatik.uni-ffm.de einzurichten. Als zusätzliche Stufe könnte beispielsweise auch http://students.informatik.uni-ffm.de für eine Sektion, die für Informatikstudenten gedacht ist, genutzt werden.

Abbildung 22 *Struktur des Domain Name System (DNS)*[217]

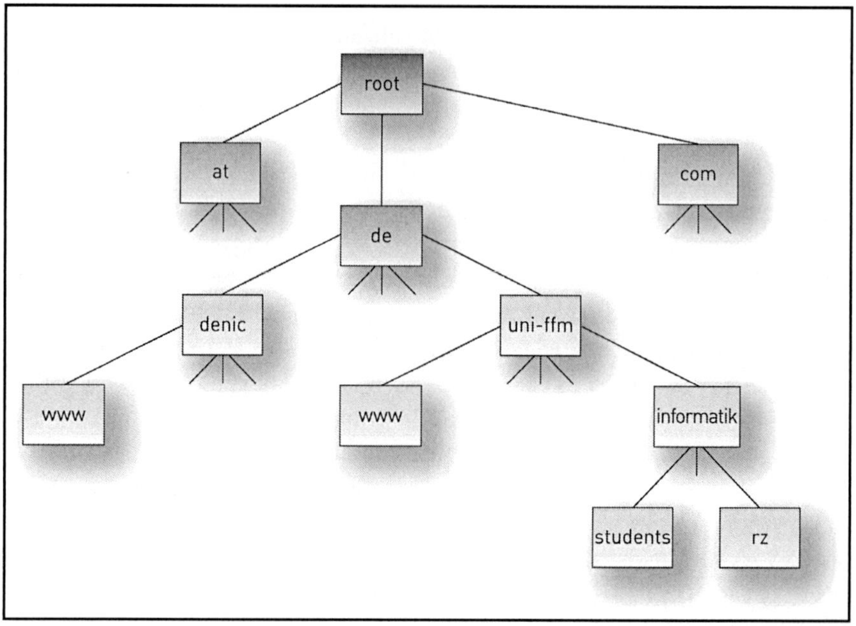

In dem Maße, wie das Internet kommerziellen Zwecken dient und private Anwender zunehmen, gewinnt der Domain-Name an Bedeutung. Anhand dieses Namens und nicht anhand einer IP-Nummer werden Firmen im Netz angewählt und wieder gefunden. Internetnutzer gehen mit diesem Adressierungssystem immer selbstverständlicher um, auch wenn sie nicht wissen, was es im Einzelnen bedeutet. Das führt dazu, dass Anbieter von Produkten und Dienstleistungen annehmen können, dass ein Internetanwender beispielsweise eine deutsche Firma zu finden versucht, indem er „www.firmenname.de" eingibt. Wenn angenommen werden kann, dass die gesuchte Firma ihre Internetpräsenz in den USA hat, probiert er es mit www.firmenname.com. Erst bei Misserfolg wird eine Suchmaschine eingesetzt, um die gewünschte Firma oder Dienstleistung zu finden. Mit anderen Worten: der Konsument verbindet gedanklich automatisch den Domain-Namen mit dem Firmennamen. Die Sicherung eines Domain-Na-

217| Quelle: Denic Domain Verwaltungs- und Betriebsgesellschaft eG, http://www.denic.de/de/domains/allgemein/index.html

mens ist nicht mehr wie in Zeiten eines reinen Wissenschaftsnetzes eine Frage persönlicher Vorlieben, sondern wird Teil einer Marketinggesamtstrategie. Der Domain-Name ist der Schlüssel und das Aushängeschild jeder Website. Je durchdachter die Domain gewählt wird, desto besser gelingt die Kommunikation zwischen einem Unternehmen und potentiellen Kunden.

MARKENRECHT BEI DOMAINNAMEN

Wichtig ist, dass der Domain-Name natürlichen oder juristischen Personen gehört, während die IP-Adresse einem Host-Computer zugeordnet wird. Dieser gehört zwar auch menschlichen Wesen, aber nicht unbedingt demjenigen, der den Domain-Namen besitzt. Das Internet ist kein rechtsfreier Raum. Wie jedoch dieser Raum im Bezug auf Domain-Namen gestaltet wird, hängt davon ab, was man unter „Domain-Name" versteht. Da es noch keine ausdrückliche Regelung für den Umgang mit Domain-Namen gibt, greift die Rechtssprechung auf bekannte Phänomene zurück. Bei dem Versuch die vorhandene Gesetzeslage (die eben keine virtuellen Welten kennt) in eine angemessene Rechtssprechung umzusetzen, werden Analogien gebildet. Die am häufigsten anzutreffenden Hilfskonstruktionen sind, ein Domain-Name sei wie .....

eine Adresse

eine Telefonnummer

ein Eigenname

ein geographischer Ort

ein Firmenname

eine Radiokennung (zum Beispiel Gong 96.3, ENERGY 93.3 etc.)

eine Marke (Trademark)

In den USA und in Deutschland setzt sich die Vorstellung durch, dass die Rechtslage der Domain-Namen weitgehend dem Markengesetz (in den USA trademark law) und das Gesetz gegen unlauteren Wettbewerb unterliegt. Wahrscheinlich haben bislang wenige Unternehmen die Benennung ihrer Internetpräsenz unter diesem Blickwinkel betrachtet. Gerade bei kleineren Firmen fehlt häufig jegliche Klärung des Namens hinsichtlich rechtlicher Kollisionen. Da man mit dem Schritt ins Internet weltweit präsent wird, treten dann häufiger Konflikte mit dem Namens-, Marken- und Wettbewerbsrecht auf - Probleme, die vorher verborgen blieben. Grundkenntnisse im Markenrecht und eine Strategie für eigene, möglichst starke Namensschutzrechte sind für jeden Betrieb erforderlich. Häufig kann durch eine Markenregistrierung das Risiko verringert werden. Grundsätzlich kann von der Faustregel ausgegangen werden: Markenrecht geht vor Domainrecht. Wenn sich eine Privatperson einen geschützten Markennamen als Domain-Namen reserviert, wird er den Domain-Namen dem Inhaber dieser Marke abtreten müssen, sobald derjenige es verlangt.[218]

WEBSEITE – WEBSITE – HOMEPAGE

Eine Website ist, wie bereits angesprochen, die Gesamtheit von Webseiten unter einem gewissen Domainnamen. Der Begriff Homepage wird vor allem im privaten Bereich ebenfalls oft als Synonym für einen kompletten Webauftritt verwendet. Streng genommen ist die Homepage aber nur die Startseite einer Website. Von einem Portal spricht man im Allgemeinen bei großen Websites, die Inhalte zu verschiedenen Themengebieten bündeln und vorstellen. Meist sind in einem Portal mehrere sachlich aufeinander bezogene Fachgebiete vereint, so dass diese Seiten eine Sammlung aller relevanten Themen darstellen. Trotzdem können die Begriffe Homepage- Website oder Portal nicht strikt getrennt werden, weil die Nomenklatur nicht verbindlich geklärt ist.

PRIVATE WEBSEITEN

Private Webauftritte[219] sind in Tiefe und Gestaltung so unterschiedlich, dass sich kaum ein klassisches Bild zeichnen lässt. Meist stellt sich nur eine Privatperson oder eine Familie der Internetgemeinde vor, wobei auch hier die Detailtiefe natürlich individuell unterschiedlich sein kann. Bei der Erstellung einer

218| Siehe hierzu auch den Punkt Domain-Recht bei Online-Recht.de http://www.online-recht.de

privaten Homepage kann davon ausgegangen werden, dass nur eine begrenzte Zahl an Besuchern zu erwarten sein wird. Meist besuchen nur persönliche Bekannte oder Menschen mit denselben Hobbys und/oder Interessen wie der private Homepage-Betreiber die entsprechende Seite. Wie oben bereits angesprochen, kann die exakte URL eines privaten Auftritts auch nur innerhalb eines Unterordners zu finden sein ohne mit einem leicht memorierbaren Domain-Namen verknüpft zu werden. Für einen Außenstehenden wird dieser Auftritt kaum zu finden sein. Falls ein Pauschalangebot eines Internetproviders für den privaten Auftritt gewählt wurde, ist dieser Webspace meist in der Gesamtgröße oder dem möglichen Traffic[220] begrenzt. Für die Erstellung selbst sind oft Baukastensysteme mit vorgefertigten Elementen zu finden, die auch der technisch unbedarfte User mit Inhalten füllen kann. Bei solchen Baukastensystemen sind, ähnlich einem Content Management System, Inhalt und Layout getrennt. Der Anwender muss also nur die Inhalte einfügen, das Erscheinungsbild nach außen ist vom System größtenteils vorgegeben.

Je nach Intention und Mitteilungsdrang erstellen aber auch Privatanwender sehr aufwändige Seiten mit dynamischen Inhalten oder interaktiven Elementen. Die Motivation zur Erstellung der Seite differiert von Anbieter zu Anbieter ebenso stark wie die Gestaltung. Eine private Homepage kann von der simplen Visitenkarte bis hin zum Interessenportal jeder Tiefe erreichen. Sie kann eine oder mehrere hundert Seiten enthalten. Interaktive Elemente wie Gästebücher und Foren werden in privaten Homepages ebenfalls gerne eingesetzt. Der Anbieter freut sich, wenn ihm die Besucher seiner Seite eine Nachricht hinterlassen und die Besucher der Seite können sehen, was andere Besucher für Kommentare zu der Seite abgegeben haben. Eine Gefahr ergibt sich allerdings beim Einsatz interaktiver Elemente: Das Gästebuch kann zur unkontrollierten Spielwiese für Spaßvögel und der Betreiber des Gästebuchs gesetzlich für die Inhalte haftbar gemacht werden.

KOMMERZIELLE WEBSEITEN

Die klassische Website von kommerziellen Unternehmen oder größeren Organisationen kann in zwei Zielgruppen unterschieden werden: Richtet sich der Webauftritt von Business-Partner an Business-Partner (B-to-B) oder vom Business-Partner an potentielle Endkunden sprich „Customer" (B-to-C). Beide Versionen stellen das Unternehmen an sich vor und bieten je nach Ausrichtung mehr

219| Eine Auflistung privater Homepages findet man z.B. unter http://de.dir.yahoo.com/Gesellschaft_und_Politik/Menschen/Private_Homepages/

220| Als Traffic wird die Gesamtheit der Daten bezeichnet, die von der Webseite ausgehen. Internetseiten die sich nur auf Text und Bild beschränken, erreichen kaum nennenswerte Traffic-Raten.

oder weniger Einblicke in Leistungen und Portfolio. Die B-to-B-Seite richtet sich gezielt an Partner aus dem Geschäftsbereich[221]. Die Webauftritte von größeren nichtkommerziellen Organisationen wie Rotes Kreuz oder die Kirchen werden hier nicht gesondert betrachtet, da die Projektierung und die Umsetzung denselben Gesetzmäßigkeiten folgen, wie bei kommerziellen Unternehmungen.

Die sinnvolle Tiefe eines B-to-B-Auftritts hängt von Portfolio, der Zielgruppe und der Firmengröße ab. Oftmals wird der Webauftritt von der Geschäftsleitung als reines PR-Instrument betrachtet, und so finden sich auch bei reinen B-to-B Seiten immens differenzierte Websites, die trotzdem nichts anderes sind, als eine elektronische Firmenbroschüre. Visitenkarten im Business-Bereich dienen vorwiegend dazu, Präsenz im Internet zu zeigen. Eine Webseite bewusst schlank zu halten ist nicht nur eine finanzielle oder technische Entscheidung: Klassische Visitenkarten finden sich zum Beispiel bei Handwerkern, Investmentfirmen oder Werbeagenturen, die dem potentiellen Kunden eher Image als Inhalte vermitteln möchte[222]. Zum Vergleich mit der analogen Welt: Das perfekt dekorierte Schaufenster enthält in diesem Fall nicht das komplette Sortiment, sondern soll den potentiellen Käufer zum Eintreten, beziehungsweise zur näheren Kontaktaufnahme animieren. Erst wenn der Kunde im Laden steht, kann er individuell beraten und für die Produkte oder Dienstleistungen gewonnen werden. Zu hohe Detailtiefe könnte in solchen Fällen eher kontraproduktiv wirken.

Wenn die Seite selbst nur eine grobe Vorstellung der Firma vermitteln soll, kann der grafischen Darstellung viel Aufmerksamkeit gewidmet werden: Die absolute Masse der Inhalte ist gering und die Inhalte müssen kaum schnell und flexibel verändert werden. Eine klassische Visitenkarte im Web besteht daher nur aus einer grafisch ansprechend gestalteten Aufmacherseite, einer Kontaktmöglichkeit, eventuell einem Anfahrtsplan und einer Referenzliste. Meist kombiniert mit einer kurzen Vorstellung der Personen, die hinter der Firma stehen. Die Kontaktseite bietet meist die klassischen Kontaktmöglichkeiten: Post-Adresse, Telefon, Fax, E-Mail-Adressen. Idealerweise mit Auflistung der richtigen Ansprechpartner inklusive Bild und Durchwahlen. Je nach Zielgruppe kann es auch sinnvoll sein, sehr umfangreiche B-to-B Seiten zu konzipieren. Umfangreiche B-to-B-Seiten unterliegen im Allgemeinen denselben Gesetzmäßigkeiten wie B-to-C-Seiten, da hohe Besucherzahlen erzeugt werden sollen oder von hohen Zugriffszahlen ausgegangen wird. Auch wenn die Webseite selbst keine

221| Beispiel: http://www.energy-media.de
222| Beispiel: http://www.promotionhaus.com

unmittelbaren Umsätze generieren soll, können durch den Webauftritt mittelbar Ressourcen im Support und der Beratung beispielsweise eines Händlernetzes freigesetzt werden. Eine entsprechende Budgetierung kann daher durchaus Sinn machen.

Umfangreiche Endkunden-Sites könnten anhand folgender Fragestellungen kategorisiert werden: Wird das Internet als Begleitmedium für Produkte, Dienstleistungen, Medien oder Personen verwendet, sollen die Internetseiten zum Beispiel durch Bestellmöglichkeiten unmittelbar Umsätze erzeugen, oder soll die Seite durch den Verkauf von Werbung Umsätze generieren? Eine klare Trennung ist aber auch hier nicht möglich, da zum Beispiel auch reine Image- oder Produktseiten oft vermarktbare Werbeplätze integriert haben. Falls konkret Produkte zum Kauf angeboten werden sollen, kann über die Website bereits eine gewisse Vorauswahl getroffen, ein System vorkonfiguriert oder Preise und Features verglichen werden. Falls Produkte im unteren und mittleren Preissegment angeboten werden, ist oftmals auch ein Online-Shop mit direkter Bestellmöglichkeit integriert. Hochpreisige oder höchst komplexe Produkte werden hingegen meist nicht direkt online gekauft, sondern nur zu Informationszwecken vorgestellt oder vom Kunden vorkonfiguriert.

Wenn über die Webseite keine unmittelbaren Umsätze erzeugt werden sollen, sondern die Website selbst ein durch Medialeistung vermarktbares Produkt darstellt, wird meist von einem Webportal gesprochen. Hohe Besuchsfrequenzen und eine starke Userbindung, sprich häufige Wiederkehr der User, ist wichtig, um durch ausreichend viele PageImpressions, sprich gesehene Seiten, ausreichend viele vermarktbare AD-Impressions, sprich gezeigte Werbemittel ausliefern zu können.

Bei der Konzipierung einer großen kommerziellen Website muss die grafische oder technische Umsetzung Anfangs ein wenig in den Hintergrund treten, um einer viel existenzielleren Überlegung Platz zu machen: Der Auswahl der Inhalte.

Große Portale bieten meist eine große Menge an Content. Der Content selbst kann aus mehreren Quellen stammen: Entertainment- oder Informations-Portale versuchen eine möglichst große Masse an aktuellen News, Meldungen, Spielen, Bildern, Informationen, multimedialen und interaktiven Inhalten zu liefern, um so einen Wiederkehr-Anreiz für den User zu schaffen. Das Thema Service bietet sich bei Internetseiten ebenfalls an, da die computerbasierte Publikationsform auch Rechenoperationen und Datenbankabfragen zulässt, die der User für sich nutzen kann. Eine weitere Möglichkeit viele User und viel Content zu beschaffen, ist auf User-created Content zu setzen. Das heißt, die User selbst sorgen durch Foren und Chats selbst für die Inhalte.

MULTIMEDIA IM WEB

„Multimedia" wurde 1995 zum Wort des Jahres gekürt, obwohl seinerzeit kaum jemand wusste, was mit dem Begriff genau gemeint ist. Oftmals wurde Multimedia vor allem von der Computer-, Unterhaltungs- und Musikindustrie mit boomenden Märkten und unglaublichen, neuen Möglichkeiten der Medienrezeption gleichgesetzt. Trotzdem bedeutet Multimedia schlicht nichts anderes, als die Kombination mehrerer Medien. Texte, Fotos, Grafiken, Videos, Animationen und Töne verschmelzen mittels Computer und digitaler Technik. In diesem Sine wäre zwar auch Programmfernsehen multimedial, wirkliches Multimedia bietet dem Nutzer aber noch weitere hypertextspezifische Wahlmöglichkeiten. Daher wäre der Begriff „Hypermedia" an sich präziser um wirklich interaktive mehrkanalige Medien zu beschreiben[223]. Die zur Zeit beste Plattform für multimediale beziehungsweise hypermediale Inhalte ist nach wie vor die CD-ROM. Die multioptionale Kombination vor allem von Videos und Tönen braucht sehr viel Speicherplatz und muss schnell auf dem Monitor dargestellt werden. Die Internet-Datenleitungen sind dafür meist noch zu langsam. Zwar sind an sehr vielen Arbeitsplätzen bereits Standleitungen mit sehr hohen Durchsatzraten zu finden, bei Heim-PCs wird allerdings sehr oft noch mit ISDN-Leitungen oder sogar analogen Modems gearbeitet.

Abgesehen von der Übertragungsgeschwindigkeit ist es auch nicht ratsam, eine Fernseh- oder Radiosendung einfach 1:1 ins Internet zu übertragen, denn wo läge da für den Nutzer der Vorteil? Zwar ist es angenehm sich den Tagesschau-Beitrag des vorangegangenen Tages im Internet noch einmal ansehen zu können[224], aber zusätzliche Informationen zu gespielten Titeln oder Hintergrundinformationen zu Fernsehsendungen werden dem Medium besser gerecht. Wozu sollte der Nutzer auch Internetgebühren bezahlen, um denselben Con-

223| Vergl. Meier, Klaus (Hrsg): Internet-Journalismus – Ein Leitfaden für ein neues Medium. 2. überarbeitete und erweiterte Auflage. Konstanz UVK Medien 1999 S. 104 ff.
224| http://www.tagesschau.de

tent zu erhalten, wie bei der qualitativ sehr viel besseren originalen TV- oder Radioübertragung. Multimediale Präsentationen verbinden die Charaktere und Chancen der Einzelmedien. Sie nutzen zur Umsetzung von Themen das jeweilige Darstellungspotential der einzelnen Medien und vermeiden nach Möglichkeit die einzelnen Schwächen. Eine gute multimediale Präsentation im Web zerlegt ein Thema in Informationseinheiten und nutzt dann das jeweils optimale Mittel um die Informationseinheit zu transportieren.

Es können folgende Medien im Web genutzt werden:

TEXT

Grundlegendes Medium ist und bleibt im Internet das geschriebene Wort. Nicht nur weil es schnell übertragen wird und keine großen Ansprüche an Leitungsgeschwindigkeit stellt, sondern weil Texte am besten harte und knappe Informationen transportieren können. Bei aufwändigen Multimedia-Produktionen drängt sich der Text aber nicht in den Vordergrund, sondern nutzt die Kraft der anderen Elemente. Umgekehrt sollte mit Bildern, Animationen, Audiodateien und Videos genau das dargestellt werden, was im Text nicht oder nur schlecht transportiert werden kann.

FOTOS

Das stehende Bild mag in vielen Fällen durch bewegte Bilder, also Videosequenzen abgelöst worden sein. Es hat aber immer noch seine Berechtigung, wenn sich der Charakter oder das wesentliche Detail eines Ereignisses durch eine Momentaufnahme unmissverständlich darstellen lässt. Ein Beispiel hierfür kann zum Beispiel ein Sportfoto vom Zieleinlauf sein. Bei dem Amateurfilm, der die Ermordung John. F. Kennedys zeigte, ging zum Beispiel nicht der Film selbst um die Welt, sondern ein kleiner Ausschnitt als Foto, der stark vergrößert genau den Moment zeigt, in dem Kennedy von einer Kugel getroffen zusammenbrach.[225]

GRAFIKEN

Grafiken können exemplarisch für ein Themengebiet stehen, oder ein Thema veranschaulichen. Bei einem rein sachlichen Artikel können Balkendiagramme die besprochenen Zahlen sehr viel schneller vermitteln, als eine Übersetzung der Werte in reinen Lauftext. Andererseits sind zum Beispiel Computer-Themen

225| Meier 1999 a.a.O. S. 106
226| Atmo ist die Kurzform für „Athmosphäre" und bedeutet den Einsatz von z.B. Hintergrundgeräuschen.

kaum ohne Grafiken machbar, da sich das Thema meist nur sehr schwer naturalistisch darstellen lässt und auf abstrahierende Bildformen zurückgegriffen werden muss. Ein Artikel über Computerviren kann beispielsweise kaum mit konkreten Bildern begleitet werden, daher würde eher mit abstrakteren Collagen aus biologischen Viren und Computerbestandteilen gearbeitet werden.

AUDIO

Die so genannte „Athmo[226]" O-Töne[227], Musik und sonstige Geräusche wirken emotional und verstärken dadurch die Aussage eines Textes, eines Fotos oder einer Videosequenz. Die Kombination aus Tönen und bewegten Bildern sind zur Genüge aus Film und Fernsehen bekannt: Kein Krimi oder Gruselfilm kommt ohne Musik und Geräusche aus. Auch gute Fernsehreportagen setzten bewusst Töne zur emotionalen Verstärkung ein. Für Multimedia und besonders für den Einsatz im Web bietet sich dabei eine Kombination von Text und Ton an: Eine geschriebene Reportage kann durch Original-Geräusche oder ein Original-Interview bereichert und Lieder von beschriebenen Künstlern können zitiert werden.

VIDEO

Nicht alles was im Fernsehjournalismus gemacht wird, eignet sich automatisch für multimediale Präsentationen. Die Fernsehnachrichten nutzen bei weitem nicht das aus, was mit bewegten Bildern erzählt werden könnte. Oft werden sie spöttisch als „illustrierter Hörfunk[228]" bezeichnet. Mit den unzähligen, beliebig austauschbaren Schnittbildern von Pressekonferenzen. Nur Themen dich sich in bewegten Bildern besser erzählen lassen, sollten im Web mit Videosequenzen dargestellt werden. Wichtig ist dabei der Handlungsbogen: Im Video muss sich etwas ereignen, das den Kern der journalistischen Geschichte trifft. Das kann natürlich auch ein Mensch sein, der eine interessante Geschichte zu erzählen hat, aber auf keinen Fall beispielsweise ein Politiker, der Standardsätze von sich gibt. Diese lassen sich sehr viel besser in gekürzter Form im Text wiedergeben. Wenn eine Pressekonferenz in einer Videosequenz gezeigt werden soll, dann nur die Ausschnitte, die den Kern des Beitrags treffen.

227| Kurzform für Original-Ton, sprich beispielsweise die tatsächliche aufgenommene Aussage eines Politikers.
228| Meier 1999 a.a.O. S. 106

ANIMATIONEN

Da Videosequenzen aufwändig produziert werden müssen und lange Übertragungszeiten haben, setzten sich auf den meisten Webseiten Animationen als Bewegt-Bild-Ersatz für Videos durch: Zum Beispiel kann man Fotos und Grafiken als einen Stapel von Bildern erzeugen und wie ein Daumenkino ablaufen lassen. Diese Variante von animierten Bildern wird als Gif-Animation bezeichnet. Es gibt mehrere Möglichkeiten, Animationen für das Web zu produzieren, von der angesprochenen Gif-Animation bis hin zu aufwändigen Programmierungen in der Computersprache Java oder ihren Ablegern Java-Script und Java-Applets. Die derzeit anspruchvollsten Animationen werden im Pogramm „Flash" erstellt, das neben reiner Animation auch gleich ganze Navigationseinheiten und andere interaktive Elemente beinhalten kann. Viele Webauftritte die nur aus wenigen Seiten bestehen, sind inzwischen komplett in Flash gestaltet. Animierte Bilder sind auf zahlreichen Webseiten zu finden und können problemlos in einen Webauftritt eingebunden werden. Die Gefahr beim Einsatz solcher Animationen ist der Einsatz um des Mittels willen. Private Webseiten sind daher oft mit zahllosen tanzenden Bärchen, drehenden E-Mail-Zeichen oder Ähnlichem geschmückt. Professionelle Webseiten gestalten sich mit Animationen meist ein wenig zurückhaltender setzen bewegte Bilder nur dort ein, wo sie der so genannten Usability, sprich Verständlichkeit und Navigierbarkeit dienlich sind. Geschickt eingesetzt, kann dieses stilistische Mittel die Aufmerksamkeit des Lesers auf einen bestimmten Artikel lenken oder als Infografik eine weitere informierende Dimension enthalten.

DIE JOURNALISTISCHE ARBEIT MIT WEBSEITEN

LITERATUR

Zum Thema journalistische Arbeit im Internet ist in der fachwissenschaftlichen Literatur wenig zu finden. Zwar geht Runkehl[229] in seinem Werk „Sprache und Kommunikation im Internet" recht detailliert auf die sprachlichen Eigenheiten in der direkten Kommunikation zwischen Internetpartnern ein, die publizistische Arbeit wird hier aber kaum erwähnt. Werke wie „Online-Journalismus" von Gabriele Hoofacker[230] sind hingegen eher praktische Handbücher für den Online-Journalisten in denen Handwerkszeug vermittelt wird, das zu großen Teilen nicht nur dem Online-Journalisten praktische Hilfe vermittelt, sondern durchaus auch für andere Publikationen gelten könnte. Eine reine Textanalyse von Publikationen im World Wide Web ist im Moment noch nicht verfügbar. Im Internet zu publizieren birgt, aus journalistischer Sicht in Bezug auf den Text, zwar Eigenheiten, aber keine essentiellen Unterschiede zu herkömmlichen Massenmedien, insbesondere nicht zur Publikation im Print. Die offensichtlichen Eigenheiten der Web-Publikaton sind neben der Sprachlichkeit vielmehr in hohem Maße in der besonderen Rezeptionsform, der Nonlinearität und der möglichen redaktionellen Tiefe, der Multimedialität und der Interaktivität zu finden. Die Betrachtung der Erfolge journalistischen Arbeitens mit Webseiten muss daher momentan noch zu großen Teilen anhand von Berichten über praktische Erfahrungen entstehen.

REZEPTION

Lesen im Web findet im Alltag unter Bedingungen statt, die bei der Textproduktion oft nicht berücksichtigt werden. Die Konsequenz: Websurfer „überlesen" den Text. Bildschirmleser sitzen am Schreibtisch. Die Haltung ist angespannt, der Blick auf eine 17 Zoll große Fläche gerichtet. Diese Lesehaltung mag konzentrierter Arbeit förderlich sein. Die meisten Computernutzer empfinden sie aber

229| Runkehl, Jens: Sprache und Kommunikation im Internet - Überblick und Analysen. Jens Runkehl, Peter Schlobinski, Torsten Siever. Opladen, Wiesbaden. Westdeutscher Verlag 1998

230| Hoofacker, Gabriele: Online-Journalismus, Hrsg: Walther von la Roche, Econ Ulstein List Verlag GmbH 2002

nicht als entspannend. Wer lange Texte lesen will, druckt sie aus. Das ist auch heute noch so, obwohl Bildschirmlesen inzwischen zum Alltag gehört. Für eine bestimme Textlektüre wird das Lesen vom Papier bevorzugt. Niemand würde auf die Idee kommen ein ganzes Buch zum Thema „Lesen im Web" am Bildschirm zu lesen. Es ist nicht nur unbequem, es dauert auch länger. Studien in den 80er Jahren ergaben, dass vom Bildschirm um 25 Prozent langsamer gelesen wird als vom Papier.[231] Der Publizierende hat es also mit angestrengten Lesern zu tun. Solange sich Websites nicht über den Fernseher ansteuern lassen sind Ihre Leser auch körperlich angespannt. Diese unbequeme Lesehaltung wird niemand länger als nötig beibehalten. Außerdem ist Internetlesen ein Kostenfaktor: Jede Lesesekunde kostet. Noch zahlt der Leser im Sekundentakt für jede Zeile, die er am Bildschirm lesen will. Der Text sollte also schnell zugänglich sein.

Die Anzeige am jeweiligen Bildschirm differiert. Jeder Webbrowser ist anders. Onlinetexte können von jedem Rechner im Internet abgerufen und gelesen werden. Der Publizierende hat aber nur begrenzt Einfluss darauf, wie Schrift und Grafik auf dem Bildschirm des Lesers dargestellt werden.

DIE TEXTANZEIGE WIRD BEEINFLUSST VON:

- Betriebssystem
- Bildschirmauflösung
- Voreinstellung des Browsers

Im Gegensatz zu Druckmedien kann also nicht definitiv vorausgesagt werden, dass man weiß, wie die Inhalte beim Lesenden ankommen.

Im Vergleich zu Printmedien: Die Auflösung des Monitors beträgt 72 dpi (dots per inch). Wenn auf einem herkömmlichen Drucker die schlechteste Druckqualität eingestellt wird, sind das immerhin noch 150 dpi. Professionelle Druckerzeugnisse werden mit 1200 dpi oder gar 2400 dpi hergestellt. Die vergleichsweise geringe Auflösung stellt besondere Anforderungen an Schrift und Textgestaltung. Nur ein Text, der am Bildschirm gut lesbar ist,

231| von Bossiazky, Gerhard Schub: Nutzer lesen schnell und oberflächlich. Fachhochschule Düsseldorf (message 4/2000) http://www.message-online.com/arch4_00/04schub.htm.
Kolumne zu Lesen vom Papier: In Defense of Print, in: Jakob Nielsen's Alertbox http://www.useit.com/alertbox/9602.html

findet Leser. Typografische Richtlinien lassen sich nicht ohne weiteres vom Druck auf die Monitordarstellung übertragen. Es gibt einige Grundregeln, die bei dem Einsatz von Schrift auf dem Monitor beachten werden sollten:

Typographie[232]: Serifenlose Schriften bieten in den meisten Fällen eine bessere Lesbarkeit. Größere Schriften können, kleine sollten nie als Serifenschriften verwendet werden. Das Glätten der Buchstaben (Antialias) kann das „Verklumpen von Serifenschriften" vermeiden. Für den Bildschirm optimierte Schriften sind: Monaco, Chicago, Geneva, New York und die fürs Web entwickelte Verdana. Häufige Verwendung finden ebenfalls serifenlose Schrift wie Arial und Helvetica. Kursiven oder geneigte Schriftauszeichnungen sind ebenfalls schwerer lesbar. Großbuchstaben vermindern die schnelle Wiedererkennbarkeit eines Wortes. Das Lesen wird anstrengend. Ebenso bereiten verwechselbare Zeichen wie zum Beispiel | I 1 l i | Leseschwierigkeiten. Durchweg empfohlen sind Schriftgrade, die zwischen 10 und 14 Punkt liegen. Bei langen Zeilen verliert das Auge beim Zeilenwechsel leicht den Halt. Das kann durch Spaltensatz vermieden werden. Bei langen Texten ist auf genügend Freiflächen zu achten. Der Text sollte auch in Spalten oder Kapitel getrennt werden. Knappe, lesefreundliche Textpassagen.

Ein hoher Kontrast zwischen Text und Hintergrund verbessert die Lesbarkeit der Seiten am Bildschirm - da sind sich Experten einig. In den EU-Bildschirmrichtlinien heißt es: „Die Positivdarstellung, dunkle Zeichen auf hellem Untergrund, ist zu bevorzugen.[233]"

Aber: Design ist bekanntlich funktionsgebunden. Bei der Gestaltung von Anwenderprogrammen haben sich inzwischen Standards für nutzerfreundliches Design durchgesetzt. Im Web herrschen Modewellen vor. Schwarz auf Weiß hat sich bei der Textverarbeitung bewährt. Dunkel auf Hell, denn strahlendes Weiß ermüdet die Augen. Hell auf Dunkel fördert die Konzentration zum Beispiel bei Programmieranwendungen. Weiß auf Schwarz sorgt bei modernen Seiten für Aufmerksamkeit. Die Textauszeichnung durch Farbe ist ein weiteres Mittel um den Wahrnehmungsprozess eines Lesers zu lenken. Farben auf dem Monitor sind intensiver als Druckfarben.

232| Pirr, Uwe: Schrift auf dem Bildschirm
Humboldt-Universität / Rechenzentrum / Publikationen / RZ-Mitteilungen / Nr. 18/1999
http://www.hu-berlin.de/rz/rzmit/rzm18/8.html
233| nach TU Ilmenau. http://sanus.uni-wuppertal.de/sanus/zeitung/z2/hwergo.html
234| Nielsen, J: Reading on the Web, Alertbox for October 1, Oct. 1997. http://www.useit.com/alertbox/9710a.html

Eine Studie von Jakob Nielson zum Leseverhalten im Web belegt[234]: Surfer lesen eine Seite nicht Wort für Wort sondern überfliegen den Text nur mit den Augen (So genanntes Scanning - deutsch für abtasten). Die Lesegeschwindigkeit ist hierbei dreimal so hoch wie beim normalen Lesen. Kapitel werden angelesen, ganze Absätze überlesen, Textzusammenhänge nicht weiter verfolgt. Scannbarer Text nach Jakob Nielson[235]: Die Informationen sind klar strukturiert. Textpassagen erschließen sich beim ersten Anlesen. Auf den ersten Blick weiß der Websurfer, worum es hier geht. Wer eine Webseite besucht, hat ein Ziel. Untersuchungen haben gezeigt, dass Surfer, die nach Informationen suchen, zielgerichtet vorgehen. Die Augen scannen den Text, um möglichst schnell an die gewünschten Informationen zu kommen. Wird der Suchende nicht gleich beim Anlesen von Sätzen und Textfragmenten fündig, springt er zum nächsten Abschnitt. Alles, was ihn bei seiner Informationsbeschaffung nicht interessiert, wird schlicht übersehen. Mehr als 50 % des Angebotes sind somit quasi überflüssig. Es wird einfach nicht wahrgenommen.

> Informationsarchitektur nach User Interface Engineering[236]:
> Sobald der Besucher das Buch über Webdesign kaufen will, wird er nach Preis und Bestellmöglichkeiten suchen - und wird fündig. Hätte er zum Inhalt scrollen müssen und die Summe zuerst gesehen ... Wer weiß!

Besucher suchen klare, sachliche Informationen in einer Sprache, die sie verstehen. Nielsons Studie hat gezeigt, dass Websurfer einen komplizierten oder zweideutigen Sprachstil ablehnen. Sie wollen genau wissen, was mit einem Wort oder Bild gemeint ist. Ist eine Information nicht eindeutig, reagieren sie ermüdet oder brechen den Vorgang ab. Für inhaltliche Rückbezüge fehlt ihnen der Zusammenhang. Um verwickelten Satzkonstruktionen zu folgen, fehlt ihnen die Ausdauer. Auf Glaubwürdigkeit legen sie großen Wert. Übertreibungen, Phrasen und Reklamestil stoßen in den meisten Fällen auf Ablehnung.

235| a.a.O.
236| User Interface Engineering. http://world.std.com/~uieweb/bookdesc.htm
237| Nach Nielsen a.a.O.

Für die Leser am Bildschirm kann also folgendes festgehalten werden: Der Text wird eilig überfolgen. Die Leser sind angespannt. Textfragmente werden herausgerissen und neu zusammengesetzt. Was Aufmerksamkeit weckt, wird beachtet, alles andere ist uninteressant. Die Leser sind kreativ, sie machen aus dem Text, was sie wollen.

Für das Schreiben im Web kann aufgrund des Leseverhaltens der Zielgruppe folgendes definiert werden[237]:

- Fassen Sie sich kurz.
- Reduzieren Sie Ihren Text aufs Wesentliche.
- Vermeiden Sie lange Sätze.
- Das Wichtigste zuerst.
- Stellen Sie die Zusammenfassung an den Anfang.
- Beginnen Sie Ihren Text mit den Kernaussagen.
- Verwenden Sie Überschriften.
- Bieten Sie Information auf den ersten Blick.
- Arbeiten Sie mit Schlüsselworten.
- Heben Sie hervor, worauf es ankommt.
- Nutzen Sie gezielt Textauszeichnung, Schriftgröße und Farbe
- um die Aufmerksamkeit zu steuern. Zuviel bewirkt das Gegenteil.
- Unterstreichungen sind tabu.
- Bieten Sie Orientierungshilfen.
- Geben Sie Stichworte, erstellen Sie Listen und arbeiten Sie mit Zwischenräumen.
- Schreiben Sie verständlich. Auch einfache, klare Sprache kann anspruchsvoll sein.
- Bleiben Sie sachlich. Bieten Sie kompetente Informationen.
- Seien Sie glaubwürdig.
- Schreiben Sie so, dass Sie Vertrauen erwecken.
- Denken Sie an Ihre Leser!

INHALTLICHE KONZEPTION

Jedes Massenmedium braucht seine Leser, Hörer oder Zuschauer. Nur eine Publikation mit klarem Profil kann man sich von der Masse abheben. Diese Binsenweisheit gilt auch für Online-Auftritte. Für diese sogar im verstärkten Maß, denn die recht problemlose technische Umsetzung einer Online-Publikation erlöst den Publizierenden nicht von der generellen Fragestellung: Was will ich mitteilen und wer soll es empfangen?

Zur Frage inwiefern sich die Internetpublikation von der Publikation in den anderen Medien generell abheben kann oder sollte, gibt es unterschiedliche Sichtweisen.

ZWEI MEINUNGEN:[238]

> „Anders als das Radio und Fernsehen stellt das Intenet nicht wirklich eine neue mediale Form dar. Es geht nicht um die Erfindung eines neuen Journalismus, sondern um die sinnvolle Anpassung bekannter Darstellungsformen."
> Patrick Illinger, Chefredakteur von „sueddeutsche.de"

> „Schluss mit dem langweiligen dpa-, Reuters- und Journalistenverbandsstil - wir wollen eine News-Seite mit frechen, aufrüttelnden Schlagzeilen und einem schnellen, informierenden, aber auch provozierenden Schreibstil!
> Schluss mit dem Missbrauch der Leser als Klick-Vieh - wir wollen den Leser internetgemäß zum Bestandteil der Seite machen. Sie bringen selber Themen und Stories auf ..."
> „Thema-1", ein Online-Boulevard-Magazin

Ein existentieller Unterschied zwischen der Publikation im Internet und allen andern Publikationsformen, ist die problemlose Machbarkeit. Mit wenig Aufwand an Zeit und Geld kann jeder seine private Homepage ins Netz stellen und sie dadurch dem Zugriff der vernetzten Welt öffnen. Falls kein kommerzielles Interesse zugrunde liegt oder keine sehr hohen Userzahlen erreicht werden sollen, ist das technisch recht einfach zu realisieren.

238| Quelle: http://www.online-journalismus.org/polyphem.php?nal=nlhytex&nao=nohy&hau=./hyper/schreib/schreib am 10.06.2003

239| Meier, Klaus (Hrsg): Internet-Journalismus – Ein Leitfaden für ein neues Medium. 2. überarbeitete und erweiterte

Die recht unkomplizierte Machbarkeit von Internetauftritten ist aber nur für den Privatanwender von Vorteil: Kommerzielle Medien finden sich plötzlich einem Wettbewerb ausgesetzt, den es bisher in dieser Form nicht gab. Wenn wir zum Vergleich eine Fachpublikation im Internet oder in Printform betrachten, ist es ungemein aufwändiger und teuerer die Printform der Publikation überhaupt herzustellen. Wenn eine neue Zeitschrift zu einem bestimmten begrenzten Themengebiet erscheint und am Kiosk angeboten wird, muss hinter der Publikation ein durchdachtes redaktionelles und betriebswirtschaftliches Konzept stehen. Sonst würden allein die Druckkosten der Startauflage das Projekt beenden. Der Zwang zur Refinanzierung und die Gesamtzahl der potentiellen Leser, Käufer oder Zuschauer und nicht zuletzt Werbekunden, sorgen daher automatisch für eine Begrenzung der Gesamtmenge an Publikationen. Fachpublikation in Printform, Spartenkanäle im Radio oder TV stehen daher im Normalfall im Wettbewerb mit einer überschaubaren Anzahl an ähnlichen Produkten. Die Online-Publikation hingegen kann in einer Reihe mit einer schier endlosen Zahl an Websites stehen. Ob eine Webseite monatlich zehn Aufrufe oder zehn Millionen Besucher verzeichnen kann, hat technisch kaum Unterschiede und ist von außen nicht immer auf den ersten Blick zu erkennen. Ob die Publikation erfolgreich ist oder nicht, hängt sehr viel mehr vom redaktionellen Konzept und einer intelligenten Umsetzung und Abgrenzung vom Rest ab, als jede andere Publikation. Wenn viele Besucher und Leser erreicht werden sollen, muss die Aussage der Seite klar definiert werden:

- Welche Alleinstellungsmerkmale kann die Site einnehmen?
- Wie viele und welche Angebote haben ähnliche Inhalte?
- In welchem Umfeld findet sich die Seite?
- Wo liegt die Kernkompetenz?
- Welchen User sprechen wir an?
- Was erwartet der User von uns?
- Welche Inhalte sollen präsentiert werden?
- Wie aufwändig sollen Inhalte präsentiert werden?
- Wie detailliert sollen Inhalte präsentiert werden?
- Wie oft sollen die Inhalte aktualisiert werden?
- Soll auf Interaktivität gesetzt werden?
- Ist die Domain leicht zu finden?
- Wie soll sich die Seite finanzieren?

NONLINEARES ERZÄHLEN IM WEB - HYPERSTRUKTUREN

Nichtlineares Erzählern einzelner Themen und nichtlineares Planen ganzer Websites hängen zusammen: Der Autor sollte immer die Gesamtstrukturen im Blick haben. Es gibt drei Grundmuster für die Struktur einer Website: Hierarchisch, linear und verwoben[239]. Die hierarchische Organisation macht es dem Leser am leichtesten, eine Position innerhalb der gesamten Präsentation zu finden und sich zu bestimmten Stellen zu bewegen. Sowohl nach „unten" als auch zurück nach „oben". Nicht zuletzt deshalb ist die klassische Organisationsweise für ein Webmagazin: Nach der Homepage folgen auf der zweiten Ebene die Einstiegsseiten in die einzelnen Rubriken. Auf der dritten Ebene beginnen die Artikel, die wiederum Verknüpfungen auf Hintergrundinformationen der der vierten Ebene enthalten können. Sinnvoll für die Nutzerführung innerhalb der Website ist es, auf einer Navigationsleiste die Einstiegspunkte der zweiten Ebene als Links anzubieten: Der Nutzer kann von jeder Seite aus zurück zur zweiten Ebene gelangen und gewinnt einen raschen Überblick über die Rubrizierung.

Abbildung 23 *Hierarchische Organisationsstruktur*

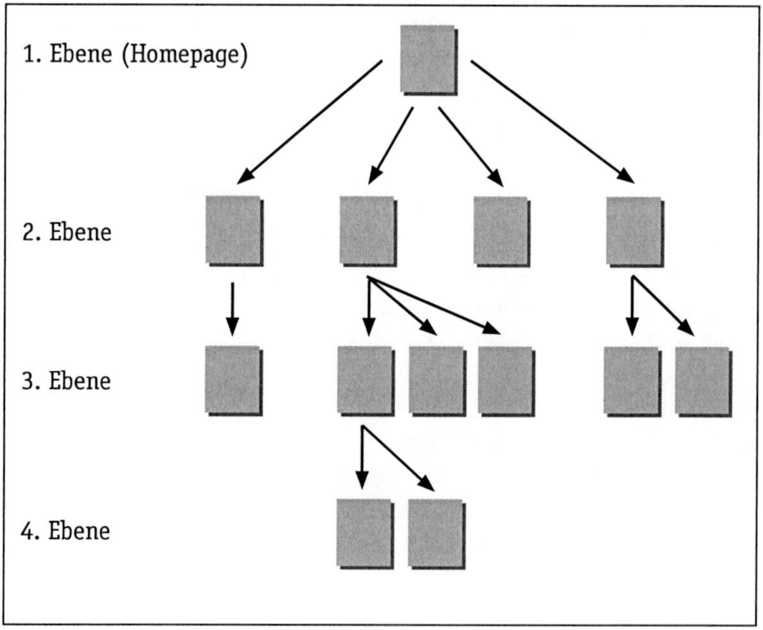

Auflage. Konstanz UVK Medien 1999 S. 46 ff.

Eine lineare Hyperstruktur ähnelt im Wesentlichen der Form gedruckter Medien: Jede Seite folgt nur einer ganz bestimmten Site, Auswahlmöglichkeiten werden bewusst vermieden. Man kann nur eine Seite nach vorn oder hinten navigieren. Diese Art der Organisation ist mit Sicherheit die langweiligste Präsentationsart für das World Wide Web; man sollte sich deshalb genau überlegen, ob der Inhalt eines Textes eine solche Aufbereitung verlangt. Man kann die die lineare Struktur auch ausbauen und auf einzelne Seiten weitere Hintergrundinformationen anbieten, die dann vertikal angebaut werden. Solche erweiterten linearen Websites werden auch als Gitterstrukturen bezeichnet.

Abbildung 24 *Lineare Präsentation*

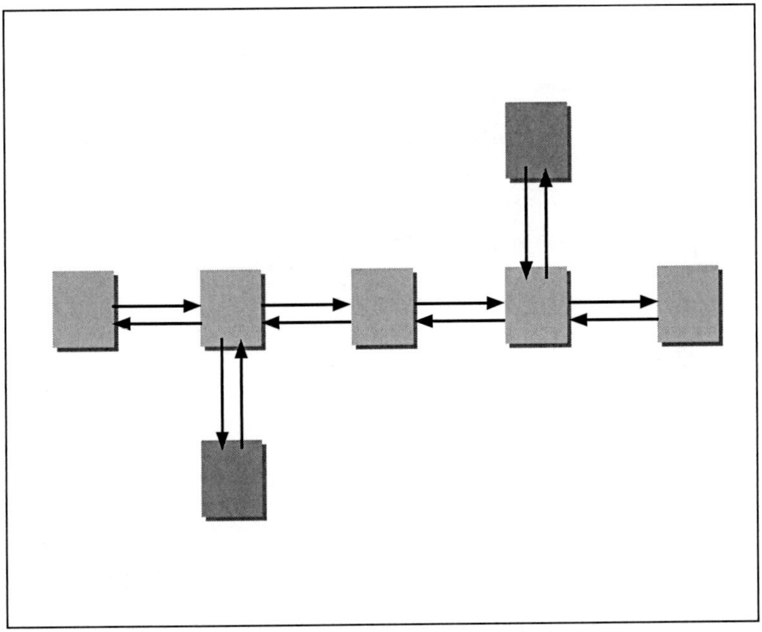

Die dritte Organisationsstruktur setzt die multiselektiven Möglichkeiten des Hypertextes voll ein: Verwobene Websites haben keine - oder nur eine relativ vage - Gesamtstruktur. Fast alle Seiten sind mit allen Seiten verknüpft. Auch diese Form sollte nur überlegt und bewusst verwendet werden: Bei Themen die weniger hartes Wissen und Fakten vermitteln, sondern eher zum unterhaltsamen Schmökern einladen. Eine verwobene Präsentation wird oft in Computerspielen eingesetzt: Der Spieler bewegt sich durch ein virtuelles Haus, ein Labyrinth oder eine riesige Bibliothek. In jedem Zimmer muss er aufs Neue überlegen, in welche Richtung er weitergeht.

Abbildung 25 *Verwoben organisierte Websites*

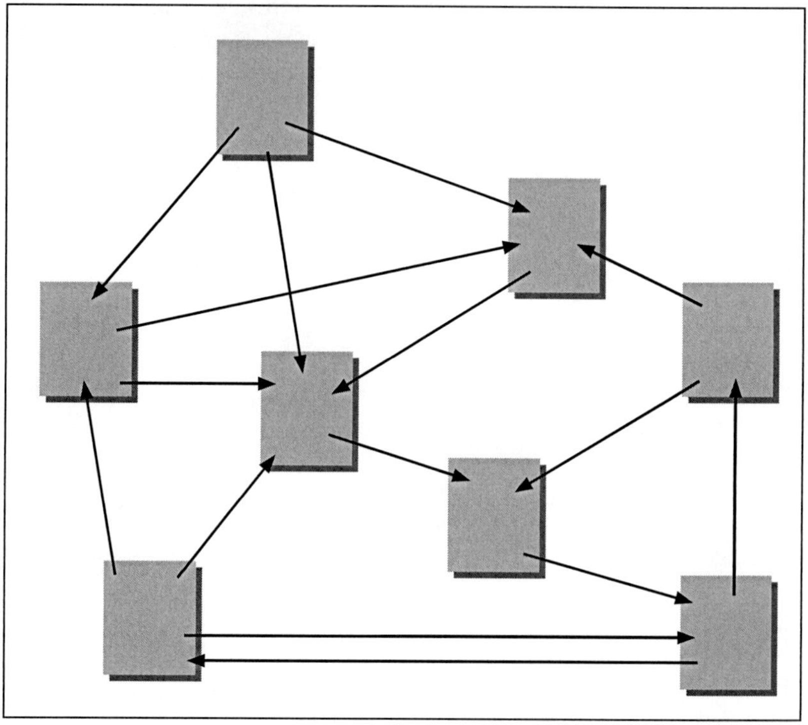

Verwobene Hypertexte müssen sauber geplant sein und entwickeln sich meist zu aufwendigen Produktionen, für die im Redaktionsalltag oft keine Zeit bleibt. Gute Navigationshilfen sind dabei sehr wichtig, damit der Leser nicht die Übersicht verliert. Für den zielgerichtet Suchenden kann ein Aufbau mittels einer verwobenen Struktur leicht verwirrend und frustrierend werden.

In großen Webmagazinen werden die Strukturen üblicherweise kombiniert. Die Gesamtstruktur eines Magazins ist im Allgemeinen hierarchisch. Lineare Elemente können dabei auf der Ebene der Artikel sinnvoll eingesetzt werden. Bei großen Web-Packages allerdings, die ein einzelnes Thema umfangreich aufbereiten, wir man auch auf Artikelebene zu einer hierarchischen Struktur greifen, wenn man die Geschichte sachlich-informativ als Bericht darstellen möchte, oder zu einer verwobenen Struktur, wenn in Reportageform subjektive Eindrücke, verschiedene Perspektiven und Handlungen vernetzt werden sollen.

SITE-STRUKTUR

Der weiter oben angesprochene Seeker, sprich zielgerichtet suchende User, sollte sich ebenso wie der unterhaltungswillige Surfer intuitiv in einer gegebenen Rubrizierung und Navigation zurechtfinden können. Von jeder Seite aus sollte der Zugriff auf thematisch verwandte Seiten und Rubriken ermöglicht werden um den Surfer die Lust am nächsten Klick zu erhalten. Außerdem sollte er immer wissen, wo im Web er sich befindet und wie er die nächste Rubrik findet. Die Site-Struktur ist dabei aber nicht nur die Art der Navigation, sie ist das eigentliche thematische Konzept hinter der Website, je nachdem welche Form der Hyperstruktur für die Site oder das jeweilige Thema gewählt wurde. Navigation und konkreter Seitenaufbau sind dabei nur die sichtbaren Teile dieser Konzeption. Damit alle Inhalte der Seite nachvollziehbar strukturiert erfasst werden können, müssen diese Inhalte in logische Sinn-Einheiten eingeteilt sein. Diese thematischen Einteilungen spiegeln sich dann sowohl technisch als auch optisch wieder. Die Navigation ist also letztlich nur die offensichtliche optische Umsetzung einer vorhandenen thematischen Struktur.

NAVIGATION

Die meisten Webseiten arbeiten mit starren Positionen für Navigationsleisten oder Navigationsmenüs. Je nach Themengebiet und Inhaltsfülle kann die Navigation durchaus noch zweite oder dritte Ebenen enthalten. Allerdings muss bedacht werden, dass sich meist nur zielgerichtete User über die Navigation bewegen, die meisten Surfer lassen sich von Teaser-Elementen leiten. Im Anhang „Navigations-Struktur von www.energy.de“ ist zu sehen, welche Beiträge über die Navigationsleiste auf www.energy.de im permanenten Zugriff stehen.[240]

***Abbildung 26** Navigationsebenen*

Bei einem großen publizistischen Webauftritt wird im Normalfall mit stehenden Rubriken, dynamischen Hauptrubriken, Unterrubriken, Standard-Rubriken und temporären Rubriken gearbeitet. Diesen Rubriken werden auf Titel- und Übersichtsseiten nach Wichtigkeit und Aktualisierungsfrequenz gemäß dem Blickfluss angeordnet und entsprechend optisch abgegrenzt.

RUBRIK-SEITEN

Bei der Erstellung der Rubrizierung und der Navigationsebenen muss ein entscheidender Punkt bedacht werden: Für jede zusätzliche Ebene muss eine sinnvolle Übersichtsseite konzipiert werden. Im Beispiel der redaktionellen Einteilung:

- Rubrik (zum Beispiel News & Features)
  - Unterrubrik (zum Beispiel CD-Check)
    - Artikel

muss für jeden übergeordneten Punkt eine entsprechende Übersichtsseite eingeplant werden. Im Normalfall enthält diese Seite eine Zusammenfassung aller Artikel der hierarchisch tiefer stehenden Rubriken. Im Idealfall weitere Navigationselemente die auf thematisch verwandte Rubriken verweisen.

Abbildung 27 *Struktur Rubrikenseiten*

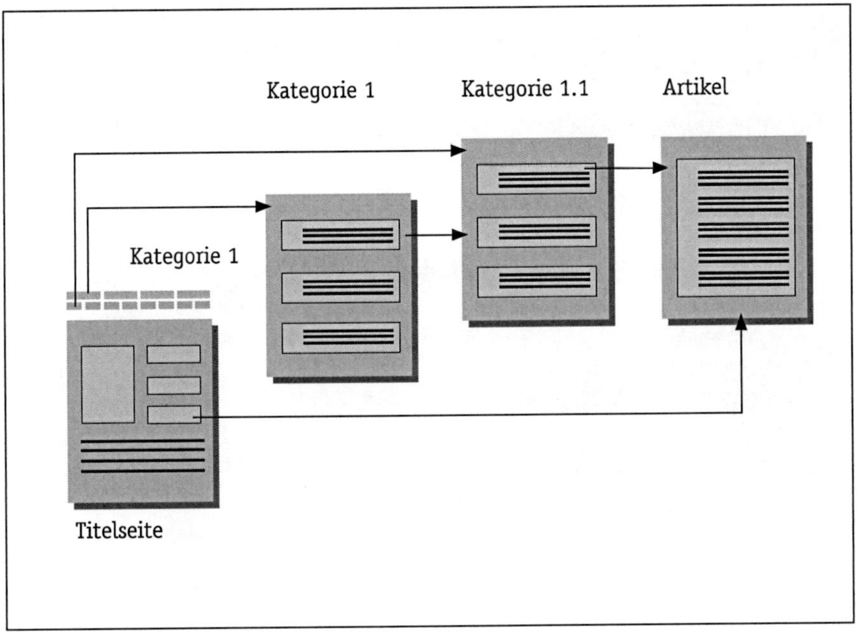

Bei statisch in HTML erstellten Webseiten kostet die Erstellung dieser Übersichtsseiten nicht unerheblich Zeit und redaktionelle Ressourcen, weshalb bei großen Websites auf jeden Fall mit einem Content Management System gearbeitet werden sollte. (Siehe Kapitel „Content Management Systeme") da sich hierbei die Erstellung der Übersichts- und Archivseiten automatisieren lässt. Im konkreten oben angegebenen Beispiel auf der Webseite www.energy.de muss sichergestellt sein, dass ein neu erstellter Artikel in der Sektion News auch auf der Übersichtsseite News & Features sowie der Übersichtsseite News kurz vorgestellt und verlinkt wird.

Abbildung 28 *Rubrik-Übersichtsseite „News & Features"*

Abbildung 29 *Rubrik-Übersichtsseite „News"*

Es ist vorteilhaft, Rubrizierungen zu schaffen, die möglichst viele Eventualfälle abdecken. Im Beispiel www.energy.de beinhaltet der Webauftritt etwa 3500 einzelne HTML-Seiten. Täglich kommen neue Seiten hinzu und bestehende ändern sich. Daher war es bei der Konzeption dringend notwendig, eine Rubrizierung aufzusetzen, in die sich neu erstellte Artikel flexibel einsetzen lassen. Im konkreten Fall sind das auf einer Ebene die Sektionen Hamburg, Bremen, Berlin, Sachsen, Nürnberg, Stuttgart und München sowie auf der zweiten Ebene die Rubriken News & Features, Community, Inside, WinZone und Service. Diese Einteilung spiegelt sich sowohl in der sichtbaren Navigationsleiste wieder als auch im strukturellen Aufbau des Webauftritts. Außerdem können auch Werbekunden gezielt die lokalen Sektionen einbuchen.

Ein weiterer Punkt in dem die redaktionelle Einteilung und die technische Umsetzung stark verknüpft sind, ist die Ordnerstruktur bei Seiten, die komplett in HTML erstellt werden. Die einzelnen Dateien einer Webseite müssen zunächst lokal und später auf dem Webserver in klar erkennbaren Ordnerstrukturen eingebunden werden. Wenn diese Ordnerstruktur nicht logisch an der thematischen Struktur ausgerichtet ist, wird die Masse an Einzelteilen schnell unübersichtlich und eine Veränderung der Seiten sehr viel komplizierter als notwendig. Eine Standardseite besteht meist aus mehreren ineinander verschachtelten Tabellen, Hintergrundfarben oder -bildern, rein grafischen Elementen wie beispielsweise Sektionen für externe Werbemittel und speziellen Plätzen für die redaktionellen Inhalte. Falls nun alle Bilder in ein und demselben Ordner abgelegt wurden, ist es sehr schwierig, ein bestimmtes Bild für eine spätere Verwendung wieder zu finden. Falls sich in diesem Ordner außerdem noch die HTML-Seiten selbst sowie alle anderen grafischen Elemente finden, ist es kaum möglich die Struktur der Site für Außenstehende oder Kollegen ersichtlich zu halten. Bildmaterial kann zwar über die Dateinamen klassifiziert werden, aber die Länge eines Dateinamens ist begrenzt und daher würde die zielgerichtete Suche nach Material unnötig erschwert.

TITELSEITEN

Der optischen Erscheinung einer Webseite sind natürlich kaum Grenzen gesetzt. Wie im Kapitel „Webseite – Website - Homepage“ bereits angesprochen, kann ein Webauftritt grafisch sehr anspruchsvoll gestaltet sein und mehrere Web-Technologien beinhalten. Websites die auf große Besucherzahlen ausgerichtet sind, legen im Allgemeinen großes Augenmerk auf schnelle Ladezeiten, rasche Navigierbarkeit und simple Erkennbarkeit der angebotenen Themenfelder. Damit diese Themenfelder schon auf der Startseite schnell im visuellen Zugriff liegen, werden die redaktionellen Themen auf den Startseiten möglichst Platz sparend und effektiv angerissen. Die einzelnen Bestandteile der Titel- oder Übersichtsseiten nennt man Teaser. Die Teaser sollen hierbei nicht nur die Funktion einer bebilderten Inhaltsangabe erfüllen, sie sollen den Leser vielmehr anregen, mehr zu den angebotenen Themen erfahren zu wollen. Dieses Teasing auf den zu erwartenden Inhalt unterscheidet sich intentional kaum von einer Print-Publikation. In der populären Journaille wird Print wie Online versucht, durch möglicht Aufsehen erregende Headlines und Bilder Leser in die Artikel zu ziehen um entweder einen Kaufimpuls für die Zeitung zu setzen oder einen Anreiz zu bieten, auf einen angebotenen Link zu klicken. Was bei einer Tageszeitschrift der so genannte „Bruch“ ist, sprich die Hälfte der Titelseite die oberhalb des Falzung liegt und daher sofort zu sehen ist, ist bei einem Online-Auftritt der obere und somit sofort sichtbare Bildschirminhalt der Titel- beziehungsweise Startseite[241].

Die meisten großen Websites folgen auf allen Seiten einem vorgegebenen grafischen Raster, das die Größenrelation innerhalb der Seiten festlegt und es erlaubt, Inhalte in verschiedene Kästen zu unterteilen. Diese Unterteilung muss auf den Startseiten meist enger gezogen werden, da sehr viel mehr Content Platz finden soll. Diese Einzelteile einer Webseite werden im Allgemeinen als „Blöcke“ oder „Container“ bezeichnet; eine verbindliche Nomenklatur gibt es auch an diese Stelle nicht. Ein Container bezeichnet eine offensichtlich abgeschlossene redaktionelle und grafische Sinneinheit, die entweder als Teaser oder als Behälter für Werbemittel genutzt werden kann. Die Einteilung in diese Einheiten ist angelehnt an die grafische Aufmachung der meisten Print-Titel, in denen Teil-Informationen wie zum Beispiel Auflistungen und ähnliches in separaten Kästen ausgegliedert angeboten werden um einen besseren Lesefluss zu ermöglichen.

***Abbildung 30** Startseite www.bild.de*

241| Fachausdruck: „above the fold“

Im Beispiel der Startseite von bild.de[242] findet sich im oberen Bereich eine Aufteilung in vier Bereiche: Ein großer Aufmacherartikel oben Links, rechts davon ein kleinerer Container, der wiederum von zwei nebeneinander stehenden kleineren Containern nach unten begrenzt wird. Diese vier Artikel schließen am unteren Rand bündig ab und sind durch eine zusätzliche Navigationseinheit vom unteren Bereich getrennt. Rechts von der Inhaltsseite finden sich Teaser auf weitere Rubriken oder Sponsoren. Aufmacherartikel der Ausgabe vom 12. Dezember 2005 ist Ex-Bundeskanzler Schröder, auf Position zwei wird eine Nachberichterstattung eines eigenen Gewinnspiels angeboten. („So war es mit Robbie"). Die abschließenden kleineren Container beinhalten jeweils nur einzelne kurze Sätze, so genannte Leadsätze oder Leads, die auf weitere Themen verweisen. Trenner und Abschluss des oberen Bereichs ist die zusätzliche Navigationseinheit, die auf werbliche Rubriken wie „Musik-Download", „Lotto spielen", „DVD-Verleih" und ähnliches verweist. Unterhalb dieser grafischen und thematischen Trennlinie werden die restlichen Artikel je nach Wichtigkeit und Aktualität sortiert angeboten. Diese Seite könnte vom grafischen Aufbau her genau so auch die Titelseite der Bild-Zeitung desselben Tages sein. Online-typisch ist bei dieser Startseite nur, dass an den Rändern noch zusätzliche Navigationselemente angeboten werden und die Teaser-Container nicht auf bestimmte Seitenzahlen verweisen müssen, sondern einfach direkt mit den jeweiligen Artikeln verlinkt sind. Der Lesefluss des Lesers ist aber bei der Online-Publikation kein anderer als bei einem Print-Artikel. Es wird von einem Lesefluss ausgegangen, der seinen Ursprung oben links nimmt und unten rechts endet. Unwichtigeres steht dementsprechend außerhalb dieser Linie.

> Die Bildbetrachtung kann mit dem Lesen eines Textes verglichen werden. Im europäischen Kulturkreis liest man von links nach rechts und von oben nach unten. Dabei werden Sätze nicht mit einem Blick aufgenommen, sondern es erfolgen Blicksprünge von Wort zu Wort. Auch bei der Bilderfassung wandert der Blick des Betrachters von links nach rechts und von oben nach unten. Diese Richtungstendenz ist im Gegensatz zur Leserichtung kulturunabhängig. Auch Chinesen und Japaner „lesen" Bilder von links oben nach rechts unten.

242| http://www.bild.de gesehen am 12.12.2005

Die Betrachtung eines Bildes unterscheidet sich allerdings in einigen Aspekten von dem Lesen einer Textseite. Ein Bild wird nicht immer von links oben nach rechts unten abgetastet. In der Regel konzentriert sich der Blick des Betrachters zuerst auf diejenigen Bildteile, die für ihn von besonderem Interesse sind. Doch das interessierende Bildelement wird wieder von links oben nach rechts unten abgetastet, bevor der Rest des Bildes betrachtet wird. [243]

Portalseiten größerer Auftritte bieten also neben den gelernten Navigationsleisten am linken oder oberen Rand, sehr viel mehr zusätzliche Navigationselemente. Im Beispiel der Bild-Zeitung erscheint eine Leiste mit Navigationspunkten im Content-Bereich als Trenner unterhalb des Aufmacherartikels plus Rubriken-Teaser am rechten Rand.

Abbildung 31 *Portalseite www.energy.de*[244]

243| http://www-is.informatik.uni-oldenburg.de/~dibo/teaching/pg-mpig/zwischenbericht-b/node139.html gesehen am 09.04.2004
244| http://www.energy.de gesehen am 12.12.2005

In diesem Beispiel der Radiowebsite www.energy.de wurde das Logo von Radio ENERGY saisonal gebrandet und vorweihnachtlich mit einem Kerzen-Effekt versehen. Ansonsten entspricht das Layout der üblichen Erscheinungsweise. Quer über dem Inhaltsbereich ist ein grau unterlegter Bereicht eingesetzt, der das Logo und Platz für ein Werbemittel, in diesem Fall ein Superbanner, enthält. Darunter ist eine schmale Leiste eingefügt, die lediglich die Rubrizierung der Seite darstellt und auf die entsprechenden Übersichtsseiten verlinkt. Der untere Bereich enthält links eine Navigationsleiste und rechts daneben den eigentlichen Content. Nach rechts ist der Inhaltsbereich wiederum von einer weiteren grafisch abgetrennten Leiste flankiert. Abschließend ist rechts ein weiteres Werbemittel eingesetzt, in diesem Fall ein so genannter Skyscraper. Für das aktuelle Top-Thema erstreckt sich im Beispiel der oberste Container über die komplette Breite des inneren Inhaltsbereichs. Darunter sind weitere Themen mit Rubriken-Titel, Bild, Headline, Vorspann, Lauftext und Verlinkung aufgelistet, so genannte Teaser-Container. Als Verlinkung auf die folgenden Seiten werden „sprechende Links" verwendet, sprich der Text des Links liefert weitere Hinweise auf den zu erwartenden Inhalt. Hier im Beispiel: „Ab zur Slotmachine" oder „Hier geht's zum coolen Clip". Teilweise werden auch mehrere Links angeboten: Wenn zum Beispiel eine Aktion mit einem Gewinnspiel verknüpft ist, werden meist zwei verschiedene Bereiche erstellt, in einem Bereich wird die Aktion vorgestellt, im anderen Bereich kann der User an dem Gewinnspiel teilnehmen. In einem solchen Fall werden direkt vom Teaser-Container aus Links auf beide Bereiche angeboten. Das Bild selbst ist ebenfalls verlinkt, normalerweise mit dem Hauptartikel. Alle Teaser bieten als erstes lesbares Element oberhalb der Headline den Rubriken-Titel, so kann sich der Surfer schnell orientieren und muss nicht erst über den Bildinhalt oder den Text eine Klassifizierung vornehmen. („Action", „WinZone", „News" u.a.) Rechts neben den kleineren Artikel-Containern sind hier als zusätzliche Navigationsmöglichkeit, ähnlich wie bei bild.de, nur die Lead-Sätze auf weitere Themen zu finden. Diese Leads sind nach Rubriken geordnet und ähnlich wie beim Auftritt der Bildzeitung ist der Lead selbst verlinkt. Der mittlere Content-Bereich teilt sich im Verhältnis 3:1, wobei der Aufmacherartikel die komplette Breite einnimmt, die folgenden Artikel unterhalb des Aufmacherartikels 2 Drittel einnehmen und die Auflistung der Leads ein Drittel.

Langfristige Sponsorschaften oder Aktionen werden auf der Portalseite von www.energy.de nicht nur durch die Zusatznavigation im oberen Rand angeboten, sondern auch in einem durch Hintergrundfarbe und veränderte Rubrik-Leisten optisch abgetrennten grauen Bereich am rechten Rand. Ähnlich abgetrennte Bereiche sind auch im rechten Bereich der Startseite von www.bild.de zu finden. Solche Standard-Rubriken müssen oft schon aus rein finanziellen Gründen permanent im Blick sein; um aber eine klare Trennung zwischen redaktionellen Inhalten und kostenpflichtigen Mehrwertdiensten zu schaffen, werden diese Teaser vom Content-Bereicht abgegrenzt. Außerdem werden Rubriken vorgestellt, die erfahrungsgemäß hohe Zugriffe erzeugen oder die aus redaktionellen Erwägungen heraus langfristig wichtig sind. Im Beispiel werden unter anderem die NRJ Music Awards beworben, das ENERGY Weblog und ein Adventskalender.

Auf www.energy.de werden mittig im Content-Bereich zusätzliche automatisch erstellte Teaser auf Standard-Rubriken angeboten. Die Container werden dadurch in einer 2-1-1-Relation angelegt. Für das aktuelle Top-Thema erstreckt sich im Beispiel www.energy.de der oberste Container über die Breite der folgenden Artikel plus die Breite der mittleren Standard-Teaser, sprich im Verhältnis 3:1.

In einem grauen Rahmen wird bei www.energy.de außerdem oberhalb der Headline der Rubriken-Titel genannt, so kann sich der Surfer schnell orientieren und muss nicht erst über den Bildinhalt oder den Text eine Klassifizierung vornehmen. Beim obersten Aufmacherartikel wird die Rubrik vertikal neben das Aufmacherbild gestellt. Unter der Headline folgt der Lead beziehungsweise der Vorspann. Links vom Artikel steht jeweils ein Bild, wobei die absolute Breite der Bilder vorgegeben ist und nicht verändert werden kann um ein durchgängiges Erscheinungsbild zu sichern. Als Verlinkung auf die folgenden Seiten werden so genannte „sprechende Links" verwendet, sprich der Text des Links liefert einen weiteren Hinweis auf den zu erwartenden Inhalt. Im Beispiel der Bildzeitung ist der Lead selbst der link. Teilweise werden auch zwei verschiedene Links angeboten: Wenn zum Beispiel eine Aktion mit einem Gewinnspiel verknüpft ist, werden meist zwei verschiedene Bereiche erstellt, in einem Bereich wird die Aktion vorgestellt, im anderen Bereich kann der User an dem Gewinnspiel teilnehmen. In einem solchen Fall werden direkt vom Teaser-Container aus Links auf beide Bereiche angeboten. Das Bild selbst ist ebenfalls verlinkt, normalerweise mit dem Hauptartikel.

Langfristige Sponsorschaften oder Standard-Rubriken werden auf der Portalseite von www.energy.de nicht nur durch die Zusatznavigation im oberen Rand angeboten, sondern auch in einem durch Hintergrundfarbe und veränderte Rubrik-Leisten optisch abgetrennten grauen Bereich am rechten Rand. Ähnlich abgetrennte Bereiche sind auch im rechten Bereich der Startseite von www.bild.de zu finden. Solche Standard-Rubriken müssen oft schon aus rein finanziellen Gründen permanent im Blick sein; um aber eine klare Trennung zwischen redaktionellen Inhalten und kostenpflichtigen Mehrwertdiensten zu schaffen, werden diese Teaser vom Content-Bereicht abgegrenzt. Außerdem werden Rubriken vorgestellt, die erfahrungsgemäß hohe Zugriffe erzeugen oder die aus redaktionellen Erwägungen heraus langfristig wichtig sind. Ein Beispiel verweist auf die Rubrik „Starschnitten[245]", einem Bildarchiv bekannter Musik- und Filmstars, die sehr gut vom Publikum angenommen wird. Außerdem die Rubrik „Surfer's Paradise" unter dem vermischtes Unterhaltsamem aus dem Netz zu finden ist: Ein Archiv mit lustigen VideoClips, ein Archiv mit Comedy-Audiofiles und eine Sammlung von interessanten Homepages.

TEASING

Teaser verweisen grob gesagt auf Artikel, Publikationen oder Sendungen im eigenen Medium. Teaser finden sich im TV, im Print und natürlich auch Online. Ein Teaser im TV oder Radio verweist auf eine kommende Sendung auf demselben Sendekanal. Meist wird am Anfang und am Ende eines Werbeblocks Werbung in eigener Sache ausgestrahlt, die auf kommende Sendungen verweist. Teaser werden auch in die Werbeblöcke platziert, wenn es die regulären Werbebuchungen zulassen. Aufgrund der linearen Struktur im TV oder Radio werden auch nicht verkaufte Werbesekunden innerhalb der Werbeblöcke mit Teasern gefüllt. Wenn ein solcher Teaser die Aufmerksamkeit des Zuschauers erregt hat, muss der Zuschauer trotzdem warten, bis die Zeit der Ausstrahlung gekommen ist. Zwischen Teasing und Einschaltimpuls des Zuschauers vergeht einiges and Zeit und vom Rezipienten wird einiges an Eigenleistung abverlangt. Datum und Zeit der Ausstrahlung müssen memoriert oder notiert worden sein und das Fernseh- oder Radiogerät gerät muss zur exakten Zeit auf den exakten Kanal eingestellt sein, damit das Teasing erfolgreich war.

245| Dieses Archiv allein erzeugt monatlich ca. eine halbe Million Seitenaufrufe.

Ein Teaser im Print kann auf Artikel im selben Heft, auf bereits erschienene oder auf kommende Hefte verweisen. Tatsächlich im Zugriff hat der Leser aber nur die Ausgabe die er in Händen hält. Ein Teasing auf bereits erschienene Hefte ist im Idealfall redaktionell bedenklich, ein Teasing auf bereits gelaufene Sendungen ist in den linearen Medien völlig unmöglich. Der Teaser auf kommende Ausgaben findet sich meist auf der letzten Seite eines Print-Magazins und soll beim Leser einen generellen Kaufreiz für die nächste Ausgabe schaffen. Innerhalb eines Artikels auf thematisch ähnliche Artikel zu verweisen ist redaktionell deshalb bedenklich, weil der Inhaltsblock den der Leser in Händen hält dadurch die Anmutung der Unvollständigkeit erhält. Zwar kann kein Artikel jemals alle Facetten einer Information darstellen, aber durch Teasing auf bereits erschienene oder kommende Ausgaben auf ebendiesen Umstand aktiv hinzuweisen, wäre kaum ratsam.

Im Online-Medium ist das Teasing hingegen eine Grundvoraussetzung für das Gelingen eines guten Auftritts. Der Publizierende hat nicht nur die Möglichkeit auf sämtliche relevanten Artikel hinzuweisen, sondern diese auch in den direkten Zugriff zu stellen. Das ist einer der Hauptunterschiede zu allen anderen Medien: Bereits erschienene Artikel können nicht nur erwähnt oder zitiert werden, sie sind nur einen Klick weit entfernt. Die Gesamtheit der vorhandenen Artikel muss nicht über komplizierte Archiv-Anfragen beim Verlag selbst angefordert werden, er ist im ständigen Zugriff. Aber nicht nur direkt relevante Themen können per Teaser eingebunden, auch verwandte Themenebereiche können dem User angeboten werden. Im Beispiel www.energy.de bewegt sich, wie bereits angesprochen, das thematische Spektrum größtenteils in den Sektionen Musiknachrichten, Entertainment, Spiele und ähnliches. Daher bietet es sich natürlich an, von jeder Musiknachricht aus, auf bereits erschienene CD-Rezensionen hinzuweisen oder auf Nachrichten im Bereich Entertainment. Teaser können in einem Content Management System entweder per Texteingabe erstellt, oder automatisiert generiert werden. Bei der automatisierten Generierung der Teaser steht der jeweils aktuelle Artikel immer an der obersten Stelle, was dem User die Navigation innerhalb der Site natürlich immens erleichtert.

Inhalte auszuwählen, zu strukturieren und zu publizieren wird bei Webseiten mit dem Begriff Content Management bezeichnet, wobei sich viele Möglichkeiten öffnen, passende Inhalte für das Web zu beschaffen. So genannte Content-Broker liefern je nach gewünschter thematischer Ausrichtung aktuelle Nachrichten aus vielen Sparten; angefangen von Entertainment-News, über Sportergebnisse und Wetterdaten bis hin zu den aktuellen Aktienkursen. Es gibt mehrere sehr gute Anbieter am Markt, wobei auch die etablierten Agenturen wie zum Beispiel Die deutsche Presseagentur „dpa"[246] spezielle Inhalte für Online-Medien anbieten. Dieser Content kann meistens nach Themenbereichen kategorisiert geordert und automatisch eingesetzt werden. Je nach redaktionellem Konzept und technischer Ausstattung werden die Beiträge noch redigiert oder direkt im Webauftritt publiziert. Die Möglichkeit der unredigierten Einspiegelung von Inhalten wird vor allem bei sehr großen Portalen genutzt, deren Kernkompetenz nicht in der Informationsweitergabe liegt, die aber trotzdem einen steten Besucherstrom auf ihren Webseiten verzeichnen möchten. Für eine publizistisch orientierte Webseite ist die reine Content-Übernahme kein ideales Konzept, da die User durch dien fehlenden originären Content keine Alleinstellung des Webauftritts erkennen würden.

Die Aktualisierung des Webauftritts ist durch eine automatische Einbindung durch Inhalte von Content-Brokern technisch recht leicht zu realisieren: Die Inhalte werden direkt an die vorgesehenen Stellen über den entsprechenden HTML-Befehl eingesetzt und erscheinen für den User als integrierter Bestandteil des Auftritts. Wichtiger als die technische Machbarkeit ist allerdings die generelle Überlegung, welche Aktualisierungsfrequenz für welche Inhalte gewählt wird. Falls die Publikation tagesaktuelle Meldungen publiziert, ist die Aktualität einfach konzipiert: So schnell wie möglich. Die Publikationsgeschwindigkeit im Internet ist sehr hoch und so können aktuelle Meldungen fast ohne Verzögerung publiziert werden. Falls aber auf zeitlich weniger sensible Themen gesetzt werden soll, kann die Aktualisierungsfrequenz geringer gehalten werden. Einer kontinuierlichen Publikation zu fixen Terminen ist hierbei aber in jedem Fall der Vorzug vor einer scheinbar zufälligen Erscheinungsfrequenz zu geben.

246| Deutsche Presseagentur. http://www.dpa.de/

Wenn die redaktionelle Ausrichtung der Website allerdings auf originären, selbst erzeugten Content setzt, stehen dem Online-Journalisten die gleichen Recherche-Quellen zur Verfügung wie allen Kollegen der traditionellen Medien. Auch ein Zeitungsjournalist wird heutzutage kaum noch recherchieren ohne dabei das Internet zu nutzen, denn die bereits angesprochene unkomplizierte Machbarkeit von Online-Publikationen kommt nicht zuletzt auch den Anbietern von Waren oder Dienstleistungen entgegen, die von der Produktbeschreibung bis hin zum Geschäftsbericht alles relevanten Informationen einfach auf einer eigenen Website publizieren und somit Übertragungswege hin zur Presse verkürzen und vereinfachen. Online-Journalisten können im Gegensatz zu ihren Kollegen lediglich alle verfügbaren Materialien nutzen, sprich Text, Bild, Audio- oder Videofiles. Welche verschiedenen Medien dabei tatsächlich im Webauftritt umgesetzt werden hat rein redaktionelle Gründe und unterliegt nicht der technischen Beschränkung auf bestimmte Kommunikationskanäle.

CONTENT MANAGEMENT SYSTEME

Ob eine Webseite per HTML-Editorprogramm oder über ein so genanntes Content Management System (kurz CMS) erstellt wurde, ist von außen auf den ersten Blick nicht ersichtlich. Zu sehen sind in jedem Fall HTML-Seiten, die von einem Webserver ausgeliefert und vom lokalen Browser interpretiert werden. Lediglich die Art der Erzeugung des HTML-Codes ist unterschiedlich. Technische kann zwischen einer statischen oder dynamischen Erzeugung der Seiten unterschieden werden. Bei der statischen Variante werden bei jedem Publikationslauf alle HTML-Seiten mit den entsprechenden Verlinkungen und Navigationen neu erstellt und liegen danach statisch auf dem Server. Die so erzeugten HTML-Seiten liegen also nach der Publikation genau wie händisch erstellte HTML-Seiten auf dem so genannten Live-Server der von außen sichtbar und von Userrechner aus jedem zugänglich ist. Bei der dynamischen Variante wird die Seite, ähnlich dem angesprochenen Verfahren bei php, erst bei Aufruf erzeugt. Das hat den Vorteil, dass Auftritte beispielsweise in mehreren Sprachen angeboten werden können, aber den Nachteil, dass sich die Ladezeiten verlängern. Für den Publizierenden macht diese technische Unterscheidung aber in der täglichen Arbeit keinen Unterschied.

Die Entscheidung für oder gegen ein Content Management System hat aber bei weitem nicht nur technische Gründe, denn Content Management Systeme sind dafür entwickelt worden, den spezifischen Ansprüchen dem für das Internet arbeitenden Journalisten und Publizierenden gerecht zu werden. In diesem Kapitel werden daher bereits viele wichtige Komponenten der täglichen Arbeit mit großen Webseiten zitiert.

Prinzipiell ist das Hauptmerkmal eines Content Management Systems die Trennung von Inhalt und Layout. Texte werden über Eingabemasken eingegeben und nicht wie bei einem WYSIWYG-Editor direkt ins fertige Layout eingegeben. Die Inhalte werden dann mit Hilfe so genannter „Templates" automatisch vom System umgesetzt. In den Templates sind Form, Farbe und Ausrichtung sämtlicher Textbestandteile der Seite fest angelegt. Auch Größe und Positionierung von Bildern kann innerhalb eines Templates starr angelegt sein.

Abbildung 32 *Content Management System Web4biz Eingabemaske*[247]

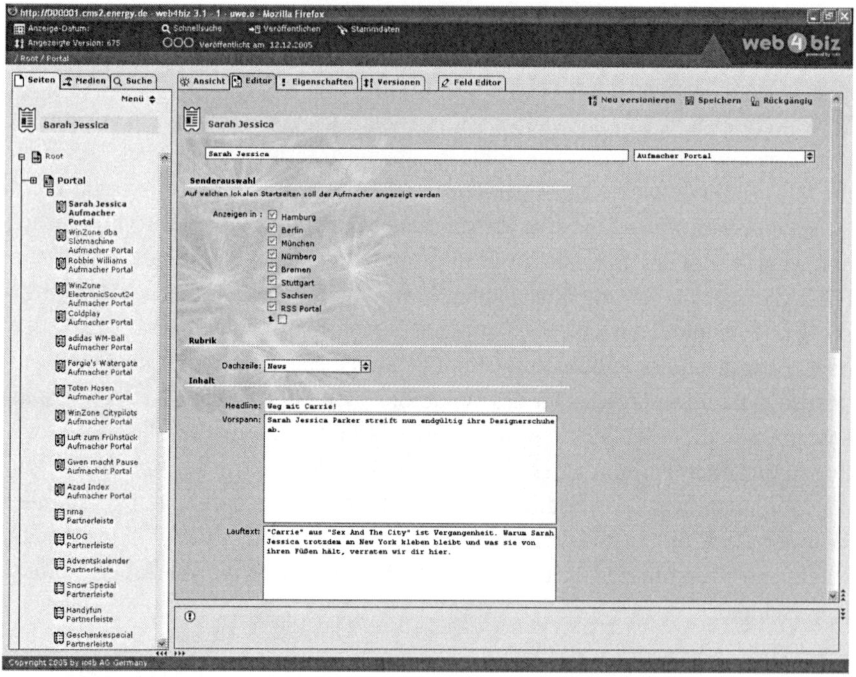

247| Stand: 12.12.2005

***Abbildung 33** Content Management System Web4biz Entwurfsansicht*[248]

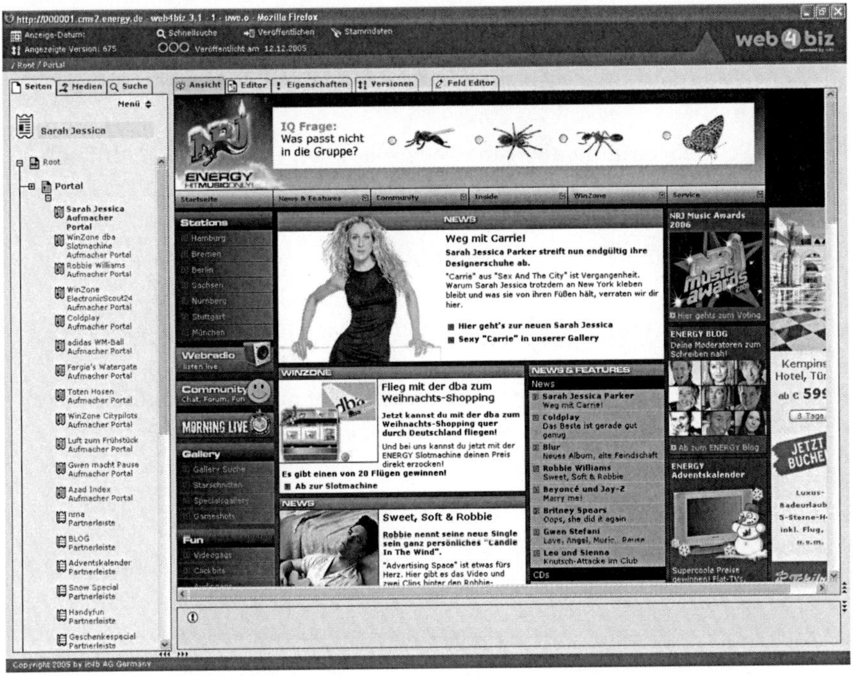

Bei einer hohen Gesamtzahl an Seiten innerhalb eines Webauftritts, bei hohen Aktualisierungsraten und bei der Zusammenarbeit von mehreren Redakteuren führt kaum ein Weg an einem Content Management System vorbei. Der Publizierende kann sich außerdem durch den Einsatz eines CMS sehr viel besser auf die rein journalistische Konzeption seiner Artikel konzentrieren und muss nicht unbedingt Webseiten im klassischen Sinn erstellen können. Falls der Internetauftritt auf große Reichweite konzipiert ist, sollte eine gewisse Publikationsgeschwindigkeit und Masse an Content geboten werden. Um dies ohne viel technischen Aufwand zu bewerkstelligen, bieten sich Content Management Systeme an. Die Vorteile im Einzelnen:

- HTML- Kenntnisse sind nicht nötig um Artikel einzustellen; die Inhalte werden über Eingabemasken eingefügt und das System erzeugt die HTML-Seiten automatisch. (Statisch oder dynamisch)

248| Stand: 12.12.2005

- Menschliche und journalistische Ressourcen werden freigesetzt, jeder Mitarbeiter einer Firma kann für den Webauftritt arbeiten.

- Bilder und andere multimediale Inhalte stehen allen Redakteuren über eine Media-Datenbank zur Verfügung.

- Lese- Schreib- und Bearbeitungsrechte können individuell und flexibel vergeben werden.

- Publikation kann zeitgebunden erfolgen.

- Eine gegebene Corporate Identity wird konsequent eingehalten.

- Grafische Relaunches sind technisch sehr viel einfacher, da die Inhalte dynamisch in die Vorlagen eingebunden werden.

- Navigationsleisten können automatisiert erstellt werden.

- Übersichtsseiten und Teaser können automatisiert erstellt werden.

- Archivseiten können automatisiert erstellt werden.

- Drittanbieter-Content kann im eigenen look&feel eingebunden werden.

- Programmierfehler und fehlende IVW-Zählungen sind nahezu ausgeschlossen.

- Rubrizierung für IVW und eventuelle Werbemitteleinblendung erfolgt automatisch.

Wenn Webseiten in reinem HTML erstellt werden, erfolgt die Publikation, wie bereits angesprochen, über FTP (File Transfer Protocol). Die Publikationsmöglichkeit kann Bestandteil des HTML-Editors sein oder über eine separate Software erfolgen. Das Problem auf redaktioneller Ebene ist dabei nur, dass jeder, der die Seite bearbeiten kann, sie auch publizieren darf. Eine Möglichkeit das einzuschränken wäre nur, die FTP-Publikation generell nur über eine separate Software zu erlauben oder eine Kontrollfunktion per Erlass zu verordnen. Innerhalb eines CMS können Nutzerrechte hingegen sehr viel flexibler zugeordnet werden. Pro Nutzer und Nutzergruppe kann exakt definiert werden, was der jeweilige

Mitarbeiter darf oder nicht darf. Man kann Mitarbeitern beispielsweise Schreibberechtigung erteilen, aber kein Publikationsrecht. Das hieße, dass jeder Artikel dieses Mitarbeiters von einem vorgesetzten Redakteur freigegeben werden müsste. Das hat den großen Vorteil, dass sich sehr viel mehr Mitarbeiter in die Erstellung der Webseiten einbringen können ohne Gefahr zu laufen den Webauftritt technisch in Gefahr zu bringen. Bei direktem FTP-Zugriff auf die Inhalte auf dem Webserver kann ein falscher Klick die Webseite tatsächlich nach außen hin verschwinden lassen. Den Nutzern innerhalb der Redaktion kann Zugriff auf bestimmte Bereiche des Auftritts erlaubt werden, wie beispielsweise lokale oder thematisch getrennte Sektionen oder auf gewisse Templates, sprich Eingabemasken und Schreibrechte können ebenfalls dynamisch zugeordnet werden. So kann ein Mitarbeiter auch selbst Publikationsrechte erhalten, aber keine Artikel eines anderen Mitarbeiters verändern, oder Schreib- und Publikationsberechtigung erhalten der auf eine einzelne Seite oder Sektion begrenzt ist wie es bei topaktuellen aber nachrichtlich nicht weiter sensiblen Meldungen wie zum Beispiel Blitzermeldungen auf Radiowebseiten notwendig sein kann.

Artikel sind bei der Publikation per FTP in dem Moment von außen sichtbar, in dem sie publiziert wurden. Bei bestimmten Aktionen kann das aber nicht gewünscht sein. In einem CMS kann der Publikationszeitraum eines Artikels exakt definiert werden. So kann pauschal allen Meldungen die Eigenschaft verliehen werden, nach zwei Tagen wieder zu verschwinden, oder einer Seite mit weniger zeitlich sensiblen Inhalten können dynamische Eigenschaften in dem Sinn zugeordnet werden, dass die Artikel täglich neu sortiert werden.

Die grafische Gestaltung des Auftritts wird ausschließlich durch die vorgegebenen Templates bestimmt. Welchen Einflussgrad der Redakteur auf Schriftart, Textausrichtung und Ähnliches erhält, wird einzig und allein vom System bestimmt. Die Kreativität der Redakteure wird so zum Beispiel in grafischer Hinsicht zwar eingeschränkt, aber ein Internetauftritt muss, wie der Auftritt jedes anderen Mediums auch, stringent designed, klar kategorisiert, zuordenbar und wieder erkennbar sein. Dies stellt zwar eine gestalterische Einschränkung dar, ist aber unabdingbar und auch von Vorteil, denn nicht die die Form, Farbe und Ausrichtung einer Headline unterscheidet diese von allen anderen, sondern die gelungene textliche Gestaltung. Auch in der Bildauswahl ist der Redakteur je nach Systemdesign eingeschränkt: In der absoluten Anzahl der Bilder pro Artikel, in der Größe oder in der Ausrichtung. Die systemimmanent angelegte gestalterische Freiheit sollte nur konzeptionelle Gründe haben, technisch muss den einzelnen Seiten keine Einschränkung auferlegt sein. Es ist bei der freien Erstellung von HTML-Seiten schließlich auch möglich, völlig unsinnige Bildgrößen oder Inhalte zu verwenden. Diese potentiellen Fehler per Programmierung in einem CMS auszuschließen, hat also immense Vorteile, da, wie bereits angesprochen, auch Mitarbeiter ohne jegliche HTML-Kenntnisse am Webauftritt arbeiten können. Mangelndes internet-spezifisches Wissen kann so durch eine vorsichtige Konzeption des CMS kompensiert werden.

Komplette grafische Relaunches werden in der Medienlandschaft nur sehr vorsichtig eingesetzt, damit die bereits angesprochene Wiedererkennbarkeit des Produkts nicht leidet. Trotzdem ist es von Zeit zu Zeit notwendig, kleinere oder größere grafische Anpassungen vorzunehmen. Sei es um eine neue Rubrik einzuführen oder um das komplette Produkt umzugestalten. Bei einem Print-Titel ist dies zwar grafisch sehr aufwändig, aber drucktechnisch kein Unterschied, da einfach die nächste Ausgabe im neuen Design erscheint. Bei einem Online-Auftritt hieße das, dass alle bisher erstellten Seiten erneut gestaltet und publiziert werden müssten. Schließlich wächst ein Internetauftritt normalerweise kontinuierlich und wird, unähnlich allen anderen Medien, nicht einfach durch die neue Ausgabe ersetzt. Da bei der Arbeit mit einem Content Management System die Inhalte und die grafische Erscheinung getrennt sind, ist ein Redesing überhaupt erst möglich. Bei einem größeren Auftritt mit mehreren tausenden HTML-Seiten wäre es sonst kaum machbar, die älteren Inhalte auf das neue Design anzupassen. Im CMS werden die Templates neu erstellt und bei der nächsten Publikation wird der komplette Inhalt im neu angepassten Design erscheinen.

Die Nutzung eines CMS bedeutet schlicht eine immense Arbeitserleichterung. Der Arbeitsablauf oder neudeutsch „workflow" wird durch das Content Management System optimiert, denn wie im Kapitel „Site-Struktur" besprochen, muss für jede Rubrik oder Unterrubrik eine eigene Übersichtsseite erstellt werden. Allein die Erstellung dieser Seiten nimmt bei der Arbeit mit HTML-Editoren einen großen Teil der Zeit in Anspruch. Werden diese Seiten nicht mit der gleichen Sorgfalt gepflegt wie die nachfolgenden Artikel-Seiten, kann es sein dass der User, im Glauben es gäbe nichts Neues, die Site verlässt.

Inhalte anderer Seiten innerhalb derselben Site können dynamisch eingebunden und zitiert werden. Ähnlich einem automatisch erstellten Inhaltsverzeichnis innerhalb eines Word-Dokuments, können so die Headlines der Unterartikel oder thematisch verwandter Artikel automatisch in Übersichts- oder Archiv-

seiten eingebunden werden. Vor allem das Teasing ist bei der publizistischen Arbeit mit Webseiten ein großer Vorteil gegenüber allen anderen Medien und sollte daher entsprechend wichtig genommen werden. (Siehe Kapitel „Teasing")
Von jeder Seite aus kann und sollte auf thematisch verwandte Artikel hingewiesen werden. Der große Vorteil im Web im Vergleich zu anderen Medien ist Möglichkeit auf den Artikel nicht nur thematisch oder theoretisch zu verweisen, sondern per Hyperlink den Leser direkt zu dem Artikel zu leiten. In der täglichen Arbeit mit Webseiten ist ein händisches Teasing auf verwandte Artikel zwar möglich, wird aber mit der Zeit veralten, da sich die Verweise nicht automatisch aktualisieren. Diese Aktualisierung kann innerhalb eines CMS automatisiert werden. Ein Bereich der Website, der Hinweise auf verwandte Artikel liefert, kann beispielsweise so programmiert werden, dass die neuesten fünf Artikel aufgelistet sind wobei jeweils das Bild, die Headline, die Dachzeile und eventuelle die ersten Worte des Artikels selbst zitiert werden.

Abbildung 34 *Teaser-Container*

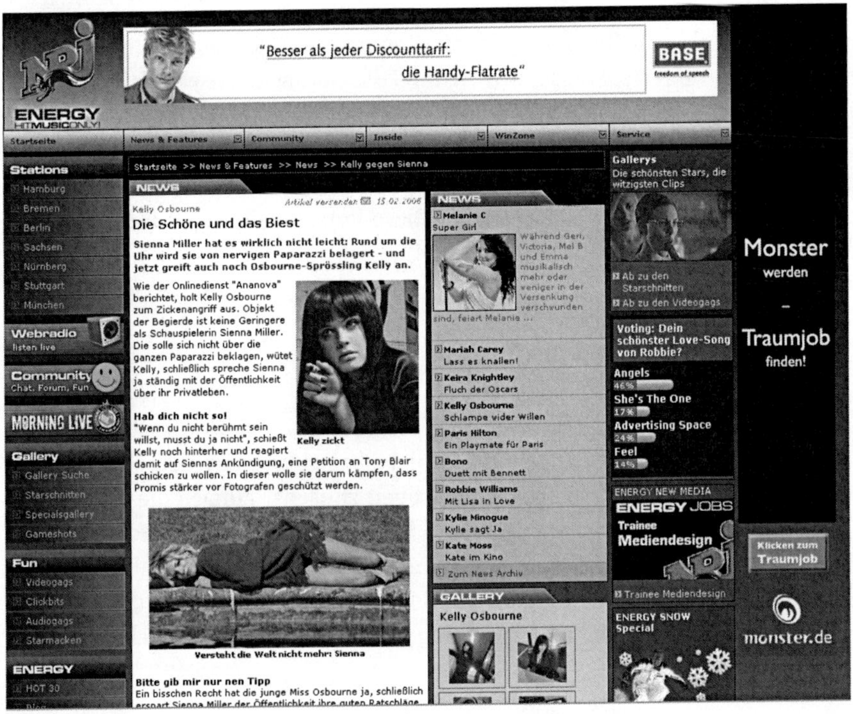

Ein CMS kann die bereits angesprochenen Rubrik-Übersichtsseiten auf Basis der Navigationsstruktur automatisch erstellen und ähnlich einem Teaserblock auf einer Unterseite die Dachzeilen, Headlines, Bilder und Texte der aktuellen Artikel zitieren und per Hyperlink zur Verfügung stellen. Ähnlich den Teasern und Übersichtsseiten bieten automatisch erstellte Archivseiten für den Seeker eine praktische Recherchemöglichkeit. Diese händisch aktuell zu halten ist allerdings zeitaufwändig und personell meist nicht zu machen. Das CMS kann solche Seiten ebenfalls automatisch erstellen wobei als Sortierkriterium anstatt des Erstellungsdatums natürlich auch alphabetische oder andere Kriterien angelegt werden können.

Eine Mediadatenbank, die bei den meisten Content Management Systemen fest integrierter Bestandteil ist, bietet zur Einbindung von Bildmaterial, Audiofiles, Flashelementen oder Videofiles neben der Datei-Benennung auch noch die Möglichkeit der Klassifizierung in bestimmte Rubriken und die Zuordnung von Keywords um den Inhalt zu beschreiben. Dadurch können Mitarbeiter auch für spätere Artikel problemlos Bilder und andere multimediale Elemente verwenden.

HTML-Seiten die von Hand programmiert wurden, werden durchschnittlich natürlich mehr Fehler aufweisen als Seiten, die automatisch per Software und Template von einem Computer erstellt wurden. Redaktionell gesehen ist ein Link der nicht funktioniert, ein Bild das nicht angezeigt wird oder eine komplette Seite die nicht funktioniert, natürlich lästig. Kommerziell gesehen ist ein fehlender IVW[249]-Tag katastrophal. Diese Programmierfehler werden durch den Einsatz eines CMS deutlich minimiert.

COMMUNITY MANAGEMENT

Unter Community (englisch: Gemeinde) versteht man heute eigentlich Gleichgesinnte. Man fühlt sich zugehörig zu der „Gemeinde" mit denselben Zielen oder Interessen. Zur Internetgemeinde zählen zunächst einfach die Nutzer, die - aus beruflichen oder privaten Gründen - im World Wide Web recherchieren. Die Surfer und Chatter werden von Community Managern betreut. Schließlich soll das E-Business funktionieren oder die Homepage der Institution, des Betriebs oder der Jobbörse möglichst häufig angeklickt werden. Wesentliche Aufgabe

249| IVW: Informationsgemeinschaft zur Feststellung der Verbreitung von Werbeträgern e.V. (IVW) http://www.ivw.de

des Community Managements ist also die Kundenbindung. Das funktioniert auf vielerlei Weise: Beispielsweise werden für die Nutzer Diskussionsforen für den Informations- und Erfahrungsaustausch eingerichtet, regelmäßige Newsletter versandt oder auch mal Gewinnspiele organisiert. Umfragen dienen als Feedback-Möglichkeit, und im Experten-Chat kann sich die virtuelle Gemeinde Rat und Tat zu den unterschiedlichsten, häufig auch berufsbezogenen Themen holen. Durch geschicktes Community Management können die Zugriffzahlen stetig hoch gehalten werden, da die User selbst nicht nur für die Zugriffe, sondern gleich auch noch für den Content selbst sorgen. Klassisches Beispiel für Webauftritte die auf User-created Content aufbauen, sind alle Partnervermittlungs-Portale[250] und Portale in denen Privatleute verschiedene Waren zum Kauf anbieten können wie zum Beispiel Ebay[251].

Prinzipiell gibt es zwei Perspektiven auf kommerzielle Websites: die Sicht des Anbieters und die Sicht des potenziellen Kunden. Content Management Systeme sind traditionell in ihrer Funktionalität auf die Interessen des Anbieters und Websitebetreibers beschränkt. Der Einsatz von Content Management Systemen ermöglicht es den Mitarbeitern des Sitebetreibers, die Angebote und Inhalte von Website oder Online-Shop einfach zu aktualisieren, ohne dass die firmeneigenen Redakteure dazu umfangreiche Kenntnisse in HTML oder in anderen Programmiersprachen brauchten. In vielen Unternehmen vereinfacht dies zweifellos die Aktualisierung der Website und damit ganz allgemein die Prozesse der Kundenkommunikation und des Online-Marketings. Aber dennoch bildet ein traditionelles Content Management System nur die eine Seite in einer Geschäftsbeziehung ab. Wirkliche Kommunikation mit dem Kunden und tiefer gehende Kundenbindung lassen sich mit einem herkömmlichen und einseitigen Content Management-Ansatz nicht erzielen. Das Internet aber ist das interaktive Medium par excellence und eröffnet darum dem Marketing völlig neue Möglichkeiten. Gerade für kommerzielle Websites ist Kundenbindung durch Interaktivität ein entscheidender Erfolgsfaktor, zumal im Internet der Wettbewerber nur den schon sprichwörtlichen Mausklick entfernt auf die eigenen Kunden lauert.

Kommerzielle Websites machen sich darum zunehmend den Community-Gedanken zunutze. Von anderen wird der Community-Begriff noch allzu oft mit dem des Chat-Forums verwechselt. In gewissem Sinn wird mit dieser Verkürzung des Begriffs der kommerzielle Wert des Internet-Mediums überhaupt geleugnet.

250| Zum Beispiel http://www.neu.de, http://www.friendscout24.de, http://www.finya.de und viele andere
251| http://www.ebay.de

Tatsächlich aber ist Community im E-Commerce der Schlüssel für Kundenbindung. Viele der erfolgreichen kommerziellen Websites der Zukunft sind darum mehr als bloße Web-Broschüren und Online-Shops, sie sind kommerzielle Communities. Reine Chat-Communities kranken an der mangelnden Relevanz und Attraktivität ihrer Inhalte, während es den Websites ohne Community-Ansatz an Interaktivität fehlt. Um kommerzielle Communities zu schaffen, erfordert es darum ein Umdenken im Bereich der Content Management Systeme und ein Umdenken im Bereich des Contents überhaupt. Die Synthese aus den Vorteilen der rein Content-orientierten und der rein Community-orientierten Ansätze stellen so genannte Content Communities dar. In solchen Content Communities sorgen nicht mehr nur einige wenige Redakteure auf Seiten des Anbieters für attraktive Inhalte und Angebote, für Information und Kommunikation, sondern ein ganzer Redakteurspool und eben auch die User und Kunden selbst. Die Softwarelösungen, die dies erlauben, verknüpfen die Funktionen eines leicht bedienbaren Content Management Systems mit einer hoch flexiblen Community-Engine - sie gestatten „Content Community Management“ (CCM). Content Community Management überwindet die Beschränkungen herkömmlicher Content Management-Lösungen gleich auf doppelte Weise. Zum einen erlaubt es eine CCM-Lösung, den Redakteurspool selbst als Content Community anzulegen und eine viel größere Zahl firmeninterner und externer Spezialisten in die Aktualisierung, die Erweiterung und Vertiefung von Informationen und Angeboten auf der Website einzubinden. So werden Effizienz und Aktualität des Internet-Marketingkanals deutlich gesteigert und zugleich die Kosten reduziert. Wie herkömmliche Content Management-Tools auch trennen CCM Systeme die Inhalte von Layout und Struktur der Website. Diese konsequente Trennung von Inhalt und Programmcode, die man meist durch Tags, Templates und Komponenten realisiert, deren Layout und Funktionalität vordefiniert wird, gestattet es den Redakteuren, neue und relevante Inhalte zeitnah, einfach und ohne aufwendige Schulung auf die Site zu stellen. Im Idealfall kann der Redakteur dabei zwischen verschiedenen Templates und Komponenten wählen und damit bis zu einem gewissen Grad selbst bestimmen, welches Layout er seinem Content gibt.

Der andere große Vorteil einer CCM-Lösung ist es, dass sie zugleich die starre Trennung in inhaltsverantwortliche Redakteure und passive User überwindet und auch registrierte User und Kunden zur Partizipation einlädt, sie ebenfalls zu Mitgliedern der Content Community macht. Und je größer die Zahl der Mitglieder der virtuellen Content Community, desto schneller, effektiver und umfassender füllt sich die Community-Site mit relevanten und attraktiven Inhalten.

Wie weit diese Partizipationsmöglichkeiten gehen und wie hoch ein Mitglied in der Rechte-Hierarchie einer Community überhaupt aufsteigt, ist Sache des Website-Betreibers und seiner Administratoren. Das Rechte- und Partizipationssystem ist eine Frage der von ihnen definierten Website- und Community-Struktur. Enthält das CCM-System eine entsprechend leistungsfähige Community Engine, sind der Flexibilität und der Skalierbarkeit dabei kaum Grenzen gesetzt und es lassen sich beliebig viele Sub-Communities einrichten, etwa in Gestalt exklusiver, zugangsgeschützter Website-Bereiche, in Form spezieller Bereiche fürs Kundenfeedback oder in Form von User- oder Kunden-Foren für diverse Spezialinteressen. Innerhalb des vom Betreiber intendierten Themenrahmens, der die Grundlage der gesamten Community bildet, sind beliebig viele Bereiche oder Sub-Commmunities denkbar, die das gemeinsame Community-Thema weiter ausdifferenzieren.

Ein System für Content Community Management ist in jedem Fall eine hoch flexible Online-Marketinglösung, unabhängig davon, ob die Community einen unmittelbaren E-Commerce-Zweck verfolgt und Online-Shop-Funktionalitäten enthält oder ob sie hauptsächlich dem Informationsfluss zwischen den registrierten Mitgliedern oder zwischen den registrierten Mitgliedern und einer größeren Gruppe nicht-registrierter User dient. Ein System für Content Community Management eröffnet sämtlichen Mitgliedern einer Content Community einen gemeinsamen Informations- und Marketingkanal. Solch eine Content Community kann zum Beispiel aus den Mitgliedern eines Händler- oder Filialnetzwerks bestehen, aus kooperierenden Forschergruppen, die ihre Arbeitsschwerpunkte und ihre Ergebnisse einer größeren Öffentlichkeit publik machen wollen, oder aus den verschiedenen Behörden einer Kommune, die sich den Bürgern im Internet gemeinsam darstellen möchten.

Community-Funktionen sind aber nicht notwendig nach außen gerichtet. Auch innerhalb von Firmennetzwerken oder Großunternehmen ist der Community-Ansatz sinnvoll, weil es so gelingt, die eigenen Mitarbeiter an die gemeinsame Sache zu binden und zum Beispiel durch das eigene Intranet für Informationsfluss und Kommunikation innerhalb des Unternehmens zu sorgen. Content Community Management ist für Anwendungen wie Intranets, Enterprise Information Portals oder B2B-Extranets ideal geeignet. Wenn in das CCM-System genügend Schnittstellen und Standards integriert sind, kann eine Content Community Management-Lösung ihre ganze Flexibilität ausspielen und als Integrations-Server fungieren. Generell sollte sich ein CCM-System leicht in bestehende Umgebungen integrieren lassen und weitgehend plattformunabhängig sein. Wächst die Community, ist leichte Skalierbarkeit ein entscheidendes Kriterium; die Zahl der gleichzeitig eingeloggten Member, der Concurrent Sessions, muss sich dem Erfolg der Community entsprechend steigern lassen. Im Idealfall erlaubt eine Content Community Management-Lösung nicht nur eine Skalierbarkeit nach Userzahl, sondern auch eine nach Leistungsumfang, in Form von Softwaremodulen, die sich nach Bedarf und Anspruch zukaufen lassen. So erhalten auch kleine und mittelständische Unternehmen die Möglichkeit, eigene kommerzielle Content Communities aufzubauen.

Die User- und Rechteverwaltung ist ein Schlüsselelement jeder Content Community-Lösung. Die Registrierung von Usern und Kunden per Username und Login eröffnet umfassende Möglichkeiten zur Personalisierung, erlaubt eine statistische Auswertung des User-Verhaltens, generiert Daten für Customer Relationship Management Systeme und stößt gegebenenfalls weiterreichende Prozesse und Angebote an. Besonders aktive Kunden und Community-Mitglieder kann man die User-Level heraufsteigen lassen bis hin zu einer besonders privilegierten User-Top-List. Der Zugang zu besonders attraktiven Informationen und Angeboten oder zu exklusiven Sub-Communities kann mithilfe der User-Level geregelt werden, und auch die Content-Partizipationsrechte lassen sich auf Grundlage der User-Level personalisiert vergeben, wobei die Top-User - ganz im Sinne der Content Community - die umfangreichsten Rechte erhalten, wenn es darum geht, selbst Content und Informationen in die Community-Website einstellen zu dürfen.

Ein wichtiges Feature einer Community-Website ist es, dass sich die Community-Mitglieder einander darstellen können, etwa indem sie ihre eigene virtuelle Visitenkarte anlegen, die Auskunft über ihre individuellen Interessen oder über ihre individuellen Informationsangebote gibt. In Händler- oder Filial-Communities kann dieser individuelle Visitenkartenbereich auch zur Kommunikation eigener kommerzieller Angebote dienen. Selbstverständlich ist es möglich, den Content in einer Content Community selbst zur Ware werden zu lassen und ihn innerhalb der Content Community zu distribuieren. Diese Distribution kann als Content Sharing oder Syndication bis auf die Ebene beliebig vieler Sub-Communities hinunter erfolgen. Auf diese Weise teilen sich etwa die Händler eines Filialnetzwerkes gemeinsame, für die Kunden relevante Inhalte und Informationen. Einen Gegenwert kann Content auch dadurch erhalten, dass ein Mitglied seine eigenen Inhalte der Content

Community überhaupt zur Verfügung stellt und damit zum Beispiel in der Rechte-Hierarchie der Community aufsteigt. Die Lieferung relevanter Inhalte lässt sich auch als virtueller Mitgliedsbeitrag innerhalb der Content Community betrachten. Den Modellen für Content Sharing und Content Syndication sind mit einer flexiblen Content Community Management-Lösung kaum Grenzen gesetzt.

Bei der Wahl des User-created Content als PI-Beschaffer muss allerdings darauf geachtet werden, dass ein stringentes Community-Management vorhanden ist. Neue Einträge in öffentliche Foren müssen regelmäßig kontrolliert und gegebenenfalls gelöscht, Chats überwacht werden. Zwar sind Chats im allgemeinen Selbstläufer, trotzdem muss der Betreiber der Site dem Chat eine gewisse Richtung geben und gewisse Regeln aufstellen. Eine festgefahrene Community in der Ausrichtung wieder zu drehen ist sehr viel schwieriger, als im Vorfeld bestimmte Regeln aufzustellen und diese stringent einzuhalten.

VERMARKTUNG

In deutschen Online-Angeboten wurde im Jahr 2001 mit Werbung 185 Millionen Euro Umsatz gemacht.[252] 2004 waren es bereits 271 Millionen, Tendenz steigend. Das ist zwar im Gegensatz zu den Vorjahren und vor allem im Gegensatz zu den Umsatzeinbrüchen in anderen Mediensegmenten eine weitere Steigerung (1996: 2,5 Mio. €, 1997: 12,5 Mio. €, 1998: 25 Mio. €, 1999: 75 Mio. €, 2000: 150 Mio. €).[253] Dennoch entspricht dies nur einem geringen Anteil des gesamten Werbeetats, der in Deutschland aufgebracht wurde. Nicht zuletzt diese vergleichsweise geringen Werbeumsätze erschweren die Rentabilität von Webangeboten.

252| Zentralverband der deutschen Werbewirtschaft (ZAW): Netto-Werbeeinnahmen erfassbarer Werbeträger. http://www.interverband.com/dbview/owa/assmenu.homepage?tid=184&fcatid=4246&from_home=/zaw (zuletzt abgerufen am 05. Januar 2006)
253| Vgl. Zimmer, Jochen: Werbeträger Internet: Ende des Booms oder Wachstum aus der Nische? In: Media Perspektiven 6/2001, S. 298

***Tabelle 7** Netto-Werbeeinnahmen erfassbarer Werbeträger in Deutschland*[254]

In Mio. Euro

Werbeträger	2001	%	2002	%	2003	%	2004	%
Tageszeitungen	5 642,16	- 14,0	4 936,70	- 12,5	4 454,90	- 9,8	4 500,50	+ 1,0
Fernsehen	4 469,03	- 5,1	3 956,41	- 11,5	3 811,27	- 3,7	3 860,38	+ 1,3
Werbung per Post	3 255,78	- 3,7	3 334,67	+ 2,4	3 303,87	- 1,0	3 398,43	+ 2,9
Publikums-zeitschriften	2 092,45	- 6,9	1 934,79	- 7,5	1 861,50	- 3,8	1 839,20	- 1,2
Anzeigenblätter	1 751,00	- 2,3	1 702,00	- 2,8	1 746,00	+ 2,6	1 836,40	+ 5,2
Verzeichnis-Medien	1 269,40	+ 0,1	1 249,90	- 1,5	1 219,51	- 2,4	1 195,73	- 2,0
Fachzeitschriften	1 074,00	- 15,2	966,00	- 10,1	877,00	- 9,2	865,00	- 1,4
Außenwerbung	759,71	+ 1,8	713,45	- 6,1	709,97	- 0,5	720,11	+ 1,4
Hörfunk	677,98	- 7,5	595,12	- 12,2	579,24	-2,7	619,39	+ 6,9
Online-Angebote	185,00	+ 20,6	227,00	+ 22,7	246,00	+ 8,4	271,00	+ 10,2
Wochen-/ Sonntagszeitungen	286,73	+ 3,3*	267,80	- 6,6	225,10	-**	245,80	+ 9,2
Filmtheater	170,22	- 2,8	160,52	- 5,7	160,68	+ 0,1	146,77	- 8,7
Zeitungssupplements	89,50***	-	96,80	+ 8,2	85,50	-11,7	90,00	+ 5,3
Gesamt	21 722,96	- 7,1	20 141,16	- 7,3	19 280,54	- 4,3	19 588,71	+ 1,6

Werbewirtschaft und Anbieter von Onlineangeboten haben in den vergangenen Jahren Standards für die Einbindung von Werbeformen im Internet entwickelt. Als Anhaltspunkte für die Nutzung von Webangeboten haben sich vor allem Nutzungswerte in Form von Page-Impressions (PIs) und Visits durchgesetzt.[255] PIs bezeichnen dabei „die Anzahl der Sichtkontakte beliebiger Benutzer mit einer potentiell werbeführenden HTML-Seite. Sie liefern ein Maß für die Nutzung einzelner Seiten eines Angebotes. Ein Visit bezeichnet einen zusammenhängenden Nutzungsvorgang (Besuch) eines WWW-Angebots durch einen Nutzer."[256] Weitere Kenngröße ist zudem die „PI/V-Ratio", die angibt, wie viele Inhaltsseiten pro Visit durchschnittlich aufgerufen werden.[257] Für die Werbe-

254| Quelle: Zentralverband der deutschen Werbewirtschaft (ZAW): Netto-Werbeeinnahmen erfassbarer Werbeträger a.a.o.

255| Derzeit wird zudem die Einführung einer neuen Messgröße „Unique Visitor" angestrebt, die genaue Daten über einzelne Besucher einer Webseite liefern soll. Dies ist jedoch nur mithilfe von permanenten Cookies möglich, die derzeit noch nicht eingesetzt werden. Als Übergangsgröße wurde daher die neue Messgröße „Sessions" eingeführt, die auf einzelne Seitenbereiche herunter gebrochene Visits kennzeichnet.

256| Informationsgemeinschaft zur Feststellung der Verbreitung von Werbeträgern e. V.: Richtlinien für die Kontrolle von Online-Medien. http://www.ivwonline.de/downloads/richtlinien.php (zuletzt abgerufen am 04. Januar 2006)

257| Vgl. Zimmer, Jochen: Werbemedium World Wide Web. Entwicklungsstand und Perspektiven von Onlinewerbung in Deutschland. In: Media Perspektiven 10/1998, S. 503

wirtschaft relevant sind auch die beiden Werte „AdClicks" und „AdImpressions", die sich auf die konkreten Kontaktraten eingebuchter Werbung beziehen. „AdClicks" bezeichnen dabei die Klickrate auf einem werbetragenden Objekt – also wie häufig beispielsweise ein Banner oder ein PopUp angeklickt wird. „AdImpressions" hingegen bezeichnen die Anzahl der abgerufenen werbetragenden Objekte. Damit kann gemessen werden, wie häufig eine spezielle Werbung angezeigt worden ist.[258] Die exakte Definition von PageImpression und Visit ist im Anhang Definition Page Impression / Visit laut IVW zu sehen.

Die Wirkung von Werbung im Web wird sehr unterschiedlich beurteilt. Verschiedene Studien haben gezeigt, dass die Wahrnehmung und Beurteilung von Werbung stark von der Rezeption abhängt. So macht es einen Unterschied, ob der User im WWW in erster Linie nach Informationen sucht (Seeker), oder ob er zur Unterhaltung herumsurft (Surfer). Eine Studie von Wilhelm zeigte, dass beispielsweise Interstitials, also ganzseitige Unterbrecherwerbungen, „von Surfern positiv, von Seekern dagegen eher negativ beurteilt werden."[259] Auch die Platzierung und Form der Werbung sind für Wahrnehmung und Wirkung von großer Bedeutung. An dieser Stelle auf die Fülle an Studien und teilweise sehr unterschiedlichen Ergebnisse einzugehen, würde allerdings den Rahmen dieser Arbeit sprengen und ist im Hinblick auf die zu untersuchenden Hemmnisse der Webnutzung auch nicht zielführend.[260] Es lässt sich jedoch resümieren, dass Werbung im WWW durch eine sehr direkte und weitgehend kontrollierbare Zielgruppenansprache ein großes Potential darstellt, allerdings auch sehr genau geplant und durchdacht sein will, um nicht zu unerwünschten Widerständen zu führen.[261]

Web-Auftritte finanzieren sich also wie alle privaten Medien größtenteils durch Werbe-Einnahmen. Die klassische Online-Vermarktung erfolgt über Einblendungen von Online-Werbemitteln, so genannten Bannern. Die Einnahmen können entweder auf Basis der Einblendungen, der erfolgten Clicks oder stattgefundenen Bestellungen abgerechnet werden können. Die verschiedenen Modelle werden folgendermaßen bezeichnet: Eine TKP-Kampagne wird, ähnlich einer Radio- oder TV-Kampagne, anhand des so genannten Tausender-Kontakt-Preises

258| Vgl. dazu Schreiber, Achim: Werbung in Online-Diensten. In: Wilke, Jürgen; Imhof, Christiane (Hrsg.): Multimedia. Voraussetzungen, Anwendungen, Probleme, a.a.O., Fußnote 42 auf S. 297

259| Gleich, Uli: Werbung im Internet. In: Media Perspektiven 6/2001, S. 315

260| Siehe Zimmer, Jochen: Werbemedium World Wide Web, a.a.O., S. 498-507 sowie Wirth, Werner, Schweiger, Wolfgang (Hrsg.): Selektion im Internet, a.a.O. und Wilke, Jürgen; Imhof, Christiane (Hrsg.): Multimedia. Voraussetzungen, Anwendungen, Probleme, a.a.O.

261| Immerhin nennen in der ARD/ZDF-Online-Studie 2001 64 Prozent aller Befragten ab 14 Jahren, dass störende Werbung häufig bzw. gelegentlich vorkomme. Vgl. Van Eimeren Birgit; Gerhard, Heinz; Frees Beate: ARD/ZDF-Online-Studie 2001: Internetnutzung stark zweckgebunden. In: Media Perspektiven 8/2001, S. 387

berechnet. Es wird also im Vorfeld festgelegt, wie viele Werbemitteleinblendungen gebucht sind und bei den Endkunden angezeigt werden sollen. So genannte Revenue Share Modelle, bei denen nur in bestimmen Fällen ausgezahlt wird, werden meist innerhalb von Affilate-Programmen vereinbart, dazu später mehr. Die klassischen Werbemittel Fullsize-Banner, PopUp und Skyscraper sind in folgender Grafik zu sehen:

Abbildung 35 *Klassische Werbemittelplätze*

DIE GÄNGIGSTEN KLASSISCHEN WERBEMITTELFORMEN:

HALFSIZE-/FULLSIZE-BANNER

Der Banner ist der Klassiker unter den Online-Werbeformen und kann statisch, animiert oder interaktiv programmiert werden. Die Standard-Formate sind Halfsize- (234 x 60 Pixel) und Fullsize-Banner (468 x 60 Pixel).

RECTANGLE-BANNER

Der Rectangle-Banner ist eine rechteckige Werbeform die meist mehr Gestaltungsfreiraum als ein hoch- oder quergestelltes Bannerformat bietet.

SUPER-BANNER

Der Super-Banner, auch Supersize-Banner genannt, zeichnet sie durch seine überdurchschnittliche Größe aus. Er erstreckt sich über die gesamte obere Seitenbreite, im Format 728 x 90 Pixel.

WIDE SKYSCRAPER

Der Wide Skyscraper ist eine hoch- und großformatige Werbeform, die viel Platz zur Darstellung der Werbebotschaft bietet. Er erstreckt sich über den rechten Rand des redaktionellen Umfeldes und bleibt durch seine Größe auch beim Scrollen noch in Sichtweite, Die beiden gängigen Skyscraper-Formate sind 120 x 600 Pixel oder 160 x 600 Pixel

POP-UP

Pop-Ups präsentieren die Werbebotschaft beim Aufruf einer Webseite als neues, zusätzliches Fenster im Vordergrund, über dem Inhalt der Webseite. Der Nutzer hat die Möglichkeit, das Pop-Up durch direktes Anklicken wieder zu schließen oder es an anderer Stelle des Bildschirms zu platzieren, um sich später damit zu beschäftigen. Die Größe von PopUps kann flexibel eingestellt werden. Das Pop-Up erzielt meist überdurchschnittliche Klickraten. Allerdings nutzen sehr viele User standardmäßig PopUp-Blocker, die das automatische Öffnen dieser Werbeform unterdrückt.

POP-UNDER

Das Pop-Under entspricht von der technischen Umsetzung her dem Pop-Up, nur dass es sich nicht im Vordergrund, sondern im Hintergrund einer aufgerufenen Seite lädt. Die Werbebotschaft offenbart sich dem Nutzer also erst, wenn er das herkömmliche Browserfenster wieder schließt.

FLASH-LAYER / DHTML

Transparente Flash-Layer legen sich über die komplette Seite und müssen daher nicht als fester Bestandteil einer Seite eingeplant werden. Flash-Layer und DHTML-Banner können normalerweise über ein eingeblendetes „x", ähnlich dem Schließen-Button eines Ordners oder Browsers geschlossen werden, das aber meist schwierig zu finden ist. Daher erzeugen Flash-Layer meist gute Klickraten, wenn auch oft unbeabsichtigt.

STICKY-AD (SCROLL-/MOVING-AD)

Egal wohin der User scrollt, der Sticky-Ad, auch Scroll- oder Moving-Ad genannt, bleibt stets an der gleichen Stelle auf dem Bildschirm, meist direkt neben dem redaktionellen Bereich, haften. Diese Werbeform wandert also quasi mit der Seite mit.

CONTENT-AD

Der Content-Ad wird direkt im redaktionellen Umfeld einer Website platziert und ist von redaktionellen Inhalten umgeben. Durch die Integration in den redaktionellen Textfluss erzielt die Werbebotschaft gesteigerte Aufmerksamkeit. Content-Ads sind vergleichbar mit Inselanzeigen im Printbereich.

REDAKTIONELLE INTEGRATION

Es wäre in einer Zeitschrift unmöglich, eine Werbeanzeige als redaktionellen Beitrag getarnt zu veröffentlichen. Das ist schlicht verboten. Das Verbot bezieht sich allerdings nicht auf den Inhalt der Anzeige, die Unterscheidung liegt darin, ob Geld für die Integration geflossen ist oder nicht. Die einzelnen Bundesländer haben zwar jeweils eigene Landespresserechte, aber in der Handhabung der „Kennzeichnung entgeltlicher Veröffentlichungen" sind sich alle einig. Hier als Beispiel ein Auszug aus dem Bayerischen Pressegesetz (BayPrG) vom 3. Oktober 1949 [262]:

> § 10 Kennzeichnung entgeltlicher Veröffentlichungen. Hat der Verleger eines periodischen Druckwerks oder der Verantwortliche (§ 8 Abs. 2 Satz 4) für eine Veröffentlichung ein Entgelt erhalten, gefordert oder sich versprechen lassen, so hat er diese Veröffentlichung, soweit sie nicht schon durch Anordnung und Gestaltung allgemein als Anzeige zu erkennen ist, deutlich mit dem Wort „Anzeige" zu bezeichnen.

Die konsequente Anwendung dieses Gesetzes ist natürlich auch im Print-Bereich schwierig, denn die meisten Magazine leben von Anzeigenkunden, speziell die Special-Interest Fachmagazine. Dem Anzeigenkunden dürfen redaktionelle Beiträge zwar nicht in Rechnung gestellt werden und die redaktionellen Beiträge werden auch unabhängig von der Vermarktung erstellt, aber eine fortlaufende klassische Anzeigenbuchung ist zumindest wahrscheinlicher, wenn die Produkte des Werbetreibenden nicht permanent

262| Quelle: Internet-Forum presserecht.de der Rechtsanwaltskanzlei Dr. Johannes Weberling http://www.presserecht.de/gesetze/bayern.html zuletzt gesehen am 05. Januar 2006

ignoriert oder in extrem schlechtem Licht dargestellt werden. Diese Grätsche zwischen Gesetzgebung, journalistischem Ethos und Refinanzierung des journalistischen Produkts erübrigt sich bei Online-Auftritten, weil sich die Landespressegesetze explizit auf Druckwerke beziehen. Der Verkauf einer redaktionellen Integration ist im Internet bisher nicht verboten. Das öffnet das Feld für Werbeformen, die die komplette Bandbreite des Internet nutzen. Gewinnspiele, Produktpräsentation, Bildgallerien, Filme, Flash-Animationen und alles was sich an multimedialen Inhalten anbietet, kann dem Werbekunden auf den Leib geschneidert und nahtlos in den bestehenden Inhalt integriert werden. Idealerweise bewirbt der Kunde sein Produkt oder seine Dienstleistung im Medienmix, das heißt einer Kombination aus klassischen linearen Medien mit großer Reichweite und nonlinearen Online-Medien mit nahezu unbegrenzter Tiefe. Auch wenn eines Tages das Landespressegesetz auf Online-Medien ausgeweitet würde, wird sich diese Werbeform kaum mehr ändern, denn genau wie im Print ist es letztlich unerheblich welche Teile einer gemeinsamen Aktion in Rechnung gestellt werden und welche nicht.

AFFILIATE-PROGRAMME

Wenn innerhalb eines Online-Auftritts Produkte vorgestellt werden, ist meist gegen Ende des Artikels ein weiterführender Link integriert, über den man das Produkt beziehen kann. Das hat nicht nur vermarktungstechnische Gründe, das ist auch als Mehrwert für den User vorteilhaft. Kaum ein Auftritt macht sich in so einem Fall die Mühe, den günstigsten Anbieter für das Produkt herauszufinden oder mehrere Bestellalternativen aufzulisten. Meist wird entweder auf eigene Online-Shops verwiesen oder ein Partner verlinkt, mit dem Gewinnbeteiligung vereinbart ist. Eine solche Vorgehensweise ist üblich und auch für den Leser nicht unangenehm, denn erfahrene User können alternativ schnell Preisvergleiche über die entsprechenden Portale[263] anstellen um das Produkt einfach über andere Kanäle zu bestellen. Die Preisunterschiede sind im Niedrigpreisbereich sowieso meist zu vernachlässigen. Die Integration eines solchen so genannten Deeplinks auf eine spezielle Produkt-Bestellseite ist bereits der fortgeschrittene Einsatz einer Vermarktungsversion, die im Rahmen von so genannten Afflilate-Programmen stattfindet. Auf vielen privaten Webseiten sind daher Werbebanner zu finden, ohne dass der Betreiber aktiv Werbebanner verkauft hätte. Viele Werbetreibenden möchten ihre Werbemittel möglichst breit

263| Beispiele: http://www.preisvergleich,de, http://www.guenstiger.de, http://www.geizhals.de, http://www.idealo.de, http://www.billiger.de

streuen und das ist nicht ausschließlich über große Portale zu schaffen. Viele kleine Webauftritte ergeben in der Summe ebenfalls viele Ad-Impressions. Manche Anbieter haben eigene Programme wie zum Beispiel Amazon[264], Google[265] oder Internetprovider wie 1&1[266] oder Hosteurope[267]. Große Affiliate-Anbieter wie Affilinet[268] oder Tradedoubler[269] bündeln hingegen die Interessen der Werbetreibenden und der Publizierenden. (Die direkten Links zu den jeweiligen Partnerprogrammen sind im Linkverzeichnis im Anhang zusammengefasst.)

Bei einem Affiliate-Network kann man sich als Advertiser oder als Publisher registrieren. Der Advertiser ist der Werbetreibende und gibt an, auf welchen Seitentypen seine Werbebotschaft zu welchen Konditionen erscheinen soll. Der Publisher ist der Webseitenbetreiber und schafft Platz für die Werbemittel und kategorisiert seine Seite entsprechend. Meist wird eine Publisher-Seite separat noch geprüft, um die eingestellte Kategorisierung zu verifizieren. Einige Werbetreibende entscheiden auch zusätzlich noch von Fall zu Fall ob ihre Werbemittel auf der eingetragenen Seite erscheinen sollen. Je nach beworbenem Produkt sollte sich die Werbebotschaft nicht in einem völlig deplazierten Umfeld wieder finden. Ebenso kann der Publisher ausschließende Einstellungen vornehmen. Die Verantwortlichen von großen Portalen vereinbaren meist unter anderem Mitbewerberausschluss, kleinere Webseitenbetreiber beschränken sich darauf festzulegen, ob beispielsweise erotische Inhalte oder Tabak- und Alkoholwerbung erscheinen soll oder nicht. Die Integration der Werbemittel ist recht simpel, der Affiliate-Anbieter stellt die Quellcodes verschiedener Werbemittel zur Verfügung, der dann einfach 1:1 in die werbetreibende Webseite integriert wird. Die Werbemittel selbst werden dann vom Server des Partners ausgelesen und können so dynamisch verändert werden, ohne dass die Publisher-Seite etwas ändern muss.

264| http://www.amazon.de Die Links zu den jeweiligen Partnerprogrammen sind im Linkverzeichnis im Anhang zusammengefasst.
265| http://www.google.de
266| http://www.1und1.de
267| http://www.hosteurope.de
268| http://www.affilinet.de
269| http://www.tradedoubler.de

VERGÜTUNGSMODELLE

Auch wenn offizielle Agenturen große Volumina an Werbeeinblendungen auf umfangreichen Portalen buchen, kann statt einer TKP-Vergütung eine Ausschüttung vereinbart werden, die vom Userverhalten anhängig ist. Es wird nicht einfach die reine Medialeistung der ausgelieferten Werbemittel berechnet, sondern beispielsweise nur bei erfolgtem Klick auf ein Banner oder sogar bei erfolgter Bestellung vergütet. Bei einer Cost per Order oder Pay per Sale Kampagne teilen sich der Werbetreibende und das Medium die erzielten Einnahmen aus konkreten Verkäufen, solche Modelle werden auch als Revenue-share Modelle bezeichnet. Die Benennung der einzelnen Modelle ist leider nicht verbindlich festgelegt, daher werden die gängigsten Modelle hier mit alternativer Nomenklatur vorgestellt:

PPC (PAY PER CLICK) ODER AUCH: CPC (COST PER CLICK)
Provision pro Klick des Users auf das Werbemittel (fixer Betrag)

PPL (PAY PER LEAD) AUCH CPL (COST PER LEAD) ODER CPR (COST PER REGISTRATION)
Provision für eine bestimmte Aktion des Users, z.B. Anlegen eines Accounts (fixer Betrag)

PPS (PAY PER SALE) AUCH CPO (COST PER ORDER)
Provision pro Kauf/ Bestellung des Users (prozentuale Vergütung)

Je nach Kampagne können auch beliebige Kombination aus den oben genannten Typen vereinbart werden. Innerhalb der Online-Vermarktung kann je nach System auch festgesetzt werden, wie oft der einzelne User den gleichen Banner zu sehen bekommt und per IP-Tracking kann beispielsweise regionalisierte Werbung eingebunden werden. Diese Spezifikationen alle aufzulisten würde den hier gegebenen Rahmen allerdings sprengen.

AUSBLICK

Die Kommunkation im Internet zeichnet sich momentan größtenteils noch dadurch aus, dass die Kommunikationspartner vor Computerbildschirmen sitzen und schriftlich per Keyboard kommunizieren. Die Veränderung der schriftlichen Kommunikation durch die immense Geschwindigkeit unter gleichzeitiger Begrenzung durch Eingabe- und Wiedergabemedien Tastatur und Computermonitor, hat bestehende Formen der Kommunikation verändert und spezifische Formen hervorgebracht. Noch sind zur Internetkommunikation Computer vonnöten, die über irgendeine Art von Internetverbindung verfügen. Computer sind nach wie vor recht kostenintensiv und Internetverbindungen meist nur stationär zu haben. Die Begrenzungen, fehlende Mobilität des Mediums Internet und die Art der Eingabe, werden aber in absehbarer Zeit aufbrechen: Bereits jetzt schon sitzen Menschen mit Laptops auf der grünen Wiese, surfen auf Webseiten und schreiben Forumsbeiträge. E-Mails können schon seit einiger Zeit vom Handy aus empfangen und versandt werden. Welche technischen Möglichkeiten die Zukunft auch immer bringen mag, die Kommunikationstechnik entwickelt sich rasant und jedes neue Stück Elektronik wird von kommenden Generationen als normal und bald als unverzichtbar empfunden werden. War das Mobiltelefon vor noch nicht allzu langer Zeit noch selten, teuer und so groß wie eine Autobatterie, ist es heutzutage ein erschwingliches Multifunktionsgerät, das nicht nur erlaubt, mobil zu telefonieren, sondern auch teilweise Digitalkameras beinhaltet, Spiele zur Unterhaltung bietet und Musik in HiFi-Qualität abspielen kann. Aus der Geschäftswelt sind Mobiltelefone wegen des Anspruchs auf permanente Erreichbarkeit nicht mehr wegzudenken und das Fehlen eines Handys kann für den durchschnittlichen Jugendlichen fast schon einen Statusverlust bedeuten.

Telefonieren über das Festnetz wird in verstärktem Maß technisch per „Voice-over-IP-Technologie“ über das Internet realisiert und spart dadurch nicht nur Geld, sondern reißt auch Grenzen ein zwischen elektronisch vermittelter analoger Kommunikation über ein Telefongespräch und digitaler virtueller Kommunikation im Internet über Keyboard, Buchstaben und Bildschirm. Die Kommunikation bei Internetpartnern kann also in absehbarer Zukunft nicht mehr auf die spezifischen, meist schriftlichen Formen begrenzt werden. Jeder technisch vermittelte Kommunikationsvorgang wird in irgendeiner Art mit dem

Internet verknüpft sein. Vom privaten Telefongespräch bis hin zur Ausstrahlung von kompletten Fernsehkanälen. Ganze Fernsehsender sind inzwischen ausschließlich über das Internet zu empfangen, Spielfilme können jetzt schon per video-on-demand jederzeit auf den heimischen Fernsehapparat geholt werden. Das Internet hat der kommunizierenden Welt nicht nur ein separates Medium beschert, es hat die Welt der Kommunikation völlig durchdrungen und wird zukünftig als globales, dezentral organisiertes Netz die Grundlage für alle elektronisch vermittelten Kommunikationswege darstellen. Im Unterhaltungsbereich wird sich die Trennung der Internetkommunikation von der Rezeption von Radio- und Fernsehprogrammen mit Hilfe separater Geräte ebenfalls mit der Zeit auflösen. Die Menschen der Zukunft werden nicht nur ihr abendliches Fernsehprogramm selbst wählen und beeinflussen können, sie werden vom selben Gerät aus telefonieren, elektronische Post versenden und Bücher bestellen.

Eine elementare Neuerung wird später aber den jetzigen Anfängen der Internetkommunikation zuzuschreiben sein und stellt gleichzeitig eine große Herausforderung für Medienschaffende dar: Die Möglichkeit, nicht nur Informationen versenden zu können, sondern dem Konsumenten einen direkten Rückkanal zu öffnen. Die Wahlmöglichkeiten des Rezipienten beschränken sich dadurch nicht mehr nur auf den einen oder anderen Radio- und Fernsehkanal, mit Hilfe dieser Rückkanäle können nicht nur aktiv die Filme für das Abendprogramms gewählt werden, Handlungsabläufe können vom Zuschauer gesteuert, die Erzählstruktur kann, ähnlich wie jetzt schon bei Webseiten möglich verändert werden und nicht zuletzt sind Fragen, Kommentare und Meinungen zur laufenden Sendung schneller und zahlreicher möglich, als das je der Fall war. Das ist gleichzeitig Chance und Herausforderung, denn der Konsument der Zukunft wird sich das Recht auf Mitbestimmung nicht mehr nehmen lassen.

DER RUNDFUNK WÄRE DER DENKBAR GROSSARTIGSTE KOMMUNIKATIONSAPPARAT DES ÖFFENTLICHEN LEBENS, EIN UNGEHEURES KANALSYSTEM, DAS HEISST, ER WÄRE ES, WENN ER ES VERSTÜNDE, NICHT NUR AUSZUSENDEN, SONDERN AUCH ZU EMPFANGEN, ALSO DEN ZUHÖRER NICHT NUR HÖREN, SONDERN AUCH SPRECHEN ZU MACHEN UND IHN NICHT ZU ISOLIEREN, SONDERN IN BEZIEHUNG ZU SETZEN.

Bertold Brecht 1932

ANHANG TABELLEN

ANHANG ABBILDUNGEN

ANHANG GLOSSAR DER WICHTIGSTEN INTERNETBEGRIFFE

A

ACCOUNT

Zugangsberechtigung (Benutzername und Passwort) für einen Computer oder ein Online-Angebot, etwa ein Internetzugang bei einem Provider

ACTIVE X

Microsofts Antwort auf Java;
ActiveX Controls sind Programmteile, die der Browser vom Web-Server lädt und automatisch ausführt

ADRESSE

siehe IP-Adresse

AGENT

kleinere Hilfprogramme in Anwendungen oder im Betriebssystem, meist in Form von Helper Applications oder Plug-Ins

ANBIETER

siehe Provider und Online-Dienste

ANIMATED GIF

animiertes GIF;
GIF-Variante bei der mehrere Einzelbilder in einer Datei gespeichert sind und filmähnlich hintereinander ablaufen (ähnlich den Daumenkino-Effekt)

ANONYMOUS

anonymer Zugriff auf einen Server (zum Beispiel FTP,WWW oder News) ohne speziellen Account

ANWENDUNG

Programme zum Schreiben, Malen, Präsentieren, etc. von Daten (z. B. Microsoft Word, Excel, PowerPoint, etc.)

APPLET

in Java oder JavaScript geschriebenes Programm, das der Browser automatisch vom Server lädt und ausführt

AU

Audioformat, ursprünglich von Sun definiert

BANDBREITE

maximaler Durchsatz einer Verbindungsleitung (Angabe normalerweise in bps)

BETRIEBSSYSTEM

Basisprogramm für jeden Computer (z. B. Microsoft Windows 95, IMB OS/2 Warp 4.0 oder Unix); dank dem TCP/IP-Protokoll ist die Kommunikation zwischen Computern betriebssystem-unabhängig

BOOKMARK

Lesezeichen, die man benutzt, um Seiten auf WWW- und FTP-Servern wiederzufinden (auch Favoriten genannt)

BPS, KBPS, MBPS

Bits per Second (übersetzt: Bits pro Sekunde);
maximales Datenvolumen, das innerhalb einer Sekunde über eine Leitung übertragen werden kann (üblich sind auch Kbps (Kilobits) für 1.000 bps und Mbps (Megabits) für 1.000.000 bps)

BROWSER

Programm zum Abrufen und Betrachten von Web-Seiten im HTML-Format und FTP-Downloads (z. B. Netscape Navigator, Microsoft Explorer, Mosaic, etc.)

CA

Certificate Authority;
Zertifizierungsstelle, die Schlüssel zur Übermittlung vertraulicher Daten, zum Schutz vor Manipulationen und zur Identitätsprüfung des Urhebers vergibt

CACHE

lokales Verzeichnis auf der Festplatte, in dem der Browser die heruntergeladenden Daten zwischenspeichert, um gegebenfalls ein erneutes Laden vom Server zu sparen

CGI

Common Gateway Interface;
Protokol über das sich Web-Server mit externen Programmen koppeln lassen (bspw. um Benutzernamen in einer Datenbank zu speichern)

CHAT

Dialoge mit anderen Teilnehmern, meist in von Online-Anbietern dafür geschaffende Foren; über den Internet Relay Chat (kurz IRC) auch außerhalb von Anbieterforen für alle nutzbar

CLIENT

allgemeiner Begriff für ein Programm, das sich die Dienste eines Servers zunutze macht (bspw. ein WWW-Browser oder ein FTP-Programm)

CONTENT PROVIDER

Firma, die Inhalte (z. B. News-Dienste, Infos im allgemeinen) im Online-Bereich anbietet

COOKIES

Informationen, die der Web-Server im Browser ablegt (bspw. eine Kundennummer, über die der Benutzer bei einem Folgebesuch identifiziert werden kann)

CYBERSPACE

vom Sci-Fi Autor William Gibson geprägter Begriff;
einerseits Beschreibung der Online-Welt sowie derren Foren, andererseits von Ingeneuren benutzer Begriff für Virtual-Reality-Anwendungen

DAEMON

Prozeß auf einem Server, der bestimmte Dienste zur Verfügung stellt, z. B. FTPD (FTP-Daemon, also FTP-Server) oder HTTPD (WWW-Daemon)

DDNS

Dynamic Domain Name Server;
vergibt zusätzlich zur IP-Adresse (DHCP) auch dynamisch einen Domain-Namen innerhalb eines TCP/IP-Netzes

DE-NIC

Deutsches Network Information Center mit Sitz in Karlsruhe;
unter anderem für die Vergabe von Domains mit der Endung „.de" zuständig

DHCP

Dynamic Host Configuration Protocol;
weist einem Client im TCP/IP-Netzes dynamisch eine IP-Adresse zu

DOMAIN-NAME

Untergliederungseinheit der hierarchisch aufgebauten Computernamen im Internet;
der Name www.beispiel.de bspw. enthält die Top Level Domain „de",
die Secondary Domain „beispiel" und den Rechnernamen „www";
während die Top Level Domains, welche Aufschluß über Standort oder Art des Servers geben, fest vorgegeben sind, kann man Secondary-Domain-Namen bei den zugehörigen Verwaltungsstellen (NIC, DE-NIC) beantragen

DOWNLOAD

übertragen von Dateien von einem WWW- oder FTP-Server auf den eigenen Computer

DURCHSATZ

tatsächlich erreichte Datentransferrate bei Übertragungen im Internet, welche von der Bandbreite, der Server-Leistung, der Performance des Modems/Adapters und der Anzahl der gleichzeitig surfenden Teilnehmer abhängt

E-CASH

Electronic Cash = elektronisches Geld;
elektronische Bezahlung per Internet über spezielle Dienstleister, die in der Regel eine Art Konto für ihre Kunden führen oder Geld mittels SET von der Kreditkartengesellschaft abbuchen

EDV

Elekronische Datenverarbeitung;
Arbeiten mit digitalen Daten am Computern

EINWAHLKNOTEN

Telefonverbindung mittels Modem mit ihrem Computer mit dem des Server Providers

E-MAIL

Electronic Mail = elektronische Post;
Briefe und Dateien die an die E-Mail-Adresse eines bestimmten Teilnehmers geschickt wird;
die E-Mail-Adresse setzt sich aus einer Nummer oder einem Namen, gefolgt von einem Klammeraffen @ (engl.: at = bei) und dem Namen des Providers, sowie den Toplevel-Domain zusammen (bspw. herr_dr_x@dessen_provider.de)

EVA

Eingabe, Verarbeitung, Ausgabe;
Arbeitsschritte bei der Elektronischen Datenverarbeitung

EXTENTION

Dateiendung (bei MS-DOS die drei Buchstaben nach den Punkt);
Erweiterung, siehe Helper Application oder Plug-In

FAQ

Frequently Asked Questions = häufig gestellt Fragen;
Sammlung von Fragen und dazugehörigen Antworten

FAVORITEN

siehe Bookmarks

FILETYPE

Dateityp, spezifischer Aufbau einer Datei, dargestellt durch ihre Endung;
siehe auch Helper Application oder Plug-In

FIREWALL

übersetzt = Brandschutzmauer;
spezielle Hard- und Software, die das interne Netz einer Firma, Instutition vor unbefugten Eindringlingen aus dem Internet schützt (bspw. über Proxies)

FORMS

Formulare auf HTML-Seiten (mit Eingabefeldern, Radio-Buttons, Checkboxen, Drop-Down-Listen, etc.)

FRAMES

Unterteilung des Browser-Fensters in mehrere kleinere Fenster, in die jeweils ein HTML-Dokument geladen werden kann;
auch dieser Text sowie die linke Begriffsliste stehen jeweils in einem Frame

FTP

File Transfer Protocol;
Standart zur Datenübertragung via Internet (auf der Grundlage von TCP/IP);
wird von fast allen Browsern unterstützt

GIF

Graphics Image Format;
im WWW häufig benutztes Grafikformat mit maximal 256 Farben, das mit Datenkompression arbeitet, um kleine, schnell zu übertragende Dokumente zu erzielen; bewegte Bilder im GIF-Format werden Animated GIF genannt

GOPHER

dem World Wide Web ähnelden Informationssystem, aber ohne Multimediafähigkeit

HACKER

Menschen, die ihre Computerkenntnisse nutzen, um in Anwendungen und Computernetzen Sicherheitsmechanismen zu überbrücken;
über das Internet können so streng vertrauliche Informationen angesehen und downgeladen werden

HELPER APPLICATION

Hilfprogramm, das ein Client heranzieht, um Dateien zu bearbeiten, die er selbst nicht kennt

HITS

übersetzt = Treffer;
Anzahl der Dateizugriffe auf einen Web-Server (alle HTML-Seiten, Graphiken (GIFs), Applets usw. zusammen und daher nicht sehr aussagekräftig);
besser ist die Angabe in Visits und PageViews

HOMEPAGE

Leitseite von Firmen und persönliche „Visitenkarte" von Privatpersonen im World Wide Web;
viele Online-Dienste stellen ihren Mitgliedern dafür kostenlos Programme und Speicherplatz zur Verfügung

HOST

Internet-Interface eines Rechners;
jeder sich im Internet befindliche Rechner erhält eine eindeutige, einmalige IP-Adresse, über die er erreichbar ist;
laufen mehrere Web-Server auf einem Computer, lässt sich dieser mit mehreren Hosts ausstatten

HTML

Hypertext Markup Language;
Dateiformat von WWW-Dokumenten;
einfache Programmiersprache zur Erstellung von WWW-Seiten

HTTP

Hypertext Transport Protocol;
standardisiertes Protokoll, über das sich Web-Server und Browser miteinander verständigen

HTTPS

HTTP über SSL

HYPER-G

auch HyperWave genannt;
von der Uni Graz entwickeltes Hypertext-System, welches gegenüber HTML verfeinert wurde, aber noch nicht verbreitet ist

HYPERLINK

Sprungmarke von einem Internet-Dokument auf einem Rechner auf ein anderes auf dem selben oder einem anderen Rechner oder innerhalb desselben Dokuments

HYPERTEXT

Text, der Sprungmarken (auch Hyperlinks genannt) auf andere Texte enthält (HTML, SGML, PDF)

INETD

InternetDaemon, ein „Super"-Daemon unter Unix und OS/2, der andere Daemons starten und kontrollieren kann

INTERNET

weltweites, dezentralistisches Rechnernetz;
ursprünglich vom US-Militär für den nuklearen GAU vorgesehenes Nachrichtensystem auf TCP/IP-Basis; inzwischen das populärste Computernetz der Welt mit geschätzten 50 Millionen teilnehmenden Anwendern

INTRANET

firmeninternes Netz auf Internet-Technologie und TCP/IP basierend

IP

siehe IP-Adresse

IP-ADRESSE

eindeutig zugewiesene Adresse eines Internet-Rechners im Stil von 168.00.00.01;
wird vom Provider entweder fest oder dynamisch (DHCP) vergeben

IRC

Internet Relay Chat;
spezielle Chat-Foren

ISAPI

Internet Server Application Programming Interface;
Protokoll, über das sich Web-Server mit externen Programmen koppeln lassen;
von Process Software und Microsoft als leistungsfähigere Alternative zu CGI entwickelt (siehe auch NSAPI)

ISDN

Integrated Services Digital Network;
Telekommunikationsnetz, in dem digitale Vermittlungs- und Übertragungstechnik
vereinigt werden und unterschiedliche Dienste in einem gemeinsamen Netz angeboten werden

ISO 8859-1

Norm für einen einheitlichen Zeichensatz, der in Internet-Dokumenten verwendet wird, um auf allen Betriebssystemen den gleichem Text zu generieren

JAVA

von Sun entwickelte Programmiersprache;
da Java-Programme nicht auf Maschinencode, sondern einem speziellen Bytecode basieren, laufen sie auf jeder Plattform (Betriebssystem), sofern ein Java-Interpreter für die Plattform existiert

JAVASCRIPT

von Netscape definierte Programmiersprache, die vom Browser interpretiert wird

JPEG

ein von der „Joint Photograph Experts Group" definiertes und im WWW recht verbreitetes Bildformat;
kann im Gegensatz zu GIFs beliebig viele Farben darstellen, besitzt aber einen verlustbehafteteren, jedoch stark verkleinernden, Kompressionsalgorithmus

KINDERSICHERUNG

Kontrollprogramme wie CyberPatrol sorgen dafür, daß minderjährige Kinder nicht auf Seiten zugreifen können, derren Inhalte oder Adressen von den Eltern vorher verboten wurden

LINK

siehe Hyperlink

LIVEAUDIO

Dateiformat, welches das Abspielen von Audio-Streams während der Downloads vorsieht

MIDI

Music Instruments Digital Interface;
kommt im WWW auch als Dateiformat für Hintergrundmusik zum Einsatz

MIME

Multipurpose Internet Mail Extensions;
Erweiterungen der E-Mail-Standarts im Internet zur Übertragung von 8-Bit Datenströmen, File-Attachments, ect.

MODEM

Abkürzung für Modulator-Demodulator;
stellt eine Verbindung mit der seriellen Schnittstelle des Computers und der Telefonleitung her, über welche man sich beim Server Provider anmeldet (siehe auch ISDN)

MPEG

Motion Picture Experts Group;
per Datenkompression funktionierender Standart zur Darstellung von Animationen und Videos (siehe auch QuickTime)

MULTIMEDIA

durch das World Wide Web wurde Multimedia auch im Internet möglich;
neben Text können WWW-Seiten auch Bilder (zum Beispiel JPEG, GIF, PNG), Tondateien (zum Beispiel AU, LiveAudio, WAV, MIDI), Animationen (Shockwave) und Videos (QuickTime-Filme) beinhalten

NAMESERVER

auch Domain Name Server (kurz DNS) genannt;
Rechner im Internet, der eine Tabelle mit Domain-Namen und den zugehörigen IP-Adressen enthält;
wird in der Regel vom Provider gestellt

NCSA

National Center for Supercomputing Applications;
neben dem CERN eine der ursprünglichen Entwicklungsstätten des World Wide Web;
der NCSA-Webserver ist immer noch weit verbreitet

NETIQUETTE

Kunstwort aus „Network Etiquette";
definiert korrekte Verhaltensweisen im Internet

NIC

Network Information Center;
unter anderem für die Vergabe von Domains mit der Endung „.com" zuständig (siehe auch DE-NIC)

NSAPI

Netscape Server Application Programming Interface;
Protokoll, über das sich Web-Server mit externen Programmen koppeln lassen;
von Netscape als leistungsfähigere Alternative zu CGI entwickelt (siehe auch ISAPI)

OLE

Object Linking and Embedding;
jüngst aus marktstrategischen Gründen in Active-X umbenannt;
Microsoft-Standart für den Datenaustausch und die Kommunikation zwischen Programmen

ONLINE-DIENST

eine Dienstleistungen im Internet, die von einem Provider angeboten werden;
auch Service-Provider, wie AOL, CompuServe oder T-Online, sind Online-Dienste

PAGE IMPRESSIONS / PAGEVIEWS

Anzahl der Abrufe einer bestimmten Seite eines Web-Servers

PDF

Portable Document Format;
plattformunabhängiges Dateiformat, das über Acrobat von Abode beschrieben wird;
Über Plug-Ins auch in vielen Browser darstellbar

PERL

Scriptsprache, mit der sich recht einfach kleine Programme zur Erweiterung eines
Web-Servers schreiben lassen (siehe auch CGI)

PERSONAL CERTIFICATES

digitale Unterschrift für Transaktionen

PGP

Pretty Good Privacy;
unentschlüsselbares und sehr sicheres Verschlüsselungsprogramm zum manuellen Codieren von Daten

PLUG-IN

Hilfsprogramm zur Erweiterung von z. B. Web-Browsern und -Servern durch weitere Funktionen, um deren Multimediafähigkeiten zu erweitern;
oft von Drittherstellern entwickelt (siehe Active-X Controls, Java, Shockwave)

PNG

Portable Network Graphic;
Bildformat, das ähnlich wie GIFs auf einem Kompressionsalgorithmus basiert, um möglichst kleine Dateien zu erzeugen

POP

Point Of Presence;
EinwahlknotenAnbieters

POP3

Post Office Protocol;
Standart zum Empfang von E-Mails

PRESENCE PROVIDER

Provider, der für seine Kunden Internet-Präsenz z. B. in Form von Web-Seiten einrichtet

PROVIDER

Anbieter von Internet-Dienstleistungen;
stellen vor allem Servern für eine Internetanbindung bereit
(bspw. AOL, CompuServe, T-.Online, etc.)

PROXY

Zwischenstation für das Abrufen von Internet-Daten (z. B. Web-Seiten);
Provider sezten Proxies häufig ein, um die aus dem Internet geladenen Daten ihrer Kunden zwischenzuspeichern, damit sie bei einem erneuten Zugriff schneller von Proxy geladen werden können;
Firmen setzen Proxies häfig als Firewall ein, um den Datenfluß in die Firma hinein und aus der Firma hinaus (siehe Intranet) besser kontrollieren zu können

PPP

Point to Point Protocol;
da das Internet nicht für Einzelcomputer konzipiert wurde, täuscht das PPP dem Internet einen Netzwerkcomputer vor;
PPP-Software wird meistens kostenlos vom Server Provider mitgeliefert

QUICKTIME

von Apple definierter Standart zur Übertragung von Bild- und Tondaten; wird meist für kleine Filme verwendet

REALAUDIO

Technik der Firma Progressive Networks, über die sich Audiodateien (Ton) in Echtzeit übertragen lassen

RFC

Request for Comment;
Textdokumente, die Vorschläge für neue Internet-Standards zusammenfassen

ROUTER

Router haben die Aufgabe zwei räumlich voneinander getrennte Netzwerke miteinander zu verbinden. Dies geschieht entweder über eine extra dafür vorgesehene Datenleitung, wie z.B. eine ISDN-Verbindung oder Standleitung, oder aber in verschlüsselter Form über ein öffentlich zugängliches Netzwerk wie das Internet. Sendet ein Rechner eine Anfrage an eine nicht lokal erreichbare Adresse, so stellt der Router automatisch den Kontakt zu der entfernten Adresse her.

SEITE

anderes Wort für ein WWW-Dokument

SERVER

recht allgemeiner Begriff für Computer bzw. Programm, das anderen Computern bzw. Programmen Dienste anbietet (für WWW, FTP, E-Mail, ect.)

SERVER HOSTING

„Unterstellen" eines Computers bei einem Server eines Internet-Providers

SERVER RENTING

Mieten eines Servers zur exklusiven Nutzung;
dem gegenüber steht der meist wesentlich günstigere Aufbau eines virtuellen Servers

SERVICE PROVIDER

Provider der seinen Kunden den Internet-Zugang ermöglicht

SET

Secure Electronic Transaction;
festgelegter Standart zum sicheren Übertragen von sensiblen Daten (Kreditkartennummern, ect.; siehe auch SSL)

SGML

Standart Generalized Markup Language;
Hypertext-Sprache, aus der das erweitere HTML hervorging

SHOCKWAVE

Multimedia-Datenformat, welches von der Firma Macromedia erschaffen wurde; dient der Darstellung von Animationen auf HTML-Seiten

SHTTP

Secure HTTP;
Standart zur sicheren Datenübertragung

SITE

Sammelangebot im Internet, z. B. WWW;
auf einem Server können sich mehrere Sites befinden

SMILIES

Dienen dem Ausdruck von Gefühlen innerhalb von Chats (z. B. :-) für Fröhlichkeit oder ;-(für Trauer)

SMTP

Single Mail Transfer Protocol;
Standart zum Versand von E-Mails

SSI

Server Side Include;
Technik zum dynamischen Integrieren von Dateien in HTML-Dokumente

SSL

Secure Socket Layer;
von der Firma Netscape entwickeltes Protokoll zur gesicherten Übertragung von sensiblen Daten (Kreditkartennummern, ect.) über das Internet

TAG

Befehl innerhalb der HTML-Sprache

TCP/IP

Transport Control Protocol/Internet Protocol;
Grundlage der Internet-Dienste und für den weltweiten Datenaustausch

TELEARBEIT

Arbeitnehmer arbeiten zu Hause am Computer für ihren Arbeitgeber, wobei sie ihre Aufträge vom Server ihrer Firma bekommen und die fertigen Arbeiten an diesen zurückschicken

TELNET

Programm, welches andere Computer in ein Netzwerk anwählen und diese von überall aus bedienen kann

TOP LEVEL DOMAIN

übergreifende Domain, die Aufschluß über den Standort oder Art des Servers geben:

Einige Beispiele für Top Level Domains

Domain	Länder
.au	Australien
.at	Österreich
.be	Belgien
.ca	Kanada
.ch	Schweiz
.de	Deutschland
.dk	Dänemark
.fi	Finnland
.fr	Frankreich
.it	Italien
.lu	Luxemburg
.nl	Niederlande
.nz	Neuseeland
.se	Schweden
.uk	Großbritannien
.us	USA

Einige Beispiele für amerikanische Top Level Domains

Domain	Instutitionen
.com	commercial (Gewerbe, Firmen)
.edu	education (Bildungseinrichtungen, Schulen, Universitäten)
.gov	government (Regierungsinstutitionen, Regierungen)
.int	internationale Bündnisse
.mil	military (militärische Einrichtungen)
.net	network (Provider, administrative Einrichtungen im Internet)
.org	organisation (Organisationen und Vereine außerhalb anderer Bereiche)

TRANSFERVOLUMEN

bewegte Datenmenge, die über eine Leitung, etwa von und zu einem Web-Server übertragen wird (normalerweise erfolgt die Angabe des Transfervolumens für den Zeitraum von 1 Monat)

UPLOAD

Kopieren von Daten von einem Client auf einen Server (etwa zum Aktualisieren eines Web-Servers)

URL

Uniform Resource Locator;
standartisiertes Darstellungsverfahren von Internet-Adressen;
beginnt immer mit dem zuständigen Protokoll, etwa HTTP oder FTP

USENET

Sammelangebot von Diskussionsforen (sogenannte Newsgroups)

USER

auch Nutzer oder Anwender genannt;
Surfer oder Benutzer eines Programms;
Anteil der Frauen in Internet liegt unter 20 Prozent

USER AUTHENTICATION

Überprüfung des Benutzers und gegebenenfalls auch dessen Account zur Festlegung der Zugriffsrechte, um bestimmte Serverbereiche vor nicht erlaubten Zugriffen zu schützen

VBSCRIPT

abgespecktes Visual Basic (ähnlich dem JavaScript) zur Steuerung von Active-X Controls

VDO

Videoformat (siehe QuickTime)

VERSCHLÜSSELUNG

Sicherung von sensiblen Daten (Kreditkartennummern, ect.) vor Dritten mittels Codierprogrammen wie Pretty Good Privacy (PGP) oder besonderen Übertragungsprotokollen wie SET oder SSL

VIDEOKONFERENZ

Konferenz mit mehreren Teilnehmern, die sich per Minikameras miteinander in Echtzeit unterhalten

VIRUELLER SERVER

einer von mehreren Servern, die gleichzeitig auf einem Rechner beim Provider laufen

VIRUS

bösartige Agents, die sich nach dem Audführen in normale Dateien hineinschreiben, um sich so selbst zu kopieren oder Schäden an der Festplatte verursachen

VISITS

Anzahl der Besuche auf einem Web-Server

VR

Virtual Reality = virtuelle Realität;
Anwendungen die in von Computer erzeugten dreidimensionalen Welten (Cyberspace) ablaufen

VRML

Virtual Reality Markup Language;
Sprache zur Beschreibung von dreidimensionalen, virtuellen Animationen und Gegenständen im WWW

W

WAV

Wave, Audioformat

WEB

Kurzform für das World Wide Web

WEBMASTER

Verwalter eines Web-Servers oder einer Web-Seite

World Wide Web

der multimediale und zweit beliebteste Dienst im Internet nach E-Mail; löste mit der Einführung 1993 die Online-Dienste Gopher ab

WWW

Abkürzung für World Wide Web

ANHANG QUELLCODE KEYWORDS (STAND 2004)

Beispiel für Keywords des Webauftritts www.energy.de

```
<html>

<head>

<title>ENERGY - HIT MUSIC ONLY!</title>

<meta http-equiv="content-type" content="text/
html;charset=iso-8859-1">

<META NAME="title" CONTENT="Radio Energy Network">

<META NAME="keywords" CONTENT="energy, energie, radio,
radios, radioplay, radiofrequenz, radiofrequenzen,
frequenzen, sender, wellen, radiostation, radio-
stationen, internetradio, internetradios, webradio,
webradios, livestream, realaudio, real audio, realau-
dios, real audios, webpublikation, webpublikationen,
medien, medienkunst, webbroadcast, web-broadcast,
broadcast, radiobroadcast, internetbroadcast, inter-
net-broadcast,akustische kunst, radiokunst, radioart,
audio art, musik, musiker, konzerte, konzerttermi-
ne, konzertkalendar, musikveranstaltung, musikver-
anstaltungen, party, parties, open-air, open air,
openairs, open-airs, festival, festivals, rock, pop,
funk, soul, r&b, rhythm and blues, rap, hip hop, reg-
gae, boygroup, boygroups, schlager, schlager der wo-
che, deutsche schlager, charts, webcharts, hitparade,
hit, hits, musikwunsch, hit-cycling, top 10, top 20,
musikwuensche musikw&uuml;nsche, musikalbum, musi-
kalben, lp, lps, cd, cds, kassette, kassetten, cover,
coverversionen, programm, programme, programmschema,
moderator, moderatorin, moderatoren, sprecher, spre-
cherin, morningshow, der lange samstag, weltweit-
show, freizeitshow, update, computernews, rockblock,
netscene, g&auml;stebuch, gaestebuch, service, ser-
```

```
vicethemen, service, news, chat, chatter, nachricht, nachrichten, verkehr, verkehrsmeldungen, spiel, spiele, gewinnspiel, gewinnspiele, livecam, livecams, studiocam, studiocams, webcam, webcams, municam, municams, muenchen, hamburg, nuernberg, berlin">

<META NAME="description" CONTENT="Radio Energy in Hamburg, Berlin, München, Nuernberg">

<META NAME="robots" CONTENT="INDEX,FOLLOW">

<META NAME="audience" CONTENT="Alle, Experten, Fans, Fortgeschrittene, Frauen, Jugendliche, Kinder">

<META NAME="revisit-after" CONTENT="2 day">

</head>

<frameset cols="142,658,*" framespacing="0" frameborder="NO" border="0">

 <frame name="leftFrame" src="left.html" noresize marginheight="0" marginwidth="0" margin="0" scrolling="NO">

 <frameset rows="63,*" frameborder="NO" border="0" framespacing="0" cols="*">

 <frame name="topFrame" noresize scrolling="NO" src="/hidden/national/top.html">

<frame name="mainFrame" src="main.html" noresize marginheight="0" marginwidth="0" margin="0" scrolling="AUTO">

 </frameset>
```

```
 <frame src="/hidden/national/right.html"
name="rightFrame" noresize marginheight="0" margin-
width="0" margin="0" scrolling="NO">

</frameset>

<noframes>

<body>

<!-- IVW VERSION="1.0" -->

<SCRIPT LANGUAGE="JavaScript"> <!--

var IVW="http://energyon.ivwbox.de/cgi-bin/ivw/CP/
index.html";

document.write(„<IMG SRC=\
""+IVW+"?r="+escape(document.referrer)+"\"
WIDTH=\"1\" HEIGHT=\"1\">"); // -->

</SCRIPT>

<NOSCRIPT>

<IMG SRC="http://energyon.ivwbox.de/cgi-bin/ivw/CP/
index.html" WIDTH="1" HEIGHT="1">

</NOSCRIPT>

<!-- /IVW -->

</body>

</noframes>

</html>
```

ANHANG HTML-EDITOREN[270]

1st Page 2000

ist das Hilfsmittel, um schnell und einfach Websites zu erstellen.
Der Editor ist Freeware.

http://www.evrsoft.com/1stpage/

AceHTML-Freeware

In AceHTML finden Sie einen sehr komfortablen Editor zum professionellen Erstellen Ihrer eigenen Homepage. Das Tool ist uneingeschränkt nutzbar. Die jeweils neueste Version finden Sie unter der Adresse:

http://www.visicommedia.com/acehtml/

AFSS HTML Designer

Der HTML Designer ist ein Source-Code-Editor, mit dem man professionelle Internet-Seiten gestalten kann. Er erleichert Anwendern, die mit HTML schon vertraut sind, die Arbeit, da der Editor viele Textformatierungen, Formularsteuerelemente, Listen, JavaScript und vieles mehr bietet.

http://www.afss.de/designer/

270| Quelle: http://www.interware.de/edit.html gesehen am 09.04.2004

ANT_DEMO

ANT ist ein Aufsatz für Winword ab Version 6.0 mit dem Sie des Textverarbeitungsprogramm als HTML Editor verwenden können. Die Winword Makros sind an die englische Version von Winword angepaß, die aber größtenteils ohne Änderungen mit der deutschen Version laufen.

Unterstrützte Versionen sind: Word for Windows, Word for Macintosh, NT, WIN95 (Word 7.0), Office97/Word97 (Word 8.0)

Die jeweils neueste Version finden Sie unter der Adresse:

http://telacommunications.com/ant

Arachnophilia

ein sehr netter Editor ist Arachnophilia, der Nachfolger von WebThing. Es ist ein Share-Care Programm (schwer zu erklären, aber ganz nett) und läuft unter Win95 und NT.

http://arachnoid.com/

asWebedit

Ist für Unix, Textzeilen-Hacken, Syntax-Highlighting, und unterstützt HTML4.0.

http://www.advasoft.com/

BBEDIT

Ein HTML-Editor für den Macintosh

http://www.barebones.com/

Coffeecup HTML Editor

Ein editor mit zahlreichen Features und eingebautem Java Script, GIF-Animationen, Farbauswahl für Text, usw.

http://www.coffeecup.com/editor

Crackerjack

Crackerjack kommt aus dem selben Haus wie ANT und ist ebenfalls ein Aufsatz für Winword ab Version 6.0 mit dem Sie des Textverarbeitungsprogramm als HTML Editor verwenden können. Die Winword Makros sind an die englische Version von Winword angepaß, die aber größtenteils ohne Änderungen mit der deutschen Version laufen.

Im Gegensatz zu ANT werden Texte nicht beim Abspeichern formatiert sondern beim Schreiben. Die WYSIWYG Funktion ist geringer als bei ANT. Daher ist dieser Aufsatz eher fü Programmierer geeignet.

Unterstrützte Versionen sind: Word for Windows, Word for Macintosh, NT, WIN95 (Word 7.0), Office97/Word97 (Word 8.0)

Die jeweils neueste Version finden Sie unter der Adresse:

http://telacommunications.com/crackerjack

Designer HTML for Windows 95

Einfacher, aber leistungsfähiger HTML Editor.

Die jeweils neueste Version finden Sie unter der Adresse:

http://gaigs.cmsc.lawrence.edu/welcome.html

Dreamweaver

Dreamweaver ist ein Programm zur Erstellung von professionellen Webseiten. Die jeweils neueste Version finden Sie unter der Adresse:

http://www.macromedia.com/software/dreamweaver/

Dummy

Einfaches Tool zur dialoggestützten Erzeugung von HTML Homepages. Die jeweils neueste Version finden Sie unter der Adresse:

http://www.sausage.com

EasyHTML

EasyHtml ist ein kostenloser HTML-Editor und besitzt viele Funktionen.

Die jeweils neueste Version finden Sie unter der Adresse:

http://www.saunalahti.fi/tonihele/

Gomer

Ein einfacher HTML Editor mit allen Funktionen.

Die jeweils neueste Version finden Sie unter der Adresse:

http://stoopidsoftware.com/

Home Page Wizard

Der Compuserve Home Page Wizard ist für Anfänger im Web Publishing sehr gut geeignet und unterstützt gerade unerfahrene Anwender durch einen Assistenten und eine Buttonleiste.

Die jeweils neueste Version finden Sie unter der Adresse:

http://ourworld.compuserve.de

Homesite

Homesite von Allaire ist ein QuellcodeEditor mit zahlreichen Wizards (Frames, Tables, Forms usw.), einer sehr umfangreichen Hilfe, JS-Scriptgeneratoren und am besten: Globales Suchen und Ersetzen über alle Seiten eines Projektes/in einem Verzeichnis/oder die, die im Editor gerade offen sind.<P<

http:/allaire.com/cts/ite

HotDog

HotDog ist ein sehr leistungsfähiger HTML-Editor für Windows 95 und 3.1, der Sie gut bei der Gestaltung Ihrer Web-Seiten unterstützt. Alle wichtigen HTML Elemente sind über die Buttonleiste leicht erreichbar. Leider ist die frei verfügbare Version nur eine auf 4 Wochen beschränkte Testversion.

Die jeweils neueste Version finden Sie unter der Adresse:

http://www.sausage.com.

HoTMetal Free 2.0

HotMetal ist einer der Klassiker unter den HTML Editoren, der für viele Plattformen verfügbar ist. Der Editor prüft beim Öffnen eines Dokuments, ob es dem HTML Standard entspricht. Ist dies nicht der Fall, kann das Dokument nicht geöffnet werden. Der Editor ist auch schon etwas in die Tage gekommen. Die Version 3.0 wurde wesentlich verbessert und mit zahlreichen Features ausgestattet. Leider ist diese Version nicht mehr Shareware. Version 3.0 wurde von zahlreichen Fachzeitschriften prämiert. Sie können HoTMetal Pro 3.0 bei uns für 345,- DM (inkl. MwSt.) zzgl. Porto + Verpackung per E-Mail an order@iwns.de bestellen.

Zusätzliche Informationen und die freie Version 2.0 finden Sie unter der Adresse:

http://www.sq.com

HTML Assistant Pro 2

Der HTML Assistant ist ein Editor fü fortgeschrittene Anwender. Zwar ist die Buttonleiste nicht besonders gut gelungen und uneinheitlich, aber alle notwendigen Funktionen sind vorhanden. in der Vollversion werden auch HTML 3.0 Tags unterstützt.

Die jeweils neueste Version finden Sie unter der Adresse:

http://fox.nstn.ns.ca/~harawitz/index.html

HTMLed 1.2e

Bei HTMLed handelt es sich um einen Editor für Profis, der in der registrierten Version noch über einige zusätzliche Features verfügt. Mit HTMLed können Sie die Daten sowohl im DOS als auch im UNIX Format (ohne Carriage Returns) abspeichern.

Die jeweils neueste Version finden Sie unter der Adresse:

http://www.ist.ca/htmledpro/

HTML Edit

HTML 3.0 Editor für Programmierer. Internet Explorer Erweiterungen werden unterstützt und HTML Tags können neu definiert werden.

Die jeweils neueste Version finden Sie unter der Adresse:

http://www.iac.net/~afi/htmledit/htmledit.html

HTML Express 32-bit

Ein Windows (16 und 32 Bit) Programm zur einfachen Erzeugung von HTML Seiten mit Netscape und Internet Explorer Erweiterungen. Das Programm eignet sich für Anfänger ohne HTML Kenntnisse.

Die jeweils neueste Version finden Sie unter der Adresse:

http://www.pe.net/~coolkev/htmlexpress.html

HTMLedit

Der HTMLedit ist ein einfacher Editor, mit Tabellen und Frames Unterstützung aber ohne WYSIWYG.

Die jeweils neueste Version finden Sie unter der Adresse:

http://hem.passagen.se/htmledit

HTMLpro

Der HTMLpro Editor ist für fortgeschrittene Anwender gedacht. Er ist einer der wenigen Editoren, die auch schon in einer Windows 95 Version verfügbar sind.

Die jeweils neueste Version finden Sie unter der Adresse:

http://cse.unl.edu/ssis/~dmerrima/KSD.html

HTML Editor Phase 5 Second Edition

Der HTML EDITOR ist ein kostenloser, kompakter HTML-Quelltext Editor, der für Internet, Intranet und Offline-Projekte geeignet ist. Das Programm ist FreeWare und darf somit kostenlos kopiert und verteilt werden.

http://www.meybohm.de/htmledit/htmledit.html

HyperType Edit

Kleiner Edior mit einer Menge Leistungsmerkmalens

http://users.aol.com/nutfact/hypeedit.htm

Internet Assistant

Microsoft stellt mit dem Internet Assistant auch einen HTML Aufsatz für Winword 6.0a, 6.0c (Internet Assistant 1.0) und Winword 7.0 (Internet Assistant 2.0) zur Verfügung.

Sie können HTML Dateien ohne Kenntnis der HTML Syntax sehr leicht erstellen. Wenn Sie mit Winword bereits vertraut sind, brauchen Sie sich nicht an einen neuen Editor gewöhnen. Im Vergleich zu reinen HTML Editoren haben Sie den Vorteil, daß Sie sich nicht mit der HTML Syntax beschäftigen müssen, da Sie Zeichen- und Absatzformate von Winword für die Textformatierung benutzen. Dadurch muß der Text bei jedem Laden und Speichern in das entsprechende HTML Format umgewandelt weden. Einerseits dauert dies eine Weile, andererseits aber hat die Konvertierung einen weiteren Nachteil. Manche Teile eines HTML Dokuments bleiben dem Benutzer verborgen und können nicht angepaß werden. Der Internet Assistant ist daher besonders für Anfünger sehr zu empfehlen. Profis sollten lieber einen HTML Editor benutzen.

Die jeweils neueste Version finden Sie unter den Adressen:

http://www.microsoft.de.

http://www.microsoft.com.

Internet Designer Pro 2.5

Ein WYGIWYS Editor für Windows 95/98/NT/2000/ME, der unter anderem Java-Applets/Sripts, Projektverwaltung, Scriptbibliothek, Formulare, Layers, Aufzählungslisten, Dynamische Buttons unterstützt.

http://www.viennasoft.at/viennasoft/index.htm

Ned's Speedy HTML Maker

Der Editor visualisiert Tags und kann Dateien über 32K bearbeiten

http://www.eskimo.com/~nedg/spdy.html

NoteTab

Innovativer Text und HTML Editor, der Ihnen Zeit ersparen kann

http://www.notetab.com/

Proton

Proton ist ein universeller Text/Code-Editor. Er ist kleine Bruder des HTML-Editor Phase 5. Nicht so mächtig in Punkto HTML, aber dafür schneller und universeller einsetzbar.

http://www.meybohm.de/proton/index.html

Star Division - Star Office

Star Office ein komplettes Office Paket für verschiedene Betriebsysteme. Die Personal Edition steht für nichtkommerzielle Nutzung kostenlos in der Download-Sektion zur Verfügung

http://www.sun.com/staroffice

SuperHTML

SuperHTML ist die perfekte Symbiose aus einem text-basierten Editor und einer WYSIWYG-Engine.

http://www.superhtml.de

W3E EDITOR JAVA BLADE FOR WINDOWS 95

Interaktiver Editor, der bei der der Erzeugung von HTML Seiten hilft und auch VRML Hilfen enthält.

http://www.nce.ufrj.br/~cracky/w3e.html

Web Author

WebAuthor ist der deutsche Editor für Web-Entwickler, die mit den Sprachen HTML, php3 und Perl arbeiten. Er ermöglicht das komfortable Erstellen von Seiten direkt im Quelltext und unterstützt Sie dabei mit einer Vielzahl von Editierhilfen.

http://www.resoft.de/

Web Edit 1.4a

Der Editor WebEdit ist für erfahrene Benutzer gedacht. Die gut strukturierte deutsche Oberfläche bietet eine Buttonleiste und auf der rechten Maustaste liegen nützliche Funktionen.Der Editor unterstützt HTML 3- und Netscape-Features.

Die jeweils neueste Version finden Sie unter der Adresse:

http://www.nesbitt.com

Web Editor 3.05

HTML 4.0, CSS und DHTML Support/Mathematischer WYSIWYG Formeleditor/Script Wizard für Fans von JavaScript/Einfaches publizieren mit einem FTP-ähnlichem Tool/Komplette Web Sites auf einmal importieren/Inhalte mit Drag & Drop verschieben

Die aktuelle Version finden Sie unter:

http://www.namo.com

Web Media Publisher 2.6

Der für professionelle Anwender gedachte 32 Bit Editor enthält sehr viele Features, wie HTML 3, Netscape 2.0, MS Explorer features, lange Dateinamen, leichte Tabellen- und Formularerstellung, Java Support und vieles mehr. Leider können Sie den Editor in der shareware Version nur 20 Mal starten. Danach können Sie keine Dateien mehr speichern.

Die jeweils neueste Version finden Sie unter der Adresse:

http://www.wbmedia.com/software.html

Web Page Creator

Kleiner aber robuster Editor

http://www.geopages.com/broadway/1172/

Webmania

Sehr leistungsfähiger Edior

http://www.q-d.com

WebWizard

Das Programm ist im eigentlichen Sinn kein HTML Editor, sondern ein Hilfsmittel zum Erzeugen einer Homepage. Ist die Homepage erst mal erstellt, können Änderungen nur mit einem (HTML) Editor vorgenommen werden. Das Programm liegt in einer 16 und 32 Bit Version vor und erfordert keinerlei HTML Kenntnisse. Es ist also für Anfänger sehr geeignet.

Die jeweils neueste Version finden Sie unter der Adresse:

http://www.halcyon.com/webwizard

ANHANG E-MAIL-ETIKETTE[271]

Die E-Mail als neues Kommunikationsmedium bietet interessante Möglichkeiten für den Informationsaustausch. Durch die Beachtung einiger Empfehlungen wird die Nutzung effektiver und das Miteinander erleichtert. Diese Hinweise werden als E-Mail-Etikette bezeichnet und lassen sich auch auf andere Kommunikationsmittel der neuen Medien übertragen.

Parallelen zum klassischen Brief: Die E-Mail ist die elektronische Variante des klassischen Briefs. Deshalb gelten die dort üblichen Formen auch bei einer E-Mail. Dazu gehören beispielsweise Höflichkeit, eine Anrede und eine passende Verabschiedung. Auch sollten E-Mails niemals im Affekt bzw. ohne genaues Durchlesen geschrieben werden.

Anrede: Es gibt dafür keine allgemeingültige Regel. Die Verwendung von „Du" oder „Sie" ist vom Empfänger abhängig. Bei Newsgroups und Mailinglisten wird meistens das „Du" verwendet.

Stil und Rechtschreibung: Die übliche Rechtschreibung und Grammatik sind selbstverständlich, auf die Silbentrennung wird aber verzichtet. Durch Groß- und Kleinschreibung wird der Text leserlicher, durch logische Absätze übersichtlicher und durch nicht zu lange Sätze verständlicher. Nur Groß- bzw. Kleinschreibung erschweren den Lesefluss. Außerdem gilt Großschreibung in E-Mails als Schreien bzw. lautstarke Äußerung (für Hervorhebungen eigenen sich besser *Sternchen* vor und nach dem Wort). Die Länge sollte dem Zweck angemessen, die Ausdrucksweise kurz und prägnant sein. Abkürzungen sind sinnvoll; durch zu viele wird der Text aber unleserlich. In der Betreff-Zeile sollte auf Umlaute verzichtet werden. Dies kann auch für den gesamten Text gelten, beispielsweise bei internationalem E-Mail-Verkehr. Sonderzeichen und besondere Formatierungen sollten nicht eingesetzt werden, da es fraglich ist, ob das E-Mail-Programm des Empfängers diese verarbeiten kann. Mittels Emoticons (bspw. Smileys) können Gefühlsäußerungen wiedergegeben werden.

271| Holger Poeschel Quelle: http://www.phil-fak.uni-duesseldorf.de/ie/competence/02_selbst/email_etiktette.html

Inhalt: Eine E-Mail sollte nur verschickt werden, wenn es erforderlich ist und der Sache dient. Dabei gilt: In der Kürze liegt die Würze.Durch eine leichte Weiterleitung kann eine E-Mail schnell verbreitet werden. Daher sollte der Inhalt gut überlegt sein. Vor dem Absenden ist ein genaues Durchlesen empfehlenswert. Die Beteiligung an Serien- und Kettenbriefen ist verpönt; ebenso stoßen Rundmails (beispielsweise Weihnachtsgrüße) nicht unbedingt auf allgemeine Beliebtheit.

E-Mail-Adresse bzw. persönliche Namen: E-Mail-Kennungen sind meistens wenig aussagekräftig. Deshalb sollte, sofern die Möglichkeit besteht, den Adressen ein persönlicher Name zugefügt werden. Dies erleichtert die Identifizierung von Absender und Empfänger und hilft dem Postmaster bei Zustellproblemen den richtigen Adressaten herauszufinden. [Beispiel: Der eigentlichen E-Mail-Adresse <0815@yahoo.de> wird ein persönlicher Name zugegeben: Mustermann <0815@yahoo.de>] Der eigene Absender sollte mit „Nachname, Vorname" angegeben werden. Dies erleichtert dem Empfänger das Wiederfinden mittels der alphabetischen Sortierung.

Überschrift/Betreff-Zeile (Subjekt-Feld): Eine kurze, aussagekräftige Betreffzeile ist hilfreich bei der inhaltlichen Einordnung einer E-Mail.

Antworten (Reply): Für ein schnelleres Verständnis sollten Teile vom Originalbrief übernommen werden. Beim Leser ist dadurch der Kontext parat. Die vorherige E-Mail wird dabei auf das Wesentliche zusammengekürzt. Weniger ist hier oftmals mehr!

Signaturen: An eine E-Mail kann ein zusätzlicher Textblock, eine sog. Signatur, angehängt werden. Sie dient der Identifizierung des Absenders und enthält Name, Adresse, Erreichbarkeit usw. Vier bis sieben Zeilen sollten ausreichend sein.

Weiterleitung von E-Mails: Immer darauf achten (besonders bei der Reply- und Forward-Funktion) an wen die E-Mail geschickt wird und welche Informationen vom E-Mail-Programm zusätzlich angefügt werden. Abgesendete E-Mails können meistens kaum rückgängig gemacht werden. Das Weiterleiten von persönlichen E-Mails an Mailinglisten oder Newsgroups ohne Zustimmung des Absenders gilt als unhöflich.

Adressaten (CC- und BCC-Funktion): Geht eine E-Mail an mehrere Adressaten, so erscheinen bei der Carbon Copy (cc) alle Empfänger im Kopfteil derselben beim Empfänger. Dadurch wird der Text unnötig lang. Aus Datenschutzgründen ist dies auch problematisch. Durch die Blind Carbon Copy-Funktion (BCC) kann dies umgangen werden.

Anhänge (Attachment): Angehängte Dateien vergrößern die Datenmenge. Zudem ist fraglich, ob der Empfänger aufgrund unterschiedlicher Computersysteme damit etwas anfangen kann. Deshalb sollte der Einsatz gut überlegt sein.

Sicherheitsbedenken: In eine E-Mail gehören keine sensiblen Informationen. E-Mails gehen zumeist unverschlüsselt übers Netz und sind u.U. auch für andere einsehbar. Es gibt Verschlüsselungsprogramme wie S-MIME und PGP (Pretty Good Privacy: ein leistungsfähiges Verschlüsselungsprogramm, das für fast alle PC-Systeme kostenlos erhältlich ist und den geschützten Austausch von Daten erlaubt), die den Datentransfer sicherer machen.

Auf jeden Fall sollten Sie mit dem verwendeten E-Mail-Programm vertraut sein und die Hinweise des Providers beispielsweise bzgl. Aufbewahrung, Art der Speicherung und Archivkapazität kennen. Bitte bedenken Sie grundsätzlich: E-Mail funktioniert nicht unbedingt zuverlässig! In wichtigen Angelegenheiten sollten Sie sich rückversichern, ob die E-Mail angekommen ist bzw. der Austausch über dieses Medium möglich ist.

ANHANG DIE NETIQUETTE

Dieser Artikel soll Ihnen helfen, die Sitten und Gebräuche, die sich mit der Zeit in den „de.*“-Newsgruppen eingebürgert haben, kennenzulernen, und Ihnen über die wichtigsten Stolpersteine hinwegzuhelfen.

Es folgen einige Tips, wie man das Netz effizient und auch hoeflich zu aller Zufriedenheit benutzen kann (und sollte):

1. Vergiss niemals, dass auf der anderen Seite ein Mensch sitzt!

Die meisten Leute denken in dem Augenblick, wo sie ihre Artikel und Mails verfassen, leider nicht daran, dass die Nachrichten nicht ausschliesslich von Computern gelesen werden, sondern auch von (anderen?) Lebewesen, in erster Linie von Menschen.

Je nach Distribution kann Ihre Nachricht von Leuten z. B. in ganz Deutschland und der Schweiz gelesen werden. Denken Sie stets daran und lassen Sie sich nicht zu verbalen Ausbrüchen hinreissen. Bedenken Sie: Je ausfallender und unhoeflicher Sie sich gebärden, desto weniger Leute sind bereit, Ihnen zu helfen, wenn Sie einmal etwas brauchen.

Eine einfache Faustregel: Schreibe nie etwas, was Du dem Adressaten nicht auch vor anderen Leuten ins Gesicht sagen würdest.

2. Erst lesen, dann denken, dann nochmal lesen, dann nochmal denken und dann erst posten!

Die Gefahr von Missverständnissen ist bei einem geschriebenen, computerisierten Medium besonders hoch. Vergewissern Sie sich mehrmals, dass der Autor des Artikels, auf den Sie antworten wollen, auch das gemeint hat, was Sie denken. Insbesondere sollten Sie darauf achten, ob nicht vielleicht Sarkasmus oder eine ähnliche Abart des Humors :-) benutzt wurde, ohne ihn mit dem Smiley-Symbol „:-)“ zu kennzeichnen.

3. Fasse Dich kurz!

Niemand liest gerne Artikel, die mehr als 50 Zeilen lang sind. Denken Sie daran, wenn Sie Artikel verfassen. Nebenbei: Es empfiehlt sich, die Länge der eigenen Zeilen unter etwa 70 Zeichen zu halten.

4. Deine Artikel sprechen für Dich. Sei stolz auf sie!

Die meisten Leute auf dem Netz kennen und beurteilen Sie nur über das, was Sie in Artikeln oder Mails schreiben. Versuchen Sie daher, Ihre Artikel leicht verständlich und moeglichst ohne Rechtschreibfehler zu verfassen.

Ein Duden neben dem Rechner mag manchem als Übertreibung erscheinen; in Anbetracht der Tatsache, dass viele Leser den Autor eines vor Fehlern beinahe unleserlichen Artikels für einen (um es ganz deutlich zu sagen) Vollidioten halten, ist diese Investition vielleicht nicht ganz verfehlt.

Bedenken Sie, dass ihr Anliegen nicht rüberkommt, wenn es nicht einmal den elementaren Anforderungen an Stil, Form und Niveau genügt.

Bedenken Sie bitte auch: Vielleicht lesen Ihre zukuenftigen Kollegen oder Ihr zukünftiger Chef mit. Vorurteile bilden sich leicht.

5. Nimm Dir Zeit, wenn Du einen Artikel schreibst!

Einige Leute denken, es würde ausreichen, einen Artikel in zwei Minuten in den Rechner zu hacken. Besonders im Hinblick auf die vorangegangenen Punkte ist das aber kaum moeglich. Sie sollten sich Zeit nehmen, um einen Artikel zu verfassen, der auch Ihren Ansprüchen genügt.

6. Vernachlässige nicht die Aufmachung Deines Artikels!

Es ist natürlich nicht zwingend, einen Schreibmaschinenkurs mitgemacht zu haben, jedoch ist es ratsam, sich mit den wichtigsten der „Regeln für Maschinenschreiben“ (z. B. DIN 5008) vertraut zu machen.

Darüberhinaus sollten Punkte und Kommas selbstverständlich sein; durch Gross- und Kleinschreibung wird der Text leserlicher. Absätze lockern den Text auf, wenn sie alle paar Zeilen eingeschoben werden.

7. Achte auf die „Subject:"-Zeile!

Wenn Sie einen Artikel verfassen, achten Sie bitte besonders auf den Inhalt der „Subject:"-Zeile. Hier sollte in kurzen Worten (moeglichst unter 40 Zeichen) der Inhalt des Artikels beschrieben werden, so dass ein Leser entscheiden kann, ob er von Interesse für ihn ist oder nicht.

In länger dauernden Diskussionen kann es passieren, dass das Thema, über das debattiert wird, vom ursprünglichen „Subject" abweicht. Bitte ändern Sie die „Subject:"-Zeile entsprechend ab. Eine gute Angewohnheit ist es, wenn Sie den alten Titel zusätzlich noch angeben; bei Followups auf solche Artikel sollte der alte Titel aber entfernt werden. Ein Beispiel:

Nach dem Drücken von „F" im Newsreader (meist „nn" oder „rn") werden Sie mit

Subject: Re: Kohlrabi im Vorgarten

konfrontiert. Die Diskussion ist aber längst auf das Thema „Erbsen im Treibhaus" abgeschweift. Also ändern Sie wie folgt:

Subject: Erbsen im Treibhaus (was: Kohlrabi im Vorgarten)

Sollte die „Subject:"-Zeile nun länger als 80 Zeichen werden, so ist es sicher nicht schlecht, den alten Titel abzukürzen.

Followups auf Ihren neuen Artikel sollten nur noch den Titel

Subject: Re: Erbsen im Treibhaus erhalten.

8. Denke an die Leserschaft!

Überlegen Sie sich vor dem Posten eines Artikels oder Followups, welche Leute Sie mit Ihrer Nachricht erreichen wollen. Ein Artikel mit dem Titel „Fernseher Bj. 1972 an Selbstabholer“ ist in einer regionalen Newsgruppe sicher wesentlich besser aufgehoben als in einer weltweit lesbaren „de.*“-Gruppe.

Wählen Sie die Gruppe (oder Gruppen), in die Sie schreiben, sorgfältig aus. Posten Sie, wenn irgend moeglich, nur in EINE Gruppe. Ein „Crossposting“ eines Artikels in mehrere, womoeglich inhaltlich verwandte Gruppen ist nicht empfehlenswert. Wenn Sie dennoch ein Crossposting (durch Angabe mehrerer Gruppennamen in der „Newsgroups:“-Zeile) in die Welt setzen, lenken Sie bitte darauffolgende Postings mit Hilfe der „Followup-To:“-Zeile in eine Gruppe.

9. Vorsicht mit Humor und Sarkasmus!

Achten Sie darauf, dass Sie Ihre sarkastisch gemeinten Bemerkungen so kennzeichnen, dass keine Missverständnisse provoziert werden. Bedenken Sie:

In einem schriftlichen Medium kommt nur sehr wenig von Ihrer Mimik und Gestik rüber, die Sie bei persoenlichen Gesprächen benützen würden.

Im Netz gibt es für diesen Zweck eine ganze Reihe von Symbolen; die gebräuchlichsten sind „:-)“ und „:-(„. Wenn Ihnen nicht sofort auffällt, was diese Symbole bedeuten sollen, legen Sie den Kopf doch einfach auf die linke Schulter und schauen Sie nochmal... :-)

10. Kürze den Text, auf den Du Dich beziehst, auf das notwendige Minimum!

> Es ist eine gute Angewohnheit, Texte, auf die man sich bezieht, woertlich
> zu zitieren. Wenn Sie einen Followup-Artikel schreiben, wird Ihnen der
> gesamte Text, auf den Sie sich beziehen, von Ihrem Newsreader-Programm
> zum Bearbeiten angeboten. Der Originaltext wird dabei im Allgemeinen
> durch das Zeichen ‚>‘ eingerückt (ähnlich wie dieser Absatz), um klar
> ersichtlich zu machen, dass es sich dabei um zitierten Text handelt.

Machen Sie es sich zur Angewohnheit, nur gerade so viel Originaltext stehen zu lassen, dass dem Leser der Zusammenhang nicht verlorengeht. Das ist (a) wesentlich leichter zu lesen und zu verstehen und (b) keine Verschwendung von Ressourcen.

Lassen Sie den Originaltext aber auch nicht ganz weg! Der Leser Ihres Artikels hat den Artikel, auf den Sie sich beziehen, mit hoher Wahrscheinlichkeit nicht mehr exakt in Erinnerung und hat ohne weitere Anhaltspunkte grosse Mühe, den Sinn Ihrer Ausführungen zu erkennen.

ACHTUNG: Auch die UNTERSCHRIFT oder die SIGNATURE der Originalnachricht sollte nur dann zitiert werden, wenn darauf auch inhaltlich Bezug genommen wird. Wie die ebenso lästige DOPPELSIGNATURE ist dies ein FEHLER, den der Betreffende selbst oft nicht bemerkt. Ein persoenlicher Hinweis (bitte nur als MAIL!) kann in beiden Fällen nicht schaden.

11. Benutze Mail, wo immer es geht!

Wenn Sie dem Autor eines Artikels etwas mitteilen wollen, überlegen Sie sich bitte genau, ob dafür nicht eine simple Mail ausreicht.

Ein Beispiel: Spätestens dann, wenn hitzige Diskussionen schliesslich in wüste Beschimpfungsorgien ausarten, ist der Zeitpunkt gekommen, an dem die Diskussion niemanden ausser den Streithähnen interessiert.

Generell gilt: Wenn Sie etwas mitteilen wollen, das auch viele andere Leute interessieren koennte, benutzen Sie die News. Anderenfalls ist eine Mail sicherlich ausreichend.

12. Gib eine Sammlung Deiner Erkenntnisse ans Netz weiter!

Wenn Sie eine Frage an die Netzgemeinde gestellt haben, und darauf Antworten per Mail empfangen haben, welche evtl. auch andere Leute interessieren koennten, fassen Sie Ihre Ergebnisse (natürlich gekürzt) zusammen und lassen Sie damit auch das Netz von Ihrer Frage profitieren.

13. Achte auf die gesetzlichen Regelungen!

Es ist völlig legal, kurze Auszüge aus urheberrechtlich geschützten Werken zu informationellen Zwecken zu posten. Was darüber hinaus geht, ist illegal. Zu den urheberrechtlich geschützten Werken gehoeren unter anderem Zeitungsartikel, Liedtexte, Programme, Bilder etc. Ebenfalls illegal ist es, mit Wort und/oder Bild zu Straftaten aufzurufen oder zumindest Anleitungen dafür zu liefern.

Achten Sie darauf, dass Sie mit Ihrem Artikel keine Gesetze brechen, und bedenken Sie, dass sich evtl. jeder strafbar macht, der solche Informationen auf dem eigenen Rechner hält und anderen zugänglich macht.

14. Benutze Deinen wirklichen Namen, kein Pseudonym!

In der Mailboxszene ist es ab und zu üblich, seine wahre Identität hinter einem Pseudonym zu verbergen. Pseudonyme ermoeglichen es auch, Dinge zu sagen und zu tun, die man sich sonst nicht erlauben würde. Aufgrund der negativen Erfahrungen, die sehr viele Leute auf dem Netz mit den Trägern solcher Pseudonyme gemacht haben, und auch aus presserechtlichen Gründen sollten Sie Ihre Artikel mit Ihrem wirklichen Namen versehen. Wenn Sie nicht vorhaben, Ihren Namen preiszugeben, vergessen Sie das Usenet (oder zumindest das Schreiben von Artikeln und Mails) bitte schnell wieder.

Die Betreiber von Systemen, die schreibenden Zugriff auf das Netz anbieten, sind angehalten, entsprechende Massnahmen zu ergreifen (z. B. Eintragung des „Fullnames" ins GECOS-Feld der Passwortdatei o. ä.).

15. Kommerzielles?

Ein gewisses Mass an kommerziellen Informationen wird auf dem Netz gerne toleriert, z. B. Adressen von Firmen, die ein bestimmtes Produkt anbieten, nachdem jemand danach gefragt hat. Als unverschämt wird dagegen die Verbreitung von reinen Werbeinformationen angesehen, insbesondere, wenn sie ein gewisses Volumen überschreiten.
Bedenken Sie: Dies ist ein nichtkommerzielles Netz, und nicht jeder will Übertragungskosten für Werbung bezahlen.

16. Keine „human gateways" - das Netz ist keine Mailbox!

Ebenfalls wird davon abgeraten, seine Aufgabe darin zu sehen, Artikel aus verschiedenen anderen, für jedermann zugänglichen Netzen (um Namen zu nennen: Fido, Zerberus, BTX, etc. pp.) ins Netz zu pumpen.

Das gilt insbesondere dann, wenn es den Informationen am allgemein üblichen Niveau mangelt, die darin angesprochenen Tatsachen jedem durchschnittlich intelligenten Menschen bereits bekannt sind oder abzusehen ist, dass sich nur ein verschwindend geringer Bruchteil der Netz-User dafür interessiert.

Bedenken Sie: Das Netz ist keine Daten-Mülltonne.

17. „Du" oder „Sie"?

Aus der Deutschsprachigkeit der „de.*"-Hierarchie erwächst die Frage, ob man andere Netzteilnehmer in Artikeln und Mails „duzen" oder „siezen" sollte. Dafür gibt es keine allgemeingültige Regel; es hat sich jedoch eingebürgert, den Anderen mit „Du" anzureden. 99,9 % der Teilnehmer in der „de.*"-Hierarchie finden das auch völlig in Ordnung und würden es als eher absonderlich ansehen, wenn sie auf einmal gesiezt werden würden. Vielleicht ist diese Netiquette also der letzte Artikel im Netz, in dem Sie geSIEzt werden...

18. Zusammenfassung der Dinge, die Sie bedenken sollten...

- Vergiss niemals, dass auf der anderen Seite ein Mensch sitzt
- Erst lesen, dann denken, dann noch mal lesen, dann noch mal denken, und dann
  erst posten
- Fasse Dich kurz!
- Deine Artikel sprechen für Dich. Sei stolz auf sie!
- Nimm Dir Zeit, wenn Du einen Artikel schreibst!
- Vernachlässige nicht die Aufmachung Deines Artikels
- Achte auf die "Subject:"-Zeile!
- Denke an die Leserschaft!
- Vorsicht mit Humor und Sarkasmus!
- Kürze den Text, auf den Du Dich beziehst, auf das notwendige Minimum!

- Benutze Mail, wo immer es geht!
- Gib eine Sammlung deiner Erkenntnisse ans Netz weiter
- Achte auf die gesetzlichen Regelungen!
- Benutze Deinen wirklichen Namen, kein Pseudonym
- Kommerzielles?
- Keine "human gateways" - das Netz ist keine Mailbox
- "Du" oder "Sie"?

ANHANG DIE CHATIQUETTE

1. Begegne anderen Chattern mit Respekt und Höflichkeit. Dann werden auch sie Dich respektieren und höflich behandeln.

2. Wenn Du das erste Mal einen Chat-Raum betrittst, springe nicht gleich ins Geschehen. Schaue lieber erst, was für Leute da sind und welche Stimmung herrscht. In eine Kneipe rennst Du ja auch nicht hinein, springst auf einen Tisch und brüllst: „Hey Leute, da bin ich - unterhaltet mich!" Vielleicht liegen Dir
   Stimmung und Leute in diesem Raum gar nicht, dann kannst Du einfach den Raum wechseln.

3. Du flirtest gerne? Aber vielleicht dein Gegenüber nicht. Wenn sich jemand abweisend verhält, dann lasse ihn / sie in Ruhe, anstatt weiter zu bohren.
   Manchen nervt schon die Frage: „Bist Du m oder w?"

4. Jeder hat mal schlechte Laune. Aber lasse diese Gefühle nicht an den anderen Chattern aus! Wenn es Dir schlecht geht, musst Du nicht auch noch den anderen das Leben schwer machen - denn chatten bedeutet schließlich Spaß.
   Wenn Du über Deine Probleme reden willst, lässt sich sicher jemand finden, der Dir in einem ruhigen Chatchannel oder Separeé zuhört.

5. Hilf den Newbies! Wenn ein „Neuling" hereinkommt, erinnere Dich an Deinen ersten Chat. Hat Dir damals jemand geholfen? Dann tue es ihm gleich.
   Hat Dir keiner geholfen? Dann mach' es besser als die anderen damals, die Dir hätten helfen sollen. Vielleicht wird aus dem Newbie ein Stammchatter und ein Freund.

6. Wenn Du jemanden ansprechen möchtest, dann adressiere Deinen Satz, Beispiel:

   „Hi **tamtam.** Welche Musik hörst Du gerne?"
   Sonst weiß derjenige unter Umständen nicht, dass Deine Frage an ihn gerichtet war - und wird daher auch nicht antworten.

7. Chatten ist Spaß und Humor gehört dazu. Aber jeder hat einen anderen Humor, und was Du total witzig findest, kann bei einem anderen Magenschmerzen
   verursachen. Ganz davon abgesehen, dass Geschriebenes häufig ganz anders wirkt als Gesprochenes.

8. Bedränge niemanden, Dir seine Telefonnummer zu geben. Wenn derjenige mit Dir am Telefon sprechen möchte, wird er Dir freiwillig die Nummer geben.
   Aber den Zeitpunkt bestimmt derjenige selbst. Vielleicht ist es auch nie soweit. Damit musst Du leben.

9. GROSSBUCHSTABEN, **Fettschrift**, Farben,
   Grafiksmileys 😎 und sonstige Sonderbefehle sind nur als Betonung zu verwenden, zum Beispiel wenn Du jemanden ansprichst und seinen Namen hervorhebst oder du deine Stimmung ausdrücken willst. Wenn Du diese Mittel ständig verwendest, werden die anderen genervt reagieren.

10. Schimpfwörter solltest Du im Chat ganz vermeiden. Damit ziehst Du nur den Ärger der anderen auf Dich, die in Ruhe chatten wollen. Bedenke: Gewalt- und Drogenverherrlichung, pornographische Darstellungen und rassistische Äußerungen werden strafrechtlich geahndet.

11. Benimmt sich jemand im Chat daneben, dann lasse ihn einfach in Ruhe. Diskutiere nicht mit ihm und verärgere dadurch die anderen. Er wird sich nach kurzer Zeit langweilen und verschwinden, wenn ihn keiner beachtet.

Ist es ein besonders hartnäckiger, dann benachrichtige den Chat-Betreiber oder einen anwesenden Wächter/Guarduser/Superuser. Den Chat-Betreiber solltest Du in jedem Falle benachrichtigen, wenn sich jemand durch seine Äußerungen strafbar macht (siehe Punkt 10). Schreibe dem Chatbetreiber, wann genau der Störer online war und unter welchem Nicknamen er gechattet hat.

12. Wenn der Chatbetreiber die Möglichkeit anbietet, Dir einen „Nick“ auszusuchen, wähle keinen Nick, der andere Chatter beleidigt oder das Ziel hat, andere Chatter zu ärgern (zB. Nick-Fakes).
Selbstverständlich sind auch rassistische oder Gewalt verherrlichende Nicks verboten. Pornographische Nicks dürfen nur in ausgewiesenen Erotikchats verwendet werden und auch nur, wenn diese dort zugelassen sind.

13. Gib Dich nicht dem Irrglauben hin, Du seiest im Chat anonym. Das bist Du nicht. Chat-Server schneiden Deine Rechner-Adresse (IP) mit und speichern sie.
Über die IP-Adresse kommt der Chat-Betreiber zu Deinem Provider. Dieser speichert wiederum Deine Telefonnummer, mit der Du Dich eingewählt hast. So haben die Chat-Betreiber die Möglichkeit, Personen, die besonders unangenehm auffallen, zur Rechenschaft zu ziehen. Die meisten Chats protokollieren die Chats mit, um Straftaten beweisen zu können.

14. Wenn der Chatbetreiber Dir die Möglichkeit gibt, einen Link in den Chat zu werfen, nutze dies nicht für Werbung für andere kommerzielle Angebote oder Chats.
Dies ist in allen Chats verboten. Aber auch das ständige Einwerfen des Links zur eigenen Homepage geht ziemlich schnell auf die Nerven! Auch hier gilt: weniger ist mehr.

15. Werbe niemals Chatter für einen anderen Chat ab! Wenn Dir der Chat nicht gefällt, brauchst du das nicht ständig verkünden.
    Wenn Dir ein anderer Chat besser gefällt, dann geh in den anderen Chat.

16. „Früher war es hier besser." Dies ist einer der wichtigsten Sätze, die du in den Deinen ersten Stunden in jedem Chat hören wirst. Dies bedeutet nicht, dass Du schlechter bist. Wenn du dies trotzdem nicht nett findest, erinnere dich Monate später daran. Denn irgendwann wirst auch du diesen Satz sagen wollen.
    Das ist der Lauf des Lebens. Früher war besser. Immer.

Wenn Du diese Regeln befolgst, dann steht einem tollen Chat-Leben nichts mehr im Wege :-)

ANHANG WEBLOG-ANBIETER

Weblog-Anbieter sind Dienste, die ein komplettes Weblog aus einer Hand anbieten. Das heißt, sowohl die Weblog-Software als auch das Hosting der Internetseiten werden vom Anbieter übernommen.

Ein Vorteil dabei ist, dass man so nicht allzu viele Kenntnisse benötigt, um ein Weblog zu führen. Ein Nachteil besteht darin, dass man weniger Freiheiten bezüglich des verwendeten Designs/Aufbaus des Weblogs hat. Außerdem sind die Weblogs vieler Weblog-Anbieter in eine Weblog-Community eingebunden, was ebenfalls seine Vor- und Nachteile hat.

Einige bekannte Weblog-Anbieter und die Features die sie anbieten sind:

DEUTSCHSPRACHIGE ANBIETER:

http://www.20six.de/ 20six : Kommentare, Kategorien, Mobile Blogging (Email, SMS), RSS.

http://www.antville.org Antville: Blogger API, RSS-Feed, Kategorien, Kommentare, multiple authors (Antville nimmt leider keine neuen Weblogs mehr an)

http://www.blogall.de blogall: Kostenlos inklusive Kategorien, Kommentaren, Bildergalerien, etc.

http://www.blogg.de blogg.de : Host auf Sunlog-Basis: http://www.plasticthinking.org/wiki/Permalink Permalinks, Kalender, Kommentare, http://www.plasticthinking.org/wiki/TrackBack TrackBack, Kategorien.

http://www.blogger.de Blogger.de: Host auf Antville-Basis (nimmt derzeit keine Anmeldungen mehr entgegen).

http://www.bloghof.net/ BlogHof.net: kostenlos mit Werbung, http://www.plasticthinking.org/wiki/PermaLink PermaLinks, Kommentare, http://www.plasticthinking.org/wiki/WasIstRss RSS-Feed, Kategorien, http://www.plasticthinking.org/wiki/TrackBack TrackBack. Basiert auf http://www.21publish.net/ 21publish.net.

http://www.blogianer.de Blogianer.de

http://www.blogigo.de/ blogigo Weblogs: Permalinks, Kalender, Kommentare, Gästebuch, Umfragen, RSS, Ping.

http://www.blogy.de/ blogy.de: Kommentare, Kategorien, RSS-Feed, werbefrei

http://www.freeflux.net Freeflux: Kommentare, RSS-Feed, Bildergalerie, gravatare. Kostenlos, Werbung mit google-ads.

http://www.freenet.de/dienste/homepage/weblog/ Freenet Weblogs: Kommentare.

http://www.jetzt.de jetzt.de: kostenlos, RSS-Feed, Kategorien, Kommentare, Bildergalerien mit dem Unterschied, dass Blogging "Tagebuch schreiben" heißt, man das Standard-Design nicht ändern kann, und der Volltext der Beiträge nicht auf der Startseite des Tagebuchs angezeigt wird.

http://www.kulando.de kulando.de : Host auf pLog-Basis: Kostenlos,
http://www.plasticthinking.org/wiki/Permalink Permalinks, Kalender, Kommentare,
http://www.plasticthinking.org/wiki/TrackBack TrackBack, Kategorien,
RSS und Atom-Feed, Bildergalerie und weitere Plugins.

http://www.myblog.de/ myBlog.de : Kommentare, http://www.plasticthinking.org/wiki/WasIstRss RSS-Feed, Gästebuch.

http://www.olinfo.de/ olinfo.de: Deutsche Version der Weblog Software RADIO (vom Weblog-Pionier und Erfinderer Dave Winer) mit wirklichem WYSIWYG. Radio Beispielweblog: http://www.tippgeber.de/ Tippgeber.de

http://www.twoday.net Twoday.net : http://www.plasticthinking.org/wiki/Antville Antville-Basis, Blogger API, http://www.plasticthinking.org/wiki/WasIstRss RSS-Feed, Kategorien, Kommentare, multiple authors, http://www.plasticthinking.org/wiki/Permalink Permalinks, http://www.plasticthinking.org/wiki/TrackBack TrackBack.
Mit Werbung kostenlos, sonst Bezahlmodelle.

http://domains.freecity.de/pflegen/anleitung/anleitung_weblog.phtml Freecity Weblogs: Kommentare (Testbericht s. http://weblog.plasticthinking.org/item/872 hier)

http://www.sms.at sms.at: Blogging beim österr. SMS-Portal - Texteinträge per Web oder SMS, Photos über MMS

http://vanus.de vanus: RSS Feed, Bilder Galerie, Suche, Kommentare für registrierte User, hübsche Templates, http://www.plasticthinking.org/wiki/Permalink Permalinks.

http://jugendserver.spinnenwerk.de/spinnix/ Spinnenwerk: Jugendserver Berlin (Antville-Basis)

http://www.plogworld.de pLogWorld: kostenlos, Blogger API, RSS-Feed, Kategorien, Kommentare, Bildergalerien u.v.m

http://www.datenraum.junggeist.net datenraum.junggeist.net: Momentan in der Testphase, kostenlos, Datenraum online erweiterbar und "ump rogrammierbar", online eigene neue Plugins einfügen, sehr vielfältig nutzbar, ansonsten die standard Funktionen...

http://www.kaywa.ch http://www.kaywa.ch: Kaywa Mobile Weblogs: lesen und schreiben auf Internet oder Handy. Kategorien, Kommentare, Mehrere Autoren, Podcasting, Moblogging (Fotos, Text, Video, Audio), Diverse RSS-Feeds, Suche, Templates, Spezielle mobile Versionen (wml, xhtml, i-mode), Fotoalben (Fotos können auf Papier bestellt werden; als MMS oder E-Card versendet werden.)
Permalinks, Domainmapping, Passwortschutz, Statistiken, CSS Layout, 30/100/200 MB. 3 Bezahlmodelle, ab Euro 2.99/Monat. Und Community-Lösungen. Keine Werbung, ausser wenn dies speziell gewünscht wird.

http://www.blognic.net/ http://www.blognic.net/

http://www.blogmeister.de/ http://www.blogmeister.de/

http://www.mybloger.de/ http://www.mybloger.de/

http://www.verboten.net verboten.net: kostenlos, zur Zeit in der Testphase, Diverse RSS-Feeds, Suche, Kategorien, Kommentare, Bildergalerien, Templates, Passwortschutz, Statistiken, Trackback, keine Werbung, kink friendly

ENGLISCHSPRACHIGE ANBIETER:

http://www.blogger.com Blogger.com : Blogger API, multiple Authors. Hosting entweder inklusive mit Bannerwerbung, oder aber via FTP auf dem eigenen Server. ähnlich: http://www.zblogger.com zBlogger.

http://www.blogstudio.com/ Blog Studio: Kategorien, multiple Authors, Suchfunktion, werbefreies Hosting bei ""http://www.plasticthinking.org/wiki/BlogStudio BlogStudio"" oder FTP-Transfer auf den eigenen Server (letzteres nur in der kostenpflichtigen Pro-Version).

http://www.upsaid.com/ Upsaid: Werbefrei, Kommentare, http://www.plasticthinking.org/wiki/PermaLink PermaLinks.

http://www.blurty.com Blurty: Kommentare, RSS-Feed

http://www.xanga.com/ Xanga: Kommentare

http://www.fotolog.net/ Fotolog ist ein Anbieter für kostenlose Foto-Blogs. Kommentare, mail a friend.

http://invisiblog.com/ invisiblog.com lets you publish a weblog using http://gnupg.org/ GPG and the http://mixmaster.sourceforge.net/ Mixmaster anonymous remailer network. You don't ever have to reveal your identity - not even to us. You don't have to http://www.instapundit.com/archives/009109.php#009109 trust us, because we'll never know who you are.

http://www.blog-city.com/ Blog-City: Englischsprachig, Kommentare, Kalender, RSS-Feed.

Mit http://www.bloki.com/ Bloki, der Mischung aus einem WYSIWYG-Editor und einem Wiki, kann man jetzt auch bloggen. Immerhin hat man auch dazu natürlich den WYSIWYG-Editor, http://www.plasticthinking.org/wiki/PermaLink PermaLinks, monatliche Archive und einen RSS-Feed zur Verfügung.

http://www.blogeasy.com/ Blog Easy: http://www.plasticthinking.org/wiki/PermaLink PermaLinks, Kommentare.

http://www.livejournal.com/ Livejournal : mehrsprachig, Kalender, Kommentare, Freunde/Communities mit Gruppenjournalen, Stylesheets

http://www.journalspace.com/ http://www.journalspace.com/
Zwei Monate kostenlos alle Features testen, dann eingeschränkt oder mit Gebühr. Vorgefertigte Layouts die beliebig weiter entwickelt werden können. RSS 2.0. Posting via Livejournal Programms möglich.

http://www.easyjournal.com/ Easyjournal

http://www.freeroller.net/ Freeroller.net: Kalender, http://www.plasticthinking.org/wiki/PermaLink PermaLinks, Kommentare, http://www.plasticthinking.org/wiki/RssFeed RssFeed, http://www.plasticthinking.org/wiki/TrackBack TrackBack, Kategorien, Blogger Api.

http://www.blogdrive.com/ BlogDrive: Kalender, http://www.plasticthinking.org/wiki/PermaLink PermaLinks, Kommentare

http://www.bloghorn.com/ Bloghorn: Kalender, http://www.plasticthinking.org/wiki/PermaLink PermaLinks, Kommentare, http://www.plasticthinking.org/wiki/RssFeed RssFeed, WYSIWYG-Editor

http://www.tblog.com/ http://www.tblog.com/

http://blogontheweb.com/ http://blogontheweb.com/

http://diaryland.com http://diaryland.com

http://blogs.23.nu http://blogs.23.nu (Sieht nach kostenlosen Antville-Blogs aus)

http://www.blogsome.com/ http://www.blogsome.com/ (kostenlose Blogs auf http://www.plasticthinking.org/wiki/WordPress WordPress Basis!)

http://freeflux.net/ http://freeflux.net/ (kostenloses CMS mit Blog auf Bitflux CMS Basis, mit Galleries, statischen Seiten, Moblogging, etc)

KOSTENPFLICHTIGE ANBIETER OHNE GRATIS-MODELLE: (NUR DEUTSCHE)

http://www.blogstrasse.de Blogstrasse: Ab 4 € pro Monat für einen Webspace Account mit vorinstalliertem http://www.sunlog.org/ Sunlog oder anderen Weblog-Skripten.

http://myhosting.de/ myhosting: Der Weblog und Feature Hoster. Angebote für professionelle Weblogger, die gerne alles ausprobieren. Installationsservice, wenn gewünscht.

http://free.designblog.de/ free.designblog.de: Für 5,99€ pro Monat bekommt man ein ""http://www.plasticthinking.org/wiki/DesignBlog DesignBlog"" (wasimmer das genau sein mag ;) nebst Hosting inkl. Kalender, Kommentaren und RSS-Feed. Ausserdem gibt es eine kostenlose Probephase von 4 Wochen.

ENGLISCHSPRACHIGE KOSTENPFLICHTIGE ANBIETER OHNE GRATIS-MODELLE:

http://www.typepad.com Typepad: von den Machern von Movable Type (siehe weiter unten), mit Hosting, verschiedene Varianten 4,95/8,95/14,95 US$ pro Monat;
Features u.a. Kategorien, Titel, Kommentare, Bilderupload, Bookmarklet, http://www.plasticthinking.org/wiki/TrackBack TrackBack, Suche, Archive, Blogroll, Photoalbum, Domainmapping, Passwort Schutz, Import der Einträge, Statistiken, RSS, CSS Layout, 50/100/200 MB.

ANHANG RSS VERSIONEN UND AUFBAU[272]

Derzeit gibt es mehrere Versionen von RSS, deren Versionsnummern zwar aufeinander Bezug nehmen, die aber von verschiedenen Firmen bzw. Entwicklergruppen zum Teil unabhängig voneinander herausgegeben wurden.

1. Das älteste dieser Formate ist das RSS 0.90 des ehemaligen My Netscape Network, einer individualisierbaren Nachrichtenseite von Netscape, aus dem Jahr 1999. Es basiert auf RDF, wurde aber schnell durch RSS 0.91 abgelöst, welches nicht mehr auf RDF, sondern einer einfachen XML-Dokumenttypdefinition basiert.

2. Die Versionslinie 0.9x wurde von UserLand inoffiziell weiterentwickelt. Mitte 2000 veröffentlichte UserLand mit RSS 0.91 ein gleichnamiges, aber unterschiedliches Format. Später wurden noch 0.92 sowie Entwürfe zu 0.93 und 0.94 herausgegeben.

3. Währenddessen veröffentlichte eine von UserLand unabhängige, freie Entwicklergruppe im Jahr 2000 Version RSS 1.0. RSS steht bei dieser Version für RDF Site Summary. Das heißt, RSS 1.0 basiert erneut auf RDF.

4. Im Jahr 2002 setzte UserLand mit Version 2.0 seine RSS-Versionslinie fort. RSS 2.0 erweitert die älteren RSS-0.9x-Spezifikationen, macht aber keinen Gebrauch von RDF. RSS 2.0 ist umstritten, da es entgegen den Aussagen von UserLand nicht vollständig abwärtskompatibel zu den 0.9x-Versionen ist. Es setzt sich als Quasi-Standard dennoch immer mehr durch. Die Version 2.0 wird als Really Simple Syndication bezeichnet.

Weiterhin gibt es im selben Bereich das konkurrierende Format Atom, welches ebenfalls auf XML basiert. RSS und Atom sind nicht miteinander kompatibel, RSS kann jedoch in Atom konvertiert werden und umgekehrt.

272| http://de.wikipedia.org/wiki/Rss

AUFBAU EINER RSS-DATEI

Der folgende Beispielcode zeigt einen einfachen RSS-Feed auf Basis von RSS 2.0. Der kursive Text muss jeweils durch die eigenen Inhalte ersetzt werden.

```
<?xml version="1.0" encoding="utf-8"?>
<rss version="2.0">
  <channel>
    <title>Titel des Feeds</title>
    <link>Adresse der Webpräsenz</link>
    <description>Kurze Beschreibung des Feeds</description>
    <language>de-de</language>
    <copyright>urheberrechtliche Informationen</copyright>
    <pubDate>Datum der Erstellung</pubDate>
    <image>
      <url>Soll eine Grafik, z.B. ein Logo, eingebunden werden,
          hier dessen Adresse eintragen</url>
      <title>Titel des Bildes</title>
      <link>Adresse, mit der das Bild verknüpft werden soll, z. B.
      die Adresse der Webpräsenz des Herausgebers</link>
    </image>
    <item>
      <title>Titel des ersten Artikels</title>
      <description>Eine kurze Zusammenfassung des Artikels</description>
      <link>Adresse zur Gesamtansicht des Artikels</link>
      <author>Autor des Artikels</author>
    </item>
    <item>
      <title>Titel des zweiten Artikels</title>
      <description>
        <![CDATA[
        <h1>Hier kann auch der vollständige HTML-Inhalt
          des Artikels stehen</h1>
        <p>...</p>
        ]]>
      </description>
      <author>Autor des Artikels</author>
    </item>
    ...
  </channel>
</rss>
```

Verlinkung einer RSS-Datei

Man kann eine RSS-Datei in der HTML-Seite, deren Inhalte sie maschinenlesbar enthält, verlinken. Aggregatorprogramme können dadurch selbstständig die Adresse des RSS-Feeds eines Webangebots herausfinden (genannt auto-discovery). Moderne Browser ermöglichen es dem Seitenbesucher, den so verlinkten RSS-Feed zu abonnieren. Beispielsweise wird in der Adress- oder Statusleiste des Browser-Fensters eine RSS-Schaltfläche angezeigt.

Dazu fügt man im `head`-Bereich ein `link`-Element ein:

```
<link rel="alternate" type="application/rss+xml"
  title="RSS" href="http://Adresse/der/Datei.rss">
```

ANHANG DEFINITION PAGE IMPRESSION/ VISIT LAUT IVW[273]

Einbindung SZM-Tag

Überblick

Inhalt dieses Dokumentes ist die Definition des Pixelaufrufes aus den Angebotsseiten der Werbeträger - im weiteren SZM-Tag genannt.

Grundsätzliches

Der SZM-Tag

Zur Teilnahme am Verfahren muss jede HTML-Seite eines Angebotes mit dem korrekten SZM-Tag versehen werden. Der pixelaufrufende Tag, welcher von den Boxen erkannt und gezählt wird, hat folgende Struktur:

http://<angebot>.ivwbox.de/cgi-bin/ivw/<type>/<sk>;<var>?<options>

wobei

<angebot>

der Name des Angebots ist. Dieser Name wird VON DER IVW für jedes Angebot individuell festgelegt. Er besteht aus maximal 8 alphanumerischen Zeichen.

<type>

der Typ des abgerufenen Pixels ist. Dieser Typ hat die Struktur [CP,NP]. Folgende Einträge sind möglich:

273| Quelle: http://www.ivwonline.de/messverfahren/szm-tag.php Stand: 18. September 2002

"CP" für Content-Pixel Damit sind HTML-Seiten zu kennzeichnen

"NP" für Newsletter-Pixel Damit sind HTML-Newsletter zu kennzeichnen

<sk>

die Identifikation der Seitenkontingente im Angebot ist (optional). Die Seitenkontingente können mehrere Ebenen haben. Die einzelnen Ebenen müssen durch einen "/" getrennt werden (z.B.: sport/handball/). Diese Identifikation hat die Struktur [a-zA-Z0-9/]* und ist zusammen mit dem folgenden Key maximal 255 Zeichen lang.

;<var>

weitere Zeichen darstellen kann (optional). Das Zeichen "' " dient als STOP-Zeichen für das <key>-Elemen. Nachfolgende alphanumerische Zeichen werden bei der Auswertung ignoriert. Die folgenden Zeichen dürfen zusammen mit <sk> und <key> die Anzahl von 255 nicht überschreiten.

?

die Identifikation für "nicht-statischer"-Inhalt ist (optional). Viele http-Klienten und Proxy-Server interpretieren neben dem Vorhandensein von /cgi-bin/ im Pfad auch das ,?' als Identifikation für aktive Inhalte und behandeln diese entsprechend.

<optionen>

eine Reihe von zusätzlichen Parametern ist (optional). Diese Parameter dienen zur näheren Spezifikation des Aufrufes und zur Übermittlung spezieller Informationen. Alle Parameter sind optional. Z.Zt. werden die folgenden Parameter interpretiert:

r=<URL> der Dokumentenreferrer (via javascript)

i=<String> ein beliebiger Identifikationszusatz

s=<Integer>	die Position im Historybuffer (o.ä.) zur Identifikation der aktuellen Position im Anfragebaum

Wann darf gezählt werden

Es darf nur dann gezählt werden, wenn der Nutzer eines Angebotes eine Aktion innerhalb des Angebotes durchgeführt hat. Automatische Reloads, automatische Weiterleitungen und ähnliches dürfen nicht gezählt werden. Grundsätzlich gilt, pro nutzerindizierte Aktion darf eine PageImpression gezählt werden.

Was darf gezählt werden

Der SZM-Tag darf zur Zeit nur in HTML-Seiten implementiert werden. Eine Einbindung in andere Medien (Flash) ist zur Zeit nicht möglich. Die einzig gültigen Content-Typen sind zur Zeit "CP" und "NP". Wegen der Beschränkung auf nutzerinduzierte Abrufe kann folgender Content zur Zeit nicht gezählt werden:

- Client-Pull-Abrufe (über automatischen Seiten-Refresh).
- Alle Java-Applets, JavaScripte, ActiveX-Komponenten , Plugins und Server-Push-Anwendungen, die automatische Pixelabrufe generieren.
- Email mit Ausnahme von HTML-Email. In HTML-Email kann das IVW-Pixel mit der Contenttypbezeichnung "NP" eingebaut werden.
- Chat in jeder Gestaltungsform, also auch, wenn er vom Nutzer aktualisiert wird oder der Nutzer einen Mausklick zum Absenden seiner eigenen Beiträge ausführen muss. Bei Chat darf lediglich die Einstiegs- bzw. Anmeldeseite gezählt werden.

Framesets

Der Tag darf nur im Content-Frame aufgerufen werden. Ein Aufruf innerhalb eines Werbeframes ist nicht gültig. Enthält ein Angebot Frames ist zu prüfen, dass pro Frameset nur ein Pixel abgerufen wird.

Zusammensetzung eines Angebotes

Ein bei der IVW gemeldetes Angebot kann folgende Contentaufrufe zu seinem Angebot zählen:

a. Den Aufruf der bei der IVW gemeldeten FQDN
   Ein FQDN nach IVW-Standard ist wie folgt aufgebaut:
   <http>://<www>. <Second-Level Domain>. <First-Level Domain>
   <http>:// <Second-Level Domain>. <First-Level Domain>
   Jede FQDN ist als eigenständiges Angebot bei der IVW aufzunehmen. Ausnahmen von dieser Regelung sind Alias-Namen und Redirects.

   Subdomains in der Form:
   <http>:// <subdomain>. <Second-Level Domain>. <First-Level Domain>
   sind als dem Angebot zugehörig auszuweisen.

   Content, der über ein Unterverzeichnis des Angebotes erreichbar ist in der Form
   <http>:// <Second-Level Domain>. <First-Level Domain>/ Content
   ist ebenfalls als dem Angebot zugehörig auszuweisen.

b. Alias-Namen nach IVW-Standard
   Eine Bezeichnung für "Ersatzname". Ein Alias-Name ersetzt einen vollständigen FQDN durch einen

anderen und führt in allen Eigenschaften zu einer identischen Seite des ursprünglichen FQDN. Beispiele für Aliase sind unterschiedliche Schreibweisen der DNS-Adresse. Alias-Namen, die bei der Auswertung mitgezählt werden, sind in der Hostliste aufzuführen.

c. Redirect nach IVW-Standard
Redirects sind eigenständige FQDN, die auf ein Unterverzeichnis des Mitglieds-Angebotes verweisen. Redirects haben die Aufgabe untergeordnete Teile eines Angebotes dem Nutzer zugänglich zu machen, die zu einem anderen Angebot mit eigener DNS-Adresse gehören. Der Redirect kann als Seitenkontingent gezählt und ausgewiesen werden. Ein Redirect, der auf einen Angebotsteil verweist, der drei aufeinander folgende Monate mehr als 50 Prozent der Page Impressions des übergeordneten Angebotes erzielt, wird als eigenständiger FQDN betrachtet.

d. Content von Third-Party-Anbietern Content von Zulieferern kann zu einem bei der IVW gemeldeten Angebot hinzugezählt werden, wenn sichergestellt ist, dass der Content exklusiv nur für dieses Angebot angeboten wird und dass nur jene Aufrufe gezählt werden, welche über das bei der IVW gemeldete Angebot getätigt werden. Die Einbindung des Contents kann entweder als Redirect oder über einen Alias-Namen erfolgen (siehe oben).

Die Local-Liste

In der sogenannten Local-Liste werden alle FQDN´s des Anbieters aufgeführt. Mit Hilfe der Localliste wird definiert, welche Pixelrequests an die IVW-Box als gültig bzw. ungültig gewertet werden (siehe separates Memo "Localisten").

Der SZM-Tag

Es gibt zwei Möglichkeiten den SZM-Tag in die Seiten einzubauen. Bei der einen Methode wird ein Java-Skript-Tag in die Seiten des Angebotes eingebaut. Mithilfe des Java-Skriptes wird der Dokumenten-Referrer in den Pixel-Tag eingefügt. Bei der anderen Methode wird der Dokumenten-Referrer mittels PHP serverseitig in den SZM-Tag eingefügt.

SZM-Tag mit Java-Skript

Der SZM-Tag mit Java-Skript sieht wie folgt aus.

```
<!-- IVW VERSION="1.2" -->
<SCRIPT LANGUAGE="JavaScript"> <!--
var IVW="http://angebot.ivwbox.de/cgi-bin/ivw/CP/sk;var";
document.write("<IMG SRC=\""+IVW+"?r="+escape(document.referrer)+"\" WIDTH=\"1\" HEIGHT=\"1\">");
// -->
</SCRIPT>
<NOSCRIPT>
<IMG SRC="http://angebot.ivwbox.de/cgi-bin/ivw/CP/sk;var" WIDTH="1" HEIGHT="1">
</NOSCRIPT>
<!-- /IVW -->
```

Der Tag darf an die Bedürfnisse einzelner Anbieter angepasst werden. Die Funktionsweise des HTML-Tags darf jedoch nicht beeinflusst werden. Die Position innerhalb des Bodytags spielt keine Rolle.

SZM-Tag ohne Java-Skript

Der SZM-Tag ohne Java-Skript sieht wie folgt aus:

<IMG SRC="http://angebot.ivwbox.de/cgi-bin/ivw/CP/sk;var?r=refferer">

Der Anbieter muss sicherstellen, dass der Dokumenten-Referrer korrekt in den Tag eingefügt wird. Die Position innerhalb der Seite spielt keine Rolle.

Zählung über https ausgelieferten Seiten

Die Zählung von Seiten, welche über das https-Protokol ausgeliefert werden, ist in einem separaten Dokument beschrieben (siehe "Zählung von über https ausgelieferten Seiten").

Beispiele

Aufruf ohne Seitenkontingent

Sie betreiben ein Angebot mit dem Namen Kaffeetasse unter der FQDN "www.kaffeetasse.de". Das Angebot soll von der IVW zunächst ohne Seitenkontingente gezählt werden. Nachdem das Angebot bei der IVW angemeldet ist, bekommen Sie den Namen mitgeteilt, unter dem das [angebot] gezählt wird. Dies ist der gleiche Name, unter dem Sie später auch die Ergebnisse abrufen können.

Der Pixel -Abruf sieht jetzt also wie folgt aus:
http://[angebot].ivwbox.de/cgi-bin/ivw/[TYPE]/[SKTG][;][VAR]

wobei:
[angebot] = Kaffeetasse
[TYPE] = CP
[SKTG] = entfällt
[;] = entfällt
[VAR] = entfällt

Der vollständige IVW-Pixel lautet also jetzt wie folgt:
http://kaffeetasse.ivwbox.de/cgi-bin/ivw/CP
und kann jetzt in den Java Skript Aufruf des Pixels so eingebaut werden:

```
<!-- IVW VERSION="1.2" -->
<SCRIPT LANGUAGE="JavaScript"> <!--
var IVW="http://kaffeetasse.ivwbox.de/cgi-bin/ivw/CP";
document.write("<IMG SRC=\""+IVW+"?r="+escape(document.referrer)+"\" WIDTH=\"1\" HEIGHT=\"1\">");
```

```
// -->
</SCRIPT>
<NOSCRIPT>
<IMG SRC="http://kaffeetasse.ivwbox.de/cgi-bin/ivw/CP" WIDTH="1" HEIGHT="1">
</NOSCRIPT>
<!-- /IVW -->
```

Hinweis: keinen Zeilenumbruch innerhalb des "http-Aufrufes" und der "document.write-Anweisung" einfügen !

Bitte denken Sie daran, die Zeile zweimal in das Skript einzutragen. Ansonsten besteht die Gefahr, dass die Seiten nicht vollständig gezählt werden.

Aufruf mit Seitenkontingent

Innerhalb des Angebotes Kaffeetasse soll ein Seitenkontingent mit der Bezeichnung "Kaffeeschwarz" ausgewiesen werden. Dieses Kontingent ist für die Vermarktung besonders interessant und soll daher von der IVW zertifiziert werden. Zusätzlich soll noch vermerkt werden, zu welchen Belegungseinheiten der Pixel beiträgt. Dieser Eintrag ist nur für den Anbieter von Interesse und nicht für die IVW-Zählung. Die IVW-Box scannt alle Einträge in den aufgerufenen Seiten und erkennt so selbständig, wenn ein neues Seitenkontingent vom Anbieter eingeführt wird. Sie müssen hierzu lediglich den IVW-Pixelaufruf um den eindeutigen Namen des Seitenkontingents ergänzen.

Der Standardaufruf des IVW-Pixels
http://[angebot].ivwbox.de/cgi-bin/ivw/[TYPE]/[SKTG][;][VAR]

muss also wie folgt ergänzt werden:
[angebot] = Kaffeetasse
[TYPE] = CP
[SKTG] = Kaffeschwarz
[;] = ; muß gesetzt werden, der Text ist privat
[VAR] = Beliebiger Text zu Belegungseinheit

Der vollständige IVW-Pixel lautet also jetzt wie folgt:
http://kaffeetasse.ivwbox.de/cgi-bin/ivw/CP/Kaffeschwarz; Beliebiger Text zu Belegungseinheit

und kann jetzt in den Java Skript Aufruf des Pixels so eingebaut werden (bitte vergessen Sie nicht die Anführungszeichen. Der Aufruf wird vor der Ausführung in einer Variablen gespeichert und dieser als Text string zugewiesen) :

```
<!-- IVW VERSION="1.2" -->
<SCRIPT LANGUAGE="JavaScript"> <!--
var IVW="http://kaffeetasse.ivwbox.de/cgi-bin/ivw/CP/Kaffeschwarz; BeliebigerTextzuBelegungseinheit";
document.write("<IMG SRC=\""+IVW+"?r="+escape(document.referrer)+"\" WIDTH=\"1\" HEIGHT=\"1\">");
// -->
</SCRIPT>
```

```
<NOSCRIPT>
<IMG SRC="http://kaffeetasse.ivwbox.de/cgi-bin/ivw/CP/Kaffeschwarz; BeliebigerTextzuBelegungseinheit"
WIDTH="1" HEIGHT="1">
</NOSCRIPT>
<!-- /IVW -->
```

Hinweis: keinen Zeilenumbruch innerhalb des "http-Aufrufes" und der "document.write-Anweisung" einfügen !

Im letzten Fall haben Sie die zusätzliche Information **Beliebiger Text zu Belegungseinheit** eingefügt. Dieser Text hinter dem Semikolon [;] wird von der IVW-Box ignoriert, er erscheint allerdings im Log File der IVW-Box und kann dort zusätzlich ausgewertet werden. Hierzu ist der Betrieb einer eigenen IVW-Box durch den Anbieter erforderlich.

Aufruf innerhalb eine Newsletters

Sie betreiben ein Angebot mit dem Namen Kaffeetasse unter der FQDN "www.kaffeetasse.de". Innerhalb dieses Angebotes wird ein HTML-Newsletter versand. Dieser Newsletter soll von der IVW gezählt werden. Die Zählung erfolgt ebenfalls mit dem SZM-Tag. Der Content-Typ muss auf "NP" gesetzt werden, da es sich um einen HTML-Newsletter handelt..

Der Pixel -Abruf sieht jetzt also wie folgt aus:
http://[angebot].ivwbox.de/cgi-bin/ivw/[TYPE]/[SKTG][;][VAR]

wobei:
[angebot] = Kaffeetasse
[TYPE] = NP
[SKTG] = newsletter
[;] = entfällt
[VAR] = entfällt

Der vollständige SZM-Tag für den Newsletter lautet wie folgt:
http://kaffeetasse.ivwbox.de/cgi-bin/ivw/NP/newsletter
und kann jetzt in den Java Skript Aufruf des Pixels so eingebaut werden:

und kann jetzt in den Java Skript Aufruf des Pixels so eingebaut werden:

```
<!-- IVW VERSION="1.2" -->
<SCRIPT LANGUAGE="JavaScript"> <!--
var IVW="http://kaffeetasse.ivwbox.de/cgi-bin/ivw/NP/newsletter";
document.write("<IMG SRC=\""+IVW+"?r="+escape(document.referrer)+"\" WIDTH=\"1\" HEIGHT=\"1\">");
// -->
</SCRIPT>
<NOSCRIPT>
<IMG SRC="http://kaffeetasse.ivwbox.de/cgi-bin/ivw/NP/newsletter" WIDTH="1" HEIGHT="1">
</NOSCRIPT>
```

<!-- /IVW -->

Hinweis: keinen Zeilenumbruch innerhalb des "http-Aufrufes" und der "document.write-Anweisung" einfügen !

Diesen Tag fügen Sie in den zu zählenden Newsletter ihres Angebotes ein.

ANHANG NAVIGATIONS-STRUKTUR VON WWW.ENERGY.DE[274]

Die Unterpunkte enthalten die Artikel der jeweiligen Rubrik. (Newsartikel liegen dementsprechend auf Position 2.1.1, 2.1.2 usw.)

1. Startseite
2. News & Features
   - 2.1. News
   - 2.2. MORNING LIVE
   - 2.3. Action
   - 2.4. CDs
   - 2.5. Movies
   - 2.6. DVDs
   - 2.7. Games
   - 2.8. Tools
   - 2.9. Books
   - 2.10. Specials
   - 2.11. Stararchiv
3. Community
   - 3.1. Chat, Foren
   - 3.2. Webring
   - 3.3. Dating
   - 3.4. Single-Voting

274| Quelle: http://www.energy.de Stand: 12.12.2005

4. Inside
    4.1. Team
    4.2. Programm
    4.3. Mediadaten
    4.4. Jobs
    4.5. Presse
    4.6. Impressum
    4.7. Euro Hot 30
    4.8. Frequenzen
    4.9. NRJ Group
    4.10. NRJ in Europa
5. WinZone
6. Service
    6.1. HIT FLASH Newsletter
    6.2. ENERGY Event-Guide
    6.3. ENERGY Ticketshop
    6.4. Telefontarife
    6.5. Featured links

ANHANG LITERATURVERZEICHNIS

- Balhorn, Heike und Niemann, Heide (Hrsg.) „Sprachen werden Schrift“, Libelle CH-Lengwiel 1997

- Baurmann, J. / Günther, H. / Knoop, U. (Hrsg.) homo scribens – Perspektiven der Schriftlichkeitsforschung. Niemeyer, Tübingen 1993

- Beck, Klaus; Vowe, Gerhard: Computernetze aus kommunikationswissenschaftlicher Sicht. In: Beck, Klaus; Vowe, Gerhard (Hrsg.): Computernetze – ein Medium öffentlicher Kommunikation? Berlin: Wissenschaftsverlag Volker Spiess 1997

- Bentele, Günter; Beck, Klaus: Information - Kommunikation - Massenkommunikation. Grundbegriffe und Modelle der Publizistik- und Kommunikationswissenschaft. In: Jarren, Otfried (Hrsg.): Medien und Journalismus 1. Opladen: Westdeutscher Verlag 1994

- Berghaus, Margot: „Alte“ Theorien über „neue“ Medien. In: Berghaus, Margot (Hrsg.): Interaktive Medien – Interdisziplinär vernetzt. Opladen, Wiesbaden: Westdeutscher Verlag 1999

- Bergler, Reinhold; Six, Ulrike: Psychologie des Fernsehens. Bern: Huber. 1979

- Bollman, Stefan und Heibach Christiane (Hrsg.): Kursbuch Internet – Anschlüsse an Wirtschaft und Politik, Wissenschaft und Kultur. Mannheim Bollmann Verlag GmbH 1996

- Cichon, Caroline: Internetverträge. Verträge über Internet-Leistungen und Ecommerce. Köln, O.Schmidt 2000

- Dittmann, Miguel: Sprachverwendung im Internet. Untersuchungen zur Nutzung des Internet Relay Chat (IRC) in Deutschland und Frankreich. Norderstedt. 2001

- Döring, Nicola: Kommunikation im Internet. Neun theoretische Ansätze. In: Batinic, Bernard (Hg.) Internet für Psychologen. Göttingen, Bern, Toronto, Seattle. Hofgrefe, 1997, S. 267-298.

- Döring, Nicola: Sozialpsychologie des Internet. Die Bedeutung des Internet für Kommunikationsprozesse, Identitäten, soziale Beziehungen und Gruppen. In: Internet und Psychologie. Neue Medien in der Psychologie. Hrsg. v. Bernad Batinic. Bd. 2. Göttingen u.a. Göttingen; Bern; Toronto; Seattle: Hogrefe. 1999

- Eco, Umberto: Einführung in die Semiotik. Umerbto Eco – authorisierte deutsche Ausgabe, 8. unveränderte Auflage von Jürgen Trabant. München, Fink 1994

- Eco, Umberto: Wie man eine wissenschaftliche Abschlußarbeit schreibt. 9. unveränderte Auflage der dt. Ausgabe. Heidelberg, C.F. Müller, 2002

- Eco, Umberto: Zeichen. Einführung in einen Begriff und seine Geschichte, Suhrkamp, Frankfurt a. M. 1977

- Ehlich, K.: Funktion und Struktur schriftlicher Kommunikation. In: Günther/Ludwig et. Al. Bd. I 1994

- Ehlich, K.: Zur Genese von Textformen. Prologomena zu einer pragmatischen Texttypologie. In: Antos/Krings 1989

- Filinski, Peter: Chatten in der Cyber-World. Bonn 1998

- Fix, Tina: Generation @ im Chat. Hintergrund und explorative Motivstudie zur jugendlichen Netzkommunikation. München. 2001

- Gallery, Heike: „'bin ich-klick ich' - Variable Anonymität im Chat" In: Thimm, Caja (Hrsg.). Soziales im Netz. Sprache, Beziehungen und Kommunikationskulturen im Internet. Opladen. 2000 S. 71-88.

- Giesecke, Michael: Der Buchdruck in der frühen Neuzeit: Eine historische Fallstudie über die Durchsetzung neuer Informations- und Kommunikationstechnologien, Suhrkamp, Frankfurt a. M. 1991

- Glaser, Peter: Sex, Schrauben und Geflügelzucht. In: Konr@d 1 1998 S. 104-109

- Günther, H. / Ludwig O. et. al. (Hrsg.): Schrift und Schriftlichkeit – Ein interdisziplinäres Handbuch internationaler Forschung. Bd. I (1994) Bd. II (1996) de Gruyter, Berlin.

- Günther, Hartmut: „Mündlichkeit und Schriftlichkeit" in: Balhorn, Heike und Niemann, Heide (Hrsg.) „Sprachen werden Schrift", Libelle CH-Lengwiel 1997

- Günther, Hartmut: Erziehung zur Schriftlichkeit. 1993 In: Eisenberg, Peter/Klotz, Peter (Hrsg.): Sprache gebrauchen - Sprachwissen erwerben. Stuttgart u.a., 85-96. 1993

- Günther, Ulla & Wyss, Eva Lia: E-mail-Briefe -- eine neue Textsorte zwischen Mündlichkeit und Schriftlichkeit. In: Ernest W. B. Hess-Lüttich (Hg.), Textstrukturen im Medienwandel, Band 29 von Forum angewandte Linguistik, S. 61-86, Franfurt am Main; Berlin; Bern; New York; Paris; Wien: Lang. 1996

- Haase, Martin; Huber, Michael; Krumeich, Alexander & Rehm, Georg: Internetkommunikation und Sprachwandel. In: Weingarten, Rüdiger (Hg.) (): Sprachwandel durch Computer. Opladen; Wiesbaden: Westdeutscher Verlag. 1997 S. 51-85.

- Handler, Peter: „Zwischen Flames und Netiquette. Elektronische Kommunikation als Sprachbiotop versus Textmülldeponie". In: sprachölologie und Ökolinguisitk. Hrsg. Von Alwin Fill. Tübingen. 1996 S. 245-263

- Häusermann, Jürg: Journalistisches Texten – Sprachliche Grundlagen für professionelles Informieren. Jürg Häusermann, Konstanz UVK Verlagsgesellschaft 2001

- Haverkamp, Anselm (Hrsg.): Theorie der Metapher, 2. Aufl., Wiss. Buchgesellschaft, Darmstadt 1996

- Heijnk Stefan: Texten fürs Web – Grundlagen und Praxiswissen für Online-Redakteure. Stefan Heijnk, 1. Auflage. Heidelberg dpunkt-Verlag 2002

- Höflich, Joachim R.: Der Computer als „interaktives Massenmedium". Zum Beitrag des Uses and Gratifications Approach bei der Untersuchung computer-vermittelter Kommunikation. In: Publizistik 39/1994

- Hoofacker, Gabriele: Online-Journalismus, Hrsg: Walther von la Roche, Econ Ulstein List Verlag GmbH 2002

- Husmann, Heike. Chatten im Internet Relay Chat (IRC). Einführung und erste Analyse. München 1998

- Informationsgemeinschaft zur Feststellung der Verbreitung von Werbeträgern e.V. (IVW) Anlage zu den IVW-Richtlinien zur Kontrolle von Online-Medien:
Allgemeine Definitionen und Durchführungsbestimmungen vom 27.05.2003

- Jasper, Dirk: Internet Newsgroups. Suchen, Anzapfen, Nutzen, Diskutieren, Düsseldorf 1997

- Kaiser, Ulrich: Handbuch Internet und Online-Dienste. Der kompetente Reiseführer für das digitale Netz. München: Wilhelm Heyne Verlag 1996

- Kelle, Bernhard: „Regionale Varietäten im Internet - Chats als Wegbereiter einer regionalen Schriftlichkeit?" In: Deutsche Sprache, Nr. 4. 2000 S. 357-371.

- Klein, Wolfgang: Gesprochene Sprache - geschriebene Sprache. In: Zeitschrift für Literaturwissenschaft und Linguistik 15/59, 9-35. 1985

- Klemm, Michael & Lutz Graner: „Chatten vor dem Bildschirm: Nutzerkommunikation als Fenster zur alltäglichen Computerkultur" In: Thimm, Caja (Hrsg.). Soziales im Netz. Sprache, Beziehungen und Kommunikationskulturen im Internet. Opladen. 2000 S. 156-179.

- Koch P. / Oesterreicher W.: Sprache der Nähe – Sprache der Distanz. Mündlichkeit und Schriftlichkeit im Spannungsfeld von Sprachtheorie und Sprachgeschichte. In: Romanisches Jahrbuch 1986 15-43 (1986)

- Koch, Peter & Oesterreicher, Wulf: Schriftlichkeit und Sprache. In: Hartmut Günther & Otto Ludwig (Hg.), Handbuch Schrift und Schriftlichkeit, Band 1 von Handbuch Schrift und Schriftlichkeit, S. 587-604, Berlin; New York: de Gruyter. 1994

- Koenig, Otto: Kultur und Verhaltensforschung. München: Deutscher Taschenbuch-Verlag 1970

- Kronenberg, Friedrich: Internet. 1. Auflage. Friedrich Kronenberg, Kaarst bhv Verlags GmbH 1998

- Kubicek, Herbert; Schmid, Ulrich; Wagner, Heiderose: Bürgerinformation durch „neue" Medien? Analysen und Fallstudien zur Etablierung elektronischer Informationssysteme im Alltag. Opladen: Westdeutscher Verlag 1997

- Kurz, Gerhard: Metapher, Allegorie, Symbol, 2. Aufl., Vandenhoeck u. Ruprecht, Göttingen 1988

- Lenke, Nils & Peter Schmitz. „Geschwätz im ‚Globalen Dorf' – Kommunikation im Internet" In: OBST. Osnabrücker Beiträge zur Sprachtheorie, Nr. 50. 1995 S. 117-141.

- Maletzke, Gerhard: Psychologie der Massenkommunikation. Hamburg: Verlag Hans Bredow-Institut 1963

- Meier, Klaus (Hrsg): Internet-Journalismus – Ein Leitfaden für ein neues Medium. 2. überarbeitete und erweiterte Auflage. Konstanz UVK Medien 1999

- Morris, Charles W.: Zeichen, Sprache und Verhalten, Pädagogischer Verlag, Düsseldorf 1973 [Signs, Language, and Behavior, 1946],

- Musch, Jochen: Die Geschichte des Netzes: ein historischer Abriss. In: Batinic, Bernad: Internet für Psychologen. Göttingen, Bern, Toronto, Seattle: Hogrefe Verlag 1997

- Nolden, Matthias: Ihr erster Internet-Zugang. 1. Auflage. Sybex-Verlag Düsseldorf 1995

- Nöth, Winfried: Handbuch der Semiotik, J. B. Metzlersche Verlagsbuchhandlung, 2. Aufl., Stuttgart/Weimar 2000, 181 f.

- Novatris: NetCibles Deutschland, Erhebungswelle April 2004 (35457 Befragten) Nutzerprofil der Webseite. Interne Auswertung der Firma Radio NRJ/ENERGY Werbe- und Vermarktungsgesellschaft mbH.

- Ong, W.J.: Oralität und Literalität – Die Technologisierung des Wortes (org. Titel: Orality and Literacy) Westdeutscher Verlag Opladen 1982

- Orthler, Tobias: Internet für Musiker. Tobias Orthler, Bonn, Voggenreiter 2000.

- Pansegrau, Petra: „Dialogizität und Degrammatikalisierung und E-mails" in: Sprachwandel durch Computer. Hrsg. Von Rüdiger Weingarten. Opladen 1997 S. 86-104

- Pürer, Heinz: Grundbegriffe der Kommunikationswissenschaft. Kontanz: UVK Verlagsgesellschaft 2001 – Vorabdruck aus: Publizistik- und Kommunikationswissenschaft, Stuttgart: UTB 2003. http://www.uvk.de/puerer/index.html (zuletzt abgerufen am 16. Juni 2003)

- Regionales Rechenzentrum für Niedersachsen / Universität Hannover (RRZN): Internet. Eine Einführung in die Nutzung der Internet Dienste WWW, E-Mail, News, FTP, Telnet. 7. veränderte Auflage. Hannover 1999

- Reibold, Holger: World Wide Web – Netsurfen am PC. München tewi Verlag 1995

- Rosenbaum, Oliver. Chat-Slang: Lexikon der Internet-Sprache; über 3000 Begriffe verstehen und anwenden. München 1996

- Rosenbaum, Oliver: Chat-Slang – Lexikon der Internet-Sprache; über 3700 Begriffe verstehen und anwenden / Oliver Rosenbaum 2. aktualisierte und erweiterte Auflage. München, Wien. Hanser 1999

- Rössler, Patrick (Hrsg.): Online-Kommunikation. Beiträge zu Nutzung und Wirkung. Opladen, Wiesbaden: Westdeutscher Verlag 1998

- Runkehl, Jens: Sprache und Kommunikation im Internet - Überblick und Analysen. Jens Runkehl, Peter Schlobinski, Torsten Siever. Opladen, Wiesbaden. Westdeutscher Verlag 1998

- Rusch, Gebhard: From Face-to-Face to Face-to-"Face". Zehn Schritte von der mündlichen Kommunikation zum Cyberspace. Habilitationsvortrag an der Universität-GH Siegen, 21.10.1998.

- Sandbothe, Mike: Digitale Verflechtungen. Eine medienphilosophische Analyse von Bild, Sprache und Schrift im Internet. In: Beck, Klaus; Vowe, Gerhard (Hrsg.): Computernetze – ein Medium öffentlicher Kommunikation? Berlin: Wissenschaftsverlag Volker Spiess 1997

- Sassen, Claudia: „Phatische Variabilität bei der Initiierung von Internet-Relay-Chat-Dialogen" In: Thimm, Caja (Hrsg.). Soziales im Netz. Sprache, Beziehungen und Kommunikationskulturen im Internet. Opladen. 2000 S. 89-108.

- Schäfers, Bernhard: Grundbegriffe der Soziologie, 4. verb. u. erw. Aufl., Opladen 1995

- Schlobinski, Peter: „Anglizismen im Internet" In: Stickel, Gerhard (Hrsg.). Neues und Fremdes im deutschen Wortschatz. Aktueller lexikalischer Wandel. Berlin New York. 2001 S. 239-257.

- Schlobinski, Peter: „Chatten im Cyberspace" In: Eichhoff-Cyrus, Karin M. & Rudolf Hoberg (Hrsg.). Die deutsche Sprache zur Jahrtausendwende. Sprachkultur oder Sprachverfall?. Mannheim. 2000 S. 63-79.

- Schmidt, Gurly: „Chat-Kommunikation im Internet - eine kommunikative Gattung?" In: Thimm, Caja (Hrsg.). Soziales im Netz. Sprache, Beziehungen und Kommunikationskulturen im Internet. Opladen. 2000 S. 109-130.

- Schmidt, Siegfried J: Theorien zur Entwicklung der Mediengesellschaft, Internationales Archiv für Sozialgeschichte der Deutschen Literatur, Sonderheft 10, 1999

- Schneider, Wolf: Deutsch für Profis. Vollständige Taschenbuchausgabe Hamburg, Gruner & Jahr 1986

- Schreiber, Erhard: Repetitorium Kommunikationswissenschaft. 3., überarb. Aufl. Konstanz: UVK Medien 1990

- SevenOne Interactive (Hrsg.): Online-ABC. Die wichtigsten Internet-Begriffe. 2. Aufl. München: ohne Verlag 2001

- Sieber, Peter: Parlando in Texten. Zur Veränderung kommunikativer Grundmuster in der Schriftlichkeit. Tübingen 1998

- Silberer, Günter (1997) : Interaktive Werbung, Marketingkommunikation auf dem Weg ins digitale Zeitalter. Schäffer-Poeschel Verlag, Stuttgart

- Stoll, Clifford: Die Wüste Internet, Frankfurt/Main S. Fischer 1996

- Van Eimeren, Birgit / Ekkehardt Oehmichen: Mediennutzung von Frauen und Männern. Daten zur geschlechtsspezifischen Nutzung von Hörfunk, Fernsehen und Internet/Online 1998. In: Media Perspektiven 4/1999, S. 187-201.

- Van Eimeren, Birgit / Heinz Gerhard, Beate Frees: ARD/ZDF-Online-Studie 2002: Entwicklung der Onlinenutzung in Deutschland: Mehr Routine, weniger Entdeckerfreude. Aus: media perspektiven 8/2002

- Van Eimeren, Birgit / Heinz Gerhard, Beate Frees: ARD/ZDF-Online-Studie 2001: Internetnutzung stark zweckgebunden. Aus: media perspektiven 8/2001

- Van Eimeren, Birgit / Heinz Gerhard: ARD/ZDF-Online-Studie 2000: Gebrauchswert entscheidet über Internetnutzung. Entwicklung der Onlinemedien in Deutschland. In: MP 8/2000, S. 338-349.

- Winkler, Hartmut: Docuverse. Zur Medientheorie der Computer, Klaus Boer Verlag, Regensburg 1997.

- Wirth, Uwe: „Schwatzhafter Schriftverkehr. Chatten in den Zeiten des Modemfiebers“ In: Münker, Stefan & Alexander Roesler (Hrsg.). Praxis Internet. Kulturtechniken der vernetzten Welt. Frankfurt/ Main. 2002 S. 208-231.

- Wirth, Werner; Schweiger, Wolfgang: Selektion neu betrachtet: Auswahlentscheidungen im Internet. In: Wirth, Werner; Schweiger, Wolfgang (Hrsg.): Selektion im Internet. Empirische Analysen zu einem Schlüsselkonzept. Opladen, Wiesbaden: Westdeutscher Verlag 1999

- Wurster, Anette: Das Internet. In: Wilke, Jürgen; Imhof, Christiane (Hrsg.): Multimedia. Voraussetzungen, Anwendungen, Probleme. Berlin: Vistas Verlag 1996

- Zimmer, Jochen: Werbeträger Internet: Ende des Booms oder Wachstum aus der Nische? In: Media Perspektiven 6/2001

ANHANG LINKVERZEICHNIS

Affiliate-Programme (Beispiele)

Amazon Partnerprogramm:

- http://partnernet.amazon.de/gp/associates/join/main.html

Google AdSense:

- https://www.google.com/adsense/

1 und 1:

- http://www.1und1.de

(Link zu Partnerprogramm ist unten auf der Startseite zu finden und wird dynamisch erzeugt)

Hosteurope

- http://www.hosteurope.de

(Link zu Partnerprogramm wird dynamisch erzeugt)

Anforderungen an Hardware, Mobiliar und Arbeitsumgebung,
J. Buchheim & G. Hippmann (TU Ilmenau)

- http://sanus.uni-wuppertal.de/sanus/zeitung/z2/hwergo.htm

BBC

- http://www.bbc.co.uk/

Blickrichtung

- http://www-is.informatik.uni-oldenburg.de/~dibo/teaching/pg-mpig/zwischenbericht-b/node139.html

Denic Domain Verwaltungs- und Betriebsgesellschaft eG

- http://www.denic.de/de/domains/allgemein/index.html

Döring, Nicola, (1994) Isolation und Einsamkeit bei Netznutzern? Öffentliche Diskussion und empirische Daten (Ergebnisse einer empirischen Stichproben-Untersuchung unter 350 Netznutzern im Zeitraum August-Oktober), TU Berlin, Institut für Psychologie, FB 11,

- ftp://ftp.uni-stuttgart.de/pub/doc/networks/misc/netz_und_einsamkeit

Dorner Andreas u.a.: Der Einsatz von Weblogs als journalistisches Format

- http://www.ojour.de/forschung/journalistische_weblogs_haupttext1.php

Ebay (Online-Auktionshaus)

- http://www.ebay.de

E-Mail-Etikette:

- http://www.phil-fak.uni-duesseldorf.de/ie/competence/02_selbst/email_etik
  tette.htm

E-Market, Webmagazin für Online-Marketing und E-Commerce.

- http://www.emar.de/emar/NL/news/mdt/index.html

Emoticons, Acronyme und Smileys:

- http://www.tirol.com/lagazzetta/etiquette-main.html
- http://www.od.shuttle.de/od/emilg/smileys.htm
- http://www.ozE-Mail.com.au/~aflynn/acroemo.html
- http://www.utopiasw.demon.co.uk/emoticon.htm

ENERGY MEDIA B-to-B-Site

- http://www.energy-media.de

ergo online, Informationsdienst Arbeit und Gesundheit, Schwerpunkt Bildschirmarbeit im Sozialnetz Hessen
Ergonomische Gestaltung von WWW-Seiten: Einleitung & Überblick

- http://www.sozialnetz-hessen.de/Ergo-Online/E_HOME.HTM

Ergonomische Gestaltung von WWW-Seiten: Einleitung & Überblick, Rubrik Lesbarkeit und Typografie. ergo online, Informationsdienst Arbeit und Gesundheit, Schwerpunkt Bildschirmarbeit im Sozialnetz Hessen

- http://www.sozialnetz-hessen.de/Ergo-Online/E_HOME.HTM

FIWM - Förderkreis IT- und Medienwirtschaft München e.V.

- http://www.e-garten.net

Forsa: Immer weniger Bundesbürger lesen Zeitschriften
Langzeitstudie: Deutsche verbringen 7,5 Stunden täglich mit Medien

- http://www.golem.de/0111/17097.html

Forum Wirtschaftsdeutsch im Internet – Infobrief 1999-6

- http://www.wirtschaftsdeutsch.de/infodienst/1999/kww-info6-99.php3#3

Geschichte des Chat

- http://www.mediensprache.net/de/websprache/chat/history/index.asp

Guardian

- http://www.guardian.co.uk/

Hoffmann, Ute, „It's life, Jim, but not as we know it..." - Netzkultur und Selbstregulierungsprozesse im Internet. auch erschienen in: TA-Datenbank-Nachrichten, Nr. 3, 4. Jg., August 1995, S. 33-38

- http://duplox.wz-berlin.de/docs/ta.html

Informationen zu Newsgroups:

- http://www.newsgroup.de

IVW: Informationsgemeinschaft zur Feststellung der Verbreitung von Werbeträgern e.V. (IVW) Messverfahren des SZM-Tags

- http://www.ivwonline.de/messverfahren/szm-tag.php

IVW: Informationsgemeinschaft zur Feststellung der Verbreitung von Werbeträgern e.V. (IVW)

- http://www.ivw.de

Kaiser, Christian u.a.: Die Netiquette. (online im Internet) 02.01.1998 (Stand 04.01.2001)

- http://www.chemie.fu-berlin.de/outerspace/netnews/netiquette.html

---

Knöbel, Christoph C.: Reine Rechenpower garantiert noch keine optimale DV-Arbeit, Ergonomie erhöht die Motivation und steigert damit die Leistung COMPUTERWOCHE Nr. 04 vom 26.01.1990. Im Heftarchiv der Computerwoche zu finden unter

- http://www.computerwoche.de

Kolumne zu Lesen vom Papier:
In Defense of Print, in: Jakob Nielsen's Alertbox

- http://www.useit.com/alertbox/9602.html

KommDesign.de Fakten - wußten Sie schon....? von Dr. Thomas Wirth

- http://www.kommdesign.de/fakten/index.htm

Kubicek, Herbert und Schmid, Ulrich, Alltagsorientierte Informationssysteme als Medieninnovation

- http://infosoc.informatik.uni-bremen.de/internet/fgtk/OnlineInfos/Medieninnovation/Medieninnovation.html

Lamprecht, Stephan: Lesefreundliches Layout im Web, Schreiben für die Welt

- http://www.zdnet.de/internet/artikel/wdm/199903/layout_00-wc.html

Mohr, Marion; Noller, Stefan; Pelzer, Simone; Taut, Sandy & Temme, Andre (1997): Kommunikationsstile im Internet. Online-Dokument. Praktikumsbericht.

- http://www.uni-koeln.de/phil-fak/fs-psych/serv_pro/skripte/meth/kommunikation.html

netface, Gestaltungsgrundlagen für Netdesign

- http://www.netface.de

Netiquette, Kurzform:

- http://www.t-online.at/service/inhalte/knesviad.htm

Netzeitung.de

- http://www.netzeitung.de

Nielsen, J: How Users read on the web. In: Reading on the Web, Alertbox for October 1, Oct. 1997

- http://www.useit.com/alertbox/9710a.html

Nielsen, Jakob: How Users read on the web

- http://www.useit.com/alertbox/9710a.html

Nielsen, Jakob: In Defense of Print

- http://www.useit.com/alertbox/9602.html

Nielsen, Jakob: The Alertbox: Current Issues in Web Usability

- http://www.useit.com/alertbox/

Nielsen, Jakob: useit.com: usable information technology

- http://www.useit.com

Nutzer lesen schnell und oberflächlich
Gerhard Schub von Bossiazky, Fachhochschule Düsseldorf (message 4/2000)

- http://www.message-online.com/arch4_00/04schub.htm

online-recht.de, ein Informations-Angebot von akademie.de

- http://www.online-recht.de

Partnervermittlungsportale (Beispiele):

- http://www.neu.de
- http://www.friendscout24.de
- http://www.finya.de

PC Welt, Verbreitung von PCs in Deutschland

- http://www.pcwelt.de/ratgeber/hardware/15930/2.html

Petzold, Matthias u.a., (1994) Forschungsbericht: Persönlichkeitseinstellungen und Computernutzung bei Studentinnen und Studenten, Institut für Entwicklungs- und Sozialpsychologie der Universität Düsseldorf

- http://www.phil-fak.uni-duesseldorf.de/epsycho/perscomp.htm

PHP4-Forum

- http://www.php4-forum.de

Pirr, Uwe: Schrift auf dem Bildschirm. Humboldt-Universität / Rechenzentrum / Publikationen / RZ-Mitteilungen / Nr. 18/1999

- http://www.hu-berlin.de/rz/rzmit/rzm18/8.html

Preisvergleichsportale (Beispiele)

- http://www.preisvergleich,de
- http://www.guenstiger.de
- http://www.geizhals.de
- http://www.idealo.de
- http://www.billiger.de

Presserecht: Internet-Forum presserecht.de der Rechtsanwaltskanzlei Dr. Johannes Weberling

- http://www.presserecht.de

Provider (Beispiele):

- http://www.freenet.de
- http://www.t-online.de
- http://www.1und1.com

Radio ENERGY Network Endkundenportal für die Hörer

- http://www.energy.de

Reine Rechenpower garantiert noch keine optimale DV-Arbeit, Ergonomie erhöht die Motivation und steigert damit die Leistung von Christoph C. Knöbel, COMPUTERWOCHE Nr. 04 vom 26.01.1990

- http://www.computerwoche.de

Sadrozinski Jörg, Redaktionsleiter bei tagesschau.de über Weblogs

- http://www.ojour.de/forschung/interview_sadrozinski.php

Schiersner , Frank: Schreiben für´s Web.

- http://user.berlin.de/~frank.schiersner/wie022.htm

Simpletracks

- http://kalsey.com/tools/trackback/

Tagesschau

- http://www.tagesschau.de

Tagesschau im Internet:

- http://www.tagesschau.de

Textstruktur und Lesen im Web: netface, Gestaltungsgrundlagen für Netdesign unter der Rubrik: Text

- http://www.netface.de

User Interface Engineering

- http://world.std.com/~uieweb/bookdesc.htm

Webexperiences, Schreiben für"s Web. „Wie wird im Web gelesen" Kurze deutsche Zusammenfassung der Kolumne von Jakob Nielson ‚How Users read on the web'

- http://homepage.swissonline.ch/web-experiences/inhalt_web_texte_schreib.htm

Weblog FAQ

- http://stefanbucher.net/weblogfaq/

Weblog von Jochen Bittner: „Beruf Terrorist"

- http://blogg.zeit.de/bittner/

Weblog von Martin Ebbing über seine Erfahrungen und Erlebnisse im Krisengebiet Irak

- http://www.swr.de/swr2/specials/nordirak/index.html

Weblog von Salam Pax über den Irakkrieg

- http://dear_raed.blogspot.com/

Weblogs als journalistisches Medium

- http://www.ojour.de/forschung/journalistische_weblogs_haupttext1.php

Weblog-Verzeichnisse:

- blog.ch
  http://blog.ch/

- B|Logs Weblogverzeichnis
  http://www.weblogverzeichnis.de

- Bloghaus Blogger-Karte
  http://www.bloghaus.net/karte/karte-index.php

- RSS-Verzeichnis
  http://www.rss-verzeichnis.de

- blogs.rss-crawler.de
  http://blogs.rss-crawler.de

- photoblogs.org
  http://www.photoblogs.org

Webmasterplan Ladezeiten-Check

- http://de.webmasterplan.com/cgi-local/router.cgi?l=de&p=wmpde&s=opt_load

---

Weltbevölkerungsuhr der Deutschen Stiftung Weltbevölkerung:

- http://www.dsw-online.de/wbuhr.html

Wirth , Thomas: KommDesign.de, Psychologie, Ergonomie, Kommunikation im Internet

- http://www.kommdesign.de

Weblog-Systeme:

WordPress

- http://www.wordpress.org

Nucleus

- http://www.nucleuscms.org/

Zentralverband der deutschen Werbewirtschaft (ZAW): Netto-Werbeeinnahmen erfassbarer Werbeträger.

- http://www.interverband.com/dbview/owa/assmenu.homepage?tid=184&fcatid=4246&from_home=/zaw

Aus unserem Verlagsprogramm:

Claudia Wiepcke
Computergestützte Lernkonzepte und deren Evaluation in der Weiterbildung
Blended Learning zur Förderung von Gender Mainstreaming
Hamburg 2006 / 342 Seiten / ISBN 3-8300-2426-6

Rainer Roth
Verarbeitung von personbeschreibenden Texten
Auswirkungen von online vs. gedächtnisbasierter Urteilsbildung auf Informationsverarbeitung und Gedächtnis
Hamburg 2006 / 190 Seiten / ISBN 3-8300-2330-8

Rudolf Kammerl
Internetbasierte Kommunikation und Identitätskonstruktion
Selbstdarstellungen und Regelorientierungen 14- bis 16-jähriger Jugendlicher
Hamburg 2005 / 368 Seiten / ISBN 3-8300-1988-2

Anke Petschenka
Kommunikationsprozesse in netzbasierten Lernszenarien
Eine inhaltsanalytische Untersuchung zum tutoriell betreuten Lernen im asynchronen Kommunikationsmedium Newsgroup
Hamburg 2005 / 270 Seiten / ISBN 3-8300-1882-7

Stephan Barth
Selbsthilfe im Internet
Eine Fallstudie zu Unterstützungsleistungen in einer Selbsthilfe-Newsgroup
Hamburg 2005 / 474 Seiten / ISBN 3-8300-1747-2

Michael Treier
Personale Voraussetzungen für das Lernen mit Neuen Medien
Evaluation und Gestaltung im Zusammenhang mit der Implementierung einer Bildungsplattform in einem Konzern
Hamburg 2004 / 246 Seiten / ISBN 3-8300-1533-X

Thomas Wolf-Klostermann
Information und Nachrichtenwert im Netz
Eine Inhaltsanalyse ausgewählter Internet-Publikationen
Hamburg 2003 / 272 Seiten / ISBN 3-8300-0880-5

VERLAG DR. KOVAČ
FACHVERLAG FÜR WISSENSCHAFTLICHE LITERATUR
Postfach 570142 · 22770 Hamburg · www.verlagdrkovac.de · info@verlagdrkovac.de